《中华人民共和国电子商务法》消费者权益保护法律制度

规则与案例

吴景明 / 主 编　朱 姣　陈燕玲 / 副主编

中国法制出版社
CHINA LEGAL PUBLISHING HOUSE

前言

preface

改革开放四十年以来，中国经济建设取得了举世瞩目的成就。近些年来，随着电子信息技术的飞速发展，我国更是在电子商务领域走在了世界前列，产生了一大批以阿里、苏宁为代表的具有国际影响力的电子商务企业。电子商务的蓬勃发展不仅有力地拉动了消费增长，而且极大地改变了我国居民的消费习惯，据国家统计局统计，2017 年我国电子商务平台交易额达到了 29.2 万亿元，较 2016 年增长了 11.7%。全国网上零售额增长 32.2%，比全社会消费品零售总额增速高 22.0 个百分点。实物商品网上零售额增长 28.0%，占社会消费品零售总额的比重从 2016 年的 12.6% 提高到 15.0%。跨境电子商务交易额实现 1.62 万亿元，并持续稳定增长。

基于电子商务行业飞速发展的现实，《电子商务法》历经前后五年时间，经过三次公开征求意见和四次审议，终于在 2018 年经全国人大常委会通过，并于 2019 年 1 月 1 日正式实施。该法在确立调整对象、基本原则的基础上，分别从电子商务经营者、电子商务平台经营者的权利义务、电子商务合同的订立与履行、电子商务争议解决、电子商务促进和法律责任的方面对电子商务法律问题作出了基础性的规定，成为调整这一新兴领域的基本法律。

我们需要注意的是，消费者作为电子商务领域中不可或缺的参与主体，其行为与权益内容也在《电子商务法》中直接或间接地得以规范和保护。网络消费行为具有普遍性，并对广大公众日常生活和国家经济发展产生重要影响，我们确有必要从消费者权益保护的视角出发，结合已有消费者权益保护的广泛法律实践，对《电子商务法》中的消费者权益保护制度进行剖析，以期为消费者权益保护议题提供更多有益的智力资源。而与此同时，消费者、经营者、电子商务平台经营者三方力量不对等的问题存在且凸显。近几年来，出现的大量如“京东自营案”“魏则西事件”“当当网取消订单案”等具有社会影响力的典型案例即是证明。在大数据、人工智能迅速发展以及“互联网＋”概念兴起的背景下，消费者知情权、自主选择权、公平交易权、人格尊严权和依法获得赔偿的权利被时代赋予了新的外延。依照《合同法》《消费者权益保护法》等法律、法规解决消费者权益保护问题之余，法律界人士仍有必要站在法律实践的前沿，考察有关消费者权益保护制度的最新立法动态。在此观念的指引下，本书对《电子商务法》进行了针对性的分析和研究。

考虑到《电子商务法》颁布时间不长，在某种程度上它不容易在第一时间为一般公众甚至电子商务领域从业者与消费者所熟悉，因此，本书将借助丰富的案例对该法所涉及的消费者权益保护制度加以释明，实现案例和规则的相互印证，以期使法律行业之外的读者也能轻易明了。具言之，本书采取“法条＋案例分析＋法理”的表达形式，相信其相较于单纯的理论阐述而言，能够更加形象、直观而有效地帮助广大读者理解并接受其中所欲传达的信息与思想。从法律研究者的角度出发，写作的过程也正是理论联系实际的过程，料想能够激发读者的问题意识，促进学界发现法律实践中的问题并进行进一步的理论探讨。

本书在编写过程中，力图紧扣新时代的脉搏，采用最新、最典型的案例材料以保证内容的代表性、新颖性。在每一个部分中，开门见山，将法律规则与案例相结合，分析讨论消费者保护制度在《电子商务法》中的具现或不足，然后针对法律文本的具体内容或司法实践的要点予以评价、点明，力求每个部分均言有所指，而不是泛泛而谈。

本书由吴景明老师主编并最终审定，具体由王妍紫（第一章）、刘昊（第二章第一节）、马栋（第二章第二节）、陈燕玲（第二章第三节）、汪旭东（第三章第一节、第二节)、孙蕾蕾(第三章第三节)、次多(第三章第四节)、邹明欣(第三章第五节)、赵智慧(第四章第一节、第二节)、李垚林(第四章第一节)、张怀文、季凯韬(第四章第三节)、韩月(第四章第四节、第五节)、史梦宇(第四章第六节)、朱茜(第四章第七节)、朱姣(第五章第一节、第二节)、张智婷(第五章第三节、第四节)、陈平巧(第五章第五节)、吕琳(第五章第六节)、邹游(第六章第一节、第四节、第七节)、高晓颖(第六章第二节、第七节)、郭启亮(第六章第三节、第七节)、周嘉欣(第六章第五节、第七节)、陈冲(第六章第六节、第七节)负责各章节内容的撰写工作(排名不分前后)。

需要说明的是,尽管本书经过了最终的统一审阅,力求达到每个章节在思路、体例上的一贯性,但各位作者针对具体问题均有独立的思考,且不同问题有采取不同说明方式的必要,因此,本书各章节的分析思路及结论也未必是最终且唯一的,应当由各自的作者对其负责。

最后,我们为编撰本书作出了很大努力,但出于水平、精力或时间的限制,出现错误或不足之处仍在所难免,我们真诚地希望并欢迎各位法律界同人和广大读者能够对本书的缺漏与不足予以批评指正。

目录

contents

第一编　总　论

第二编　分　论

CHAPTER 1

第一编

总　论

第一章　电子商务法概述[①]

第一节　立法背景

21 世纪以来，随着我国互联网技术的不断成熟，数字经济，尤其是其中的代表网络经济成长迅速，短短十几年内，电子商务便出现了“井喷式”发展的趋势。电子商务具有便利、快捷、虚拟等特点，其崛起给市场交易活动中的每个主体都带来了巨大的冲击，为经营者销售商品和消费者购买商品的模式带来深刻的变革。我国的运输业、流通业也随之蓬勃发展。自 2010 年起，中国电子商务研究中心每年发布《中国电子商务市场数据监测报告》。2017 年 9 月 30 日发布的报告显示，2017 年上半年中国电子商务交易额为 13.35 万亿元，同比增长 27.1%。在我国经济发展进入新常态的大背景下，电子商务持续多年保持高速发展，而且在转方式、调结构、稳增长、扩就业、惠民生、促扶贫等方面发挥了重要作用。目前，我国电子商务交易市场规模跃居全球第一，已成为我国在全球产业中最具竞争力的行业之一和新兴经济领域的重要增长点，在拉动内需上发挥着重要作用。

然而，在电子商务快速扩张的同时，由于其立法滞后或者监管空白，一系列法律问题也随之产生，较为突出的矛盾与问题包括网络欺诈、平台霸权、电商价格战、大规模伪造质检报告、众筹刷单、个人信息泄露、知识产权问题、纳税问题、互联网支付等。这既危害公众的交易安全和利益，又不利于电子

① 作者：王妍紫。

商务健康、有序地发展。

【法条】《电子商务法》

第五条 电子商务经营者从事经营活动，应当遵循自愿、平等、公平、诚信的原则，遵守法律和商业道德，公平参与市场竞争，履行消费者权益保护、环境保护、知识产权保护、网络安全与个人信息保护等方面的义务，承担产品和服务质量责任，接受政府和社会的监督。

第二十三条 电子商务经营者收集、使用其用户的个人信息，应当遵守法律、行政法规有关个人信息保护的规定。

第三十二条 电子商务平台经营者应当遵循公开、公平、公正的原则，制定平台服务协议和交易规则，明确进入和退出平台、商品和服务质量保障、消费者权益保护、个人信息保护等方面的权利和义务。

第七十九条 电子商务经营者违反法律、行政法规有关个人信息保护的规定，或者不履行本法第三十条和有关法律、行政法规规定的网络安全保障义务的，依照《中华人民共和国网络安全法》等法律、行政法规的规定处罚。

第八十七条 依法负有电子商务监督管理职责的部门的工作人员，玩忽职守、滥用职权、徇私舞弊，或者泄露、出售或者非法向他人提供在履行职责中所知悉的个人信息、隐私和商业秘密的，依法追究法律责任。

【案例】支付宝默认勾选授权侵权案①

当事人：俞某、支付宝、淘宝、天猫、北京乐某公司

案情简介：俞某在北京乐某公司购买牙膏使用支付宝结账，事后发现支付宝客户端默认勾选了“获取线下交易信息并展示”，其在线下交易信息被提供给支付宝、淘宝、天猫。俞某认为，个人信息被收集、利用的知情权被侵犯了，2018 年 3 月诉至法院，要求四个被告道歉，删除个人信息数据并赔偿经济损失、精神损害抚慰金各 1 元，海淀区法院受理此案。

案例焦点：网络服务提供者和其他企业、事业单位及其工作人员对在业务活动中收集的公民个人电子信息的保密义务。

---

① 案例来源：《2017—2018 年度中国电子商务法律报告》。

一、案例剖析

（一）概括性保护义务

依据《电子商务法》，支付宝等被告作为电子商务的经营者，应当承担概括性的个人信息保护义务。他们不但承担不主动侵犯消费者的消费记录等个人信息的义务，而且承担积极保护消费者个人信息不被无意泄露或以营利为目的个人信息销售的义务。

（二）收集、使用个人信息的保护义务

支付宝等四家公司在收集使用俞某的个人线下消费记录时并没有尽到充分的告知义务，采用默认勾选的方式，在俞某并未知晓个人信息被经营者收集利用的情况下擅自使用，严重侵犯俞某个人信息被收集和使用的知情权。

二、立法解读

该案件充分体现《电子商务法》第五条规定："电子商务经营者从事经营活动，应当遵循自愿、平等、公平、诚信的原则，遵守法律和商业道德，公平参与市场竞争，履行消费者权益保护、环境保护、知识产权保护、网络安全与个人信息保护等方面的义务，承担产品和服务质量责任，接受政府和社会的监督。"电子商务经营者对个人信息保护的概括性保护义务，发挥基础性法律框架的作用。本案件也体现了《电子商务法》第二十三条规定："电子商务经营者收集、使用其用户的个人信息，应当遵守法律、行政法规有关个人信息保护的规定。"本案件也体现了《电子商务法》第三十二条规定："电子商务平台经营者应当遵循公开、公平、公正的原则，制定平台服务协议和交易规则，明确进入和退出平台、商品和服务质量保障、消费者权益保护、个人信息保护等方面的权利和义务。"这些规定明确了电子商务经营者在个人信息的收集、使用上的积极保护义务。同时，《电子商务法》在第六章中规定了

相应义务违反的法律责任。此外，《电子商务法》第六章第七十九条规定："电子商务经营者违反法律、行政法规有关个人信息保护的规定，或者不履行本法第三十条和有关法律、行政法规规定的网络安全保障义务的，依照《中华人民共和国网络安全法》等法律、行政法规的规定处罚。"《电子商务法》第八十七条规定："依法负有电子商务监督管理职责的部门的工作人员，玩忽职守、滥用职权、徇私舞弊，或者泄露、出售或者非法向他人提供在履行职责中所知悉的个人信息、隐私和商业秘密的，依法追究法律责任。"有关法律责任的规定体现了《电子商务法》作为电子商务领域的基础性法律在立法技术上十分重视与现有法律的衔接，如与《网络安全法》《侵权责任法》《消费者权益保护法》等现行法律衔接，在弥补空白的基础上保持避免法律体系内部的冲突。

三、小结

在大数据时代及电子商务"井喷式"发展的背景下，个体个人信息保护意识逐步被唤醒和能力逐步提升，个人隐私保护问题成为人们关注的焦点。该案件成为个人信息个体维权的典型案例，尽管该案件的审理发生在《电子商务法》正式生效日 2019 年 1 月 1 日以前，只能依据《消费者权益保护法》《侵权责任法》，甚至《刑法》来规制电子商务营业者的个人信息保护的义务，该案件还是很好地体现了《电子商务法》对个人信息保护内容的现实意义。

实际上，自 20 世纪 90 年代，世界上已有许多国家和国际组织制定了以电子商务活动为调整对象的法律规范。美国于 1995 年颁布的《数字签名法》是世界上第一部电子商务立法。之后，其他国家和国际组织也纷纷制定了自己的电子商务法，包括联合国贸易法委员会 1996 年通过的《电子商务示范法》、欧盟 2000 年颁布的《电子商务是指通过电子行为进行的商事活动》等。可以说，随着电子商务在全球范围内的迅速发展，电子商务立法的浪潮已席卷全球。由此可见，填补电子商务立法空白，规范市场秩序，将电商行业纳入"轨道"内发展，既顺应世界的潮流，又符合当前国内的实际需要。

2000 年在第九届全国人民代表大会上曾有人大代表提出制定《电子商务法》，但直至 2013 年年底，《电子商务法》才被列入第十二届全国人大常委会立法规划。2013 年 12 月 27 日，全国人大财经委召开《电子商务法》起草组成立暨第一次全体会议，首次划定中国电子商务立法的“时间表”，由其主导正式开展《电子商务法》的相关立法工作，专门的领导小组与工作小组成立。2016 年 12 月，第十二届全国人大常委会第二十五次会议对《电子商务立法》进行第一次审议，2017 年 11 月 4 日上午，第十二届全国人大常委会第三十次会议对《电子商务法（草案）》进行第二次审议。2018 年 6 月 19 日，第十三届全国人大常委会第三次会议对草案进行第三次审议。2018 年 8 月 27 日至 8 月 31 日举行的第十三届全国人大常委会第五次会议对《电子商务法（草案）》进行第四次审议，并于 2018 年 8 月 31 日，由全国人大常委会表决通过《中华人民共和国电子商务法》。

第二节 目的宗旨

一、《电子商务法》适用范围

《电子商务法》第二条规定了该法的适用范围：“中华人民共和国境内的电子商务活动，适用本法。本法所称电子商务，是指通过互联网等信息网络销售商品或者提供服务的经营活动。法律、行政法规对销售商品或者提供服务有规定的，适用其规定。金融类产品和服务，利用信息网络提供新闻信息、音视频节目、出版以及文化产品等内容方面的服务，不适用本法。”

（一）适用范围的排除性规定

《电子商务法》第二条第三款规定：“法律、行政法规对销售商品或者提供服务有规定的，适用其规定。金融类产品和服务，利用信息网络提供新闻信息、音视频节目、出版以及文化产品等内容方面的服务，不适用本法。”该条规定除强调有特殊规定适用特殊规定外，还将涉及金融类产品和服务，利用信息网络提供新闻信息、音视频节目、出版以及文化产品等内容方面的服务排除在外。

依据全程参与《电子商务法》立法调研工作的北京大学法学院副院长、全国人大财经委立法专家顾问薛军教授的解释，在《电子商务法》的立法过程中，确定其调整范围是最重要也是最基础的步骤。各界普遍认为，电子商务立法必须覆盖电子商务领域的绝大部分事项，但不可能将所有问题都涵盖其中，《电子商务法》只是为电子商务提供一个基础性框架，针对不同类型的电子商务活动，仍然需要制定不同的具体规范。

电子商务的定义覆盖面较大，于是针对部分特定领域的电子商务活动，该《电子商务法》进行了排除。之所以将这些电子商务活动排除其适用范围，是因为涉及金融类产品和服务，利用信息网络提供新闻信息、音视频节目、出版以及文化产品等内容方面的服务领域，本身具有特殊性，需要受到国家的高度管制，不适宜规定在《电子商务法》中，受《电子商务法》调整。此外，第二条中规定“法律、行政法规对销售商品或者提供服务有规定的，适用其规定”，也是为了力求与其他法律法规实现衔接，并填补疏漏，更好地覆盖电子商务活动中需要规制的交易。“如果已有其他相关法律，而且也是合适的规定，那么《电子商务法》就不过多地涉及，而是充分尊重现状。《电子签名法》就是这样的一个典型实例。对于电子商务活动的开展，这部法律非常重要。这部法律于2004年颁布，整体而言大体上能够适应当下的需要。因此，《电子商务法》对电子签名问题就不会专门涉及。”①

如果《电子商务法》中涉及的问题在其他法律中亦有规定，存在交叉，则不需要在《电子商务法》中重复规定，只需对属于电子商务领域中的特殊

① 薛军：《电子商务法立法路径解析》，载《中国工商报》，2016年12月17日。

问题作出针对性规定。若有些问题尚无较为完善的法律法规进行规制，社会生活中对此类规定的需求较为迫切，而短期内无法及时制定出有针对性的具体法律法规，利用了此次《电子商务法》制定的机会，进行填补和完善。此种做法也可以看作为相关法律法规的制定进行铺垫，打下坚实的基础。

对于《电子商务法》的适用范围，有人主张进一步缩小，排除服务的提供。但鉴于当今大量的服务交易是通过互联网进行的，若将其排除在外，则大量服务类电子商务的规制将存在空白，也失去重要的基础性法律规范制定的机会。此外，《电子商务法》中制定的许多条款，都可以适用于服务交易活动，因此，应当将商品交易和服务交易纳入调整范围。

当然采取此种做法并非意味着忽视商品交易和服务交易之间的差异。依据薛军教授的观点，“通过网络进行物品销售与通过网络提供诸如旅游、交通、餐饮、教育、医疗等领域的服务，的确存在一定的区别，因此还需要针对各种不同类型的电子商务形态制定各种具体的规则和标准。”① 比起将服务交易简单排除，将《电子商务法》作为基础性法律框架并制定针对性法律法规，显得更科学、更可行。

总而言之，《电子商务法》确定的调整范围，并未贪多贪大，力求涵盖电子商务中的所有问题，而是追求突出重点，采取了一个较为中观的维度。

（二）适用范围界定缺乏精准性

根据以上规定，《电子商务法》已经大致划定了其适用范围，如新兴的滴滴出行、ofo 共享单车等都将成为其规制对象。但多位全国人大常委会组成人员以及知名专家认为，该条规定的界定缺乏精准性，不能完全涵盖电子商务活动类型，如应当将以微商为代表的新型电商模式与传统电子商务模式区分开，并纳入《电子商务法》的适用范围。中国政法大学传播法研究中心副主任朱巍认为，不同于传统电商，微信、微博和直播平台等微商平台在电商交易中并未获得收益，仅提供技术支持，不属于传统电商经营者范畴，其应当

---

① 薛军：《〈电商法〉立法过程中相关的核心问题分析》，载《上海法治报》，2017 年 2 月 8 日。

承担的责任也不同于传统的平台责任。由于存在差异，微商的消费者很难通过法律途径维权，其根源在于缺乏对此类平台责任的法律规制。《电子商务法》未对微商进行明确定位，而是将微商平台与电商平台混为一谈。这意味着，仅作为交流平台提供技术支持的微商平台要像传统电商平台一样，承担更多的责任，这显然不利于微商的发展，客观上为传统电商平台占据更高的市场份额提供便利。此外，这种选择性空白的立法，也不利于保护消费者的权益。如今虚假宣传、传销、电信诈骗等微商乱象层出不穷，亟待填补法律空白。未来的《电子商务法》的修改会对此作出回应。

二、商品交易和服务交易的分类

《电子商务法》第二条将电子商务分为通过互联网等信息网络进行的商品交易和服务交易两大类经营活动。要探讨商品交易和服务交易的分类，首先应当对电子商务进行阐释。

（一）电子商务定义

电子商务在不同国家和地区的定义各不相同，具有代表性的定义包括：（1）世界贸易组织将电子商务定义为“以电子方式进行的商务和服务的生产、分配、市场营销、销售或支付。”（2）联合国贸易法委员会在《电子商务示范法》中将电子商务定义为“通过电子行为进行的商事活动。”（3）《中国电子商务蓝皮书》将其定义为“电子商务是通过互联网完成的交易活动，交易内容可以分为商品交易和服务交易，交易是指货币和商品的易位，交易要有信息流、资金流和物流等要素的支持。”而《电子商务法》第二条解释了电子商务的含义，“本法所称电子商务，是指通过互联网等信息网络销售商品或者提供服务的经营活动。”通过对以上定义进行比较可以发现，《电子商务法》对电子商务的定义更接近《中国电子商务蓝皮书》对电子商务的定义，且相较于其他部分国家和国际组织的定义，内涵更狭窄。

（二）电子商务类型

可依据不同的标准对电子商务进行不同的分类。此处重点探讨依据交易主体标准所作的分类，对于其他标准不再探讨。依据交易主体的不同可将电子商务分为五类：第一，B2B（Business to Business），指企业与企业之间通过专用网络或互联网进行数据信息的交换、传递，开展交易活动的商业模式，即企业之间的电子商务交易模式，最典型的 B2B 平台是阿里巴巴，B2B 是电子商务的主流，占整个电子商务额度的 80% 以上，居主导地位；第二，B2C（Business to Customer），指企业与消费者之间的电子交易模式，这也是我国最早产生的交易模式，该种交易模式下每笔金额虽然小但总体规模较大，目前该种交易模式在我国的电子商务中规模最为庞大，如当当网、京东商城等；第三，C2B（Customer to Business），指消费者以自身有需求的产品向平台报价，由平台从自身所有的供应商渠道中寻找愿意以消费者所定的价格出售该种产品的供应商，供应商再通过平台与消费者对接，团购业务则是其典型适用，相较于 B2C 模式，C2B 是以消费者为驱动的；第四，C2C（Customer to Customer），指个人与个人之间的网络交易模式。个人之间通过互联网交易平台进行商务交易，国内最典型的电商平台是淘宝网，C2C 的互动性、参与性、开放性较强，与此对应的，整体的交易波动性较大；第五，O2O（Online to Offline），指利用互联网使线下商品或服务与线上相结合，由线上营销、线上购买带动线下经营和线下消费，一般通过打折、提供信息、服务预订等方式，把线下商店的消息推送给互联网用户，从而将他们转换为自己的线下客户，此种模式特别适合必须到商店消费的商品和服务。

（三）《电子商务法》中商品交易和服务交易的分类

广义的商品交易包括有形产品交易和数字产品等无形产品交易，而狭义的商品交易仅包括有形产品的交易。依据相关立法机关的解释，《电子商务法》中的商品交易指广义的商品交易。服务交易是以服务产品为内容的交易，服务产品指即以非实物形态存在的劳动成果，主要指第三产业部门中一切不表现为实物形态的劳动成果，能够被消费者购买和实际接受。依据上述对电子商务定义及类型的阐释，《电子商务法》将适用的商品交易和服务交易范围限制为通过互联网等信息网络以上述几种模式进行的交易活动。

三、《电子商务法》立法目的

（一）法益平衡

1. 立法初衷

《电子商务法》第一条规定："为了保障电子商务各方主体的合法权益，规范电子商务行为，维护市场秩序，促进电子商务持续健康发展，制定本法。"通过上述规定，我们可以看出电子商务立法本身的目的是促进电子商务健康发展，而在此过程中，要注重保护各方合法权益。随着电子商务的发展，交易模式不断创新，由此而来的必然是利益关系的变化与冲突。牵涉其中的两方利益主体为电子商务经营者与消费者。如何平衡两方利益是立法者考量的重中之重。

而在立法调研的过程中，第三方平台的声音最大。此次立法涉及电商经营者、第三方平台、电商消费者三者之间的关系，国家立法要站在中立、公允的位置上一同对待，均衡划分三者的地位、权益、责任和义务，避免把"电子商务法"变成"电子商务平台法"。①

2. 相关法益与利益的平衡

现行的《消费者权益保护法》虽然可能无法满足网络消费者的需求，但它体现的消费者保护的精神与原则仍然适用于《电子商务法》并需要进一步细化。《电子商务法》涉及的主体有两类，一类是消费者，另一类是电子商务经营主体。这两类主体的法益都需要保护与限制，《电子商务法》力图均衡保护双方法益。

对消费者的保护立足于人权、秩序、效益三种价值。从实际出发，消费

---

① 张璁：《各方利益保护需要平衡》，载《人民日报》，2016 年 12 月 26 日。

者在交易中更可能处于弱势地位，此时就需要增加经营者的义务，赋予消费者特殊的权益，谋求与经营者在实际上的平等，以维护正常的交易秩序。[①]从权利保护角度出发，消费者的弱势地位来源于市场经济本身，如果不对消费者进行特别保护，就会让人权价值落空。从纠纷解决角度出发，设置合理的纠纷解决机制，降低消费者维权的诉讼成本，能更好地实现消费者保护的效益价值。从社会交易安全角度出发，良好的制度设计与合理的弱者保护机制能使交易更加有序地进行，对消费者的保护的秩序价值也由此体现。综上所述，保护消费者权益应当作为电子商务法立法的基本宗旨与原则，但保护消费者权益并不意味着完全限制电子商务经营主体的权利与加重其职责。电子商务作为新生事物，需要给予一定的空间来促使其蓬勃发展。

《电子商务法》中电子商务经营主体划分为“电子商务经营者”与“电子商务第三方平台”，并分别规定各方权责，这种划分是值得肯定的。与传统的商业交易模式不同，第三方交易平台是电子商务的独有特征，在实践中形成了更为复杂的交易关系，它既是交易的关键，也是市场的主导。[②]《电子商务法》也针对第三方平台的权责作出规定，针对本法中的规定，有呼声认为责任规定较轻，认为立法机关让步于较大的电商平台，如对消费者评价权的规定弹性过大，缺乏对微商等新型电商模式的规范，预付款依旧存在立法空白等。也有呼声认为责任过重，容易阻碍电子商务的发展。

双方关于其法益的保护的论证均有理有据，此时就需要通过利益平衡原则来解决二者的冲突。所谓利益平衡就是价值判断，希冀通过法律来协调各种冲突因素，使各方利益在共存的基础上达到合理的最优化状态。电子商务作为新生事物，其发展与壮大需要时间与空间，但这种权利的赋予不是无限制的，需要在消费者保护的框架中进行调整与制约。

（二）《电子商务法》相关利益主体

依据《电子商务法》的相关规定及立法目的，该法涉及的相关利益主体

---

① 潘昊:《消费者保护法的价值取向探讨》，载《湖南广播电视大学学报》2010 年第 1 期。

② 张丁月:《关于我国电子商务立法的思考》，载《法制与经济》2017 年第 8 期。

可以分两类：一类为电子商务经营者，另一类为消费者。下文将分别针对不同利益主体进行阐述。

1. 电子商务经营者

《电子商务法》第九条第一款规定："本法所称电子商务经营者，是指通过互联网等信息网络从事销售商品或者提供服务的经营活动的自然人、法人和非法人组织，包括电子商务平台经营者、平台内经营者以及通过自建网站、其他网络服务销售商品或者提供服务的电子商务经营者。"该款规定将电子商务经营者划分为自建网站经营的电子商务经营者、电子商务平台经营者，以及平台内电子商务经营者三大类。其余两款则分别对电子商务平台经营者及平台内电子商务经营者作出定义。第九条第二款规定："本法所称电子商务平台经营者，是指在电子商务中为交易双方或者多方提供网络经营场所、交易撮合、信息发布等服务，供交易双方或者多方独立开展交易活动的法人或者非法人组织。"第九条第三款规定："本法所称平台内经营者，是指通过电子商务平台销售商品或者提供服务的电子商务经营者。"

《电子商务法》第二章除在第一节中对电子商务经营者的法律义务作出一般性规定，如依法办理工商登记、依法履行纳税义务等之外，还在第二节中对电子商务平台经营者作出单独规定，强化平台经营者的义务规范。这样的立法安排，用意明确，体现出此次立法的规范重点在于电子商务第三方平台这种新型的商业组织。随着电子商务的快速发展，拥有大批用户的巨型平台涌现，如天猫商城、京东等，这些平台与公众的生活关系紧密，对社会生活起着举足轻重的作用。这些平台企业已具备了"准公共"企业的特征，因此，应当对平台进行重新定性。而根据立法者的观点，其他类型的电子商务经营者与其他线下的经营者之间并无显著差异，因此，电子商务平台经营者的义务和责任分配成为立法关注的重点问题。

在第二章第二节中，电子商务平台经营者的义务大致可归纳为：第一，对经营者进行形式审查的义务；第二，采取必要的措施保证平台安全、稳定运行的义务；第三，记录、保存相关信息的义务；第四，公开、透明地制定平台服务协议和交易规则义务；第五，建立健全信用评价制度的义务；第六，保护知识产权的义务等。目前有不同的意见认为，本法第三十八条于电子商务平台经营者“明知”的责任设定过轻，为平台推诿逃避责任提供了空间。然而，也有不同意见认为本法对平台经营者规定了过重的责任。如何在电子商务经营者和消费者之间实现利益平衡，做到既规范平台经营者的经营行为，保护消费者权益，又不阻碍电子商务的健康发展，仍须在进行顶层设计时有长远的战略考量。

2. 消费者

在《电子商务法》的完善过程中，如何保护消费者权益，明确电子商务经营者的责任是必须要解决的重点问题。《电子商务法》第四章规定了电子商务争议解决，第六章规定了法律责任。相较于草案，本法进一步加强对消费者的权益保护，如将“电子商务争议解决”单列一章，针对实践中消费者投诉举报难、获取证据难的问题增加下列规定：第一，“电子商务经营者应当建立便捷、有效的投诉、举报机制，公开投诉、举报方式等信息，及时受理并处理投诉、举报。”第二，“在电子商务争议处理中，电子商务经营者应当提供原始合同和交易记录。因电子商务经营者丢失、伪造、篡改、销毁、隐匿或者拒绝提供前述资料，致使人民法院、仲裁机构或者有关机关无法查明事实的，电子商务经营者应当承担相应的法律责任。”

《电子商务法》内容的变化体现出立法机关对保护消费者权益的高度重视。鉴于当前的法律规定，参与立法的委员认为，应当进一步完善争议处理规范，加强对消费者的保护力度，如完善电子商务诉讼的司法管辖制度。依据李连宁委员的观点：“现行民事诉讼的地域管辖，已不能完全适应电子商务诉讼的需要。因为电子商务纠纷涉及电商平台、平台经营者、平台内的经营者，以及消费者，他们可能处在不同的地方。”[①] 他认为，可以由平台所在地的法院管辖基于平台发生的电子商务案件，这既有利于案件取证工作的开展，又有利于排除由住所地法院管辖的其他不当因素的干扰。

---

① 李小健：《热议电子商务立法》，载《中国人大》2017 年第 21 期。

第二章　基本原则中的消费者保护

第一节　诚实信用原则[①]

一、诚实信用原则基本理论

（一）诚实信用原则的概念和特征

1. 诚实信用原则的含义

（1）诚实信用原则的兴起

“诚实信用”一词起源于古罗马。将诚实信用这一道德观念上升为法律原则，则源于罗马法的一般恶意抗辩诉权。在罗马法中诚信是主观诚信与客观诚信的统一，即内心状态与外部行为的统一。根据罗马法中的诚信契约，债务人不仅凭契约的约款，还必须适合于诚实信用观念而给付的契约。[②]罗马法将其表述为 bona fide，英美法中则用 good faith，这两者直译都是“善意”的意思。在《日本民法典》中诚实信用原则表述为“信义诚实”。清朝末期，我国在制定民法时，也继受了这一术语，称为诚实信用原则。[③]

在现代学者看来，给“诚实信用”下一个具体的定义几乎不可能，因为诚实信用的起源并不是法学体系中的抽象性概念，而是源自社会生活中的一

---

① 作者：刘昊。

② 徐国栋：《民法基本原则解释》，北京大学出版社 2013 年版。

③ 赵萍：《诚实信用原则的历史变迁综述》，载《法制与社会》2016 年第 2 期。

个不断变化的含有很强道德性因素的概念。因此，迄今为止中外学者们对诚实信用原则的含义有着不同的理解和观点。德国学者施塔姆勒从自然法角度分析、强调人的诚实信用行为，当法律或契约与此理想有冲突时，应排除法律或契约而适合用诚实信用原则；[①] 我国学者史尚宽认为，诚信原则是掌握在法官手中的衡平法，指出诚实信用原则含有“诚”“信”之素，人的行为要遵从交易习惯；[②] 学者龙卫球认为，诚实信用原则是法官据以追求具体社会公平正义而解释或补充法律的依据；民法学者徐国栋认为，诚信原则就是统治阶级实现当事人利益与社会利益平衡的要求，当事人在行使权利和履行义务时都必须保持诚实、善意的态度，法官根据诚信原则公平正义地进行裁判。[③] 从中外学者对诚实信用原则的解释观点来看，诚实信用原则是对民事主体的要求，即要求人们在民事活动中遵守交易习惯，互不欺诈，恪守诺言，在追求自己利益的同时，也要保护相对人的利益，维护双方的利益平衡。通俗地说，它要求人们在社会经济活动中讲求信用、恪守承诺、诚实不欺，在不损害社会利益和他人利益的前提下追求自己的利益。在诚实信用这一道德规范尚未上升为法律规则前，其曾长期作为商业道德和商业习惯的形式存在，作为成文法的补充，对社会关系起着调整作用。

（2）诚实信用原则的法律内涵

在史尚宽先生的“利益平衡说”的基础上，民法学者梁慧星先生提出，诚实信用原则的本质有三个：①诚实信用为市场经济活动的道德准则。市场经济活动中要求公平，而诚实信用原则旨在平衡当事人之间以及当事人与社会之间利益关系，谋求利益的公平，不损人利己。②诚实信用原则是道德准则的法律化。近现代，诚实信用被各国立法者纳入民法的法律规范成为民法的基本原则后，诚实信用就不仅是一种道德规范，更是一项以道德为内容的法律原则，能够排除当事人的意思自治而直接调整当事人之间的权利义务关系，

---

① 史尚宽：《债法总论》，台湾荣泰印书馆 1978 年版。

② 刁荣华：《中国法学论集》，台湾汉林出版社 1976 年版。

③ 徐国栋：《诚实信用原则的概念及其历史沿革》，载《法学研究》1989 年第 4 期。

同时也授予了司法者更大的自由裁量权。③诚实信用原则的实质在于授予司法者自由裁量权。诚实信用原则具有民法基本原则的一般特征，即衡平性和内涵与外延的概括性、不确定性，因此赋予了司法者适用法律的弹性空间，使司法活动更具有创造性与能动性。[①]

民法学者徐国栋教授认为，诚实信用原则首先是主观诚信与客观诚信的统一，即当事人进行民事活动时同时具备诚实、善意的内心状态与外部行为；其次是对法官自由裁量权的授予，反映了立法与司法两大部门在法律创制上的关系。[②] 值得一提的是，徐国栋教授是从历史变迁中汲取诚实信用原则的内涵与本质，但他同时也指出我国从《大清民律草案》开始就继受德国民法“善意”与“诚信”二元制，以“善意”的术语表达主观诚信，以“诚信”的术语表达客观诚信。因而我国的诚实信用原则仅包含客观诚信的内容，名为民法基本原则的诚实信用原则实际上仅涵盖了债法，甚至仅涵盖合同法的领域。

综合上述学者的观点，诚实信用原则适用的本质可以从以下几个方面来理解。首先，其为补充当事人意思自治的强制性规范，当事人不能以约定排除其适用，诚信原则在于衡平当事人之间以及当事人与社会的利益为目标。其次，甚至无须当事人援引，法官即可依据职权通过对诚实信用原则的扩张性解释来处理特殊案件，以实现个案的公平、正义，其可以实现能动性司法活动，调和法律稳定性和灵活性两大要求之间的矛盾，推动法律的发展。因此，诚实信用原则被视为民法的最高指导原则，即帝王条款。

2. 诚实信用原则的特征

（1）完善、补充法律的不足之处

诚实信用原则是民商法中的一项基本原则，其主要特征就是完善法律不足之处，填补法律漏洞，法律是用来制约人的不法行为，可其自身却存在滞后性，需要借助有关司法部门在论证中不断地进行完善与改进，创造法律原

① 梁慧星：《民法总论（第四版）》，法律出版社 2011 年版。

② 徐国栋：《民法基本原则解释》，北京大学出版社 2013 年版。

则用以完善与填补法律漏洞的基本机制。而诚实信用原则就是司法部门创造的基本法律原则。这种法律原则机制不仅在我国的法律中有所应用，而且在其他一些国家也得到足够的重视。

（2）具有衡平法的特点

诚实信用原则在民商法中具有衡平性，是由衡平法引申而来的。衡平法起源于英国，一直是与普通法共同发展的一种法律，其涉及范围主要是民事案件，其原则和诚实信用原则意义相近，主要以“正义、公正和良心”为核心原理。因此，我国的诚实信用原则就是衡平法核心原理的精髓体现。例如，法官对案件进行裁量时，以公正、公开、公平为宗旨，行使自身所具有的自由裁量权，完成实体的公正。由于时代的不断发展，有部分法律自身存在漏洞，无法发挥公正的法律实质，在这种情况下，便可由诚实信用原则中的衡平本质来弥补旧法的落后性。

（3）相对不确定性

从法律的角度分析，诚实信用原则由于是法律原则，所以与法律规则进行比较时存在不确定性的特征。诚实信用原则是民商法中的法律原则，却与法律领域中的其他法律规则相互作用，产生很多矛盾。例如，市场经济的基础是具有变化性的，而法律的规则却是具有稳定性的。所以，就需要相关灵活的法律原则体系来维持这种矛盾之间应有的平衡状态。在原则类型中有一种弹性条款，这种条款的存在能够有效缓解矛盾，并且在不背叛宪法精神的基础上，以正确可行的方式解决实体和程序之间的问题，同时诚实信用的不确定性特征也会表现出来，并以个案为出发点，保证完成法律条文基本功能的发挥。

（二）电子商务法中的诚实信用原则

诚实信用原则在我国民商事立法实践中有很多体现，《民法通则》（2009年修正）第四条对诚实信用原则作了规定：“民事活动应当遵循自愿、公平、等价有偿、诚实信用的原则。”这为整个民法领域诚实信用原则的适用奠定了坚实的基础。而在与诚实信用原则关系最为密切的合同法领域，《合同法》第六条规定："当事人行使权利、履行义务应当遵循诚实信用原则。"第四十二条规定："当事人在订立合同过程中有下列情形之一，给对方造成损失的，应当承担损害赔偿责任：（一）假借订立合同，恶意进行磋商；（二）故意隐瞒与订立合同有关的重要事实或者提供虚假情况；（三）有其他违背诚实信用原则的行为。"第六十条规定："当事人应当按照约定全面履行自己的义务。当事人应当遵循诚实信用原则，根据合同的性质、目的和交易习惯履行通知、协助、保密等义务。"第九十二条规定："合同的权利义务终止后，当事人应当遵循诚实信用原则，根据交易习惯履行通知、协助、保密等义务。"由此可见，诚实信用原则在合同的订立与履行过程中发挥着不可或缺的重要作用。

在最新出台的《电子商务法》中，诚实信用原则仍然作为该法的重要基本原则之一，同其他原则一起奠定了整部法律的前提和基础。我们可以相信，在该法的实施过程中，诚实信用原则必将发挥其应有之义。诚实信用原则集中体现于第五条："电子商务经营者从事经营活动，应当遵循自愿、平等、公平、诚信的原则，遵守法律和商业道德，公平参与市场竞争，履行消费者权益保护、环境保护、知识产权保护、网络安全与个人信息保护等方面的义务，承担产品和服务质量责任，接受政府和社会的监督。"从条文内容可知，诚实信用原则要求双方当事人相互约定以诚实不欺、遵守信用的方式和态度进行电子商务的合作，其贯穿于电子商务交易的全过程，弥补、完善相关法律法规的疏漏，对当事人进行电子商务活动起指导作用，有利于定纷止争，保障电子商务活动的正常进行。对比之前的数个草案可知，正式颁布的《电子商务法》着重强调了经营者在电子商务交易中的义务，经营者不仅要遵循诚实信用的原则，保护消费者利益，更要从多个方面承担产品和服务质量责任，接受多方监督。这也体现了《电子商务法》和《消费者权益保护法》一脉相承的精神。

（三）电子商务交易对诚实信用原则的挑战

电子商务，是指对整个贸易活动实现电子化，即交易的各方以电子商务的方式而不是通过面对面的方式进行任何形式的商业交易。电子商务系统涉及商务活动的参与方，包括经营者、消费者、银行或金融机构、信息公司或证券公司和政府等，利用计算机网络技术全面实现在线交易电子化的过程。[①]电子商务的兴起给社会带来极大的经济效益的同时，也使传统市场的法律受到极大的挑战。因为网络具有全球性、开放性，数据电文是由数字信号来记录信息的，其内容是以字节来表示的。这些字节在没有和数据处理系统及硬件、软件相结合时是无法显示的，且电子文件中的数字信息容易被复制、修改、丢失与毁坏。基于网络和电子数据产生和发展起来的电子商务也具有开放性、虚拟性、技术性等特征。电子商务与一般商务活动的区别在于它是以信用工具和信用体系为中介进行的商务活动。一个诚实信用的社会商业环境对电子商务的发展尤其重要，而网络的虚拟性、开放性、技术性使电子商务市场主体的经营活动无章可循，甚至为各方提供了可能发生违约的客观环境和条件。消费者权益难以保障，政府难以对其进行调控和监督，互联网络的整个商业基础遭受了严重的破坏，企业的诚实信用面临更新、更大的挑战，因此，建立良好的诚实信用下的商业环境是当前发展电子商务的重要目标。[②]

由于信息不对称、交易的虚拟性和法律法规的不健全，经营者的欺诈行为在电子商务领域中更加猖狂。交易欺诈、商品质量不符合法律规定或合同约定、格式条款侵权、个人信息泄露、选择权得不到保障、人身财产安全权受损等问题严重阻碍了电子商务市场的健康发展。[③]侵犯消费者权益的行为尤其表现为电子商务中的个人信息保护问题。个人信息，又称为个人资料或个人数据，是指一切可以识别本人的信息或资料的总和。常见的个人信息包括姓名、性别、年龄、生日、职业、家庭住址、电话号码、银行账号、购物习惯等。个人信息在现今具有与以往时代明显不同的特征：①个人信息更具有商业价值，逐渐成为商业竞争的重要目标，一些经营者将消费者的个人信息作

---

① 李晓安：《电子商务交易安全的法律保障》，载《经济与管理研究》2002年第2期。

② 王锋、杨坚争、罗晓静：《电子商务交易风险与安全保障》（第一版），科学出版社2005年版。

③ 陈忠禹：《论诚实信用原则与电子商务交易安全保障机制》，载《江西师范大学学报（哲学社会科学版）》2010年第6期。

为买卖标的而泄露给其他机构或个人的现象愈加普遍。②个人信息的获取更加便利。电子商务作为一种新型的商务形式，其不仅是虚拟的交易，而且是一种结合线上网络和线下实体的商务行为，此过程中必然涉及个人信息的交换。③个人信息的获取范围更广。电子商务的发展使得商业行为超越了空间的限制，也意味着个人信息突破了传统的在“熟人社区”中的交换，发展成为全国性甚至全球性的交换。在电子商务时代，只有有效保护消费者权益才能确保消费者对电子商务抱有信心，推动电子商务的持续发展。[①]这也集中体现在《电子商务法》第五条中，和草案相比，它更突出了经营者在网络安全与个人信息保护等方面的义务。

（四）诚实信用原则在电子商务法中的新解释

不同于简单商品经济条件下成就的民法原则和制度，我国商法确立了交易的定型化、权利的证券化、程序的简易化及短期时效等制度，保证商事交易的简便迅捷。[②]电子商务的深入发展是信息科技时代背景下市场经济发展的必然趋势，然而电子商务领域中存在的问题如果不及时通过技术、法律、行政等手段加以解决，最终将阻碍电子商务市场的良性发展，也会阻碍市场经济的正常运行。

诚实信用原则对电子商务活动中的现存问题的规制有着特有的作用。在我国，诚实信用原则并不只是一般性原则，而是采取一般原则与具体制度、具体规则相结合的立法方式。它既在民法总则和其他民商事法律规范的总论中作一般性的规定，突出诚实信用原则对民事关系主体的强制性要求和对司法审判人员自由裁量权的授予和限制，又在具体民商事法律规范分则中规定了诚实信用原则要求的具体制度和规范。杨仁寿先生也认为，诚实信用原则并非道德，而是将道德法律技术化。[③]《电子商务法》第五条就集中体现了诚

① 王峙焯、包嘉多：《电子商务交易中的诚实信用原则》，载《税务与经济》2013年第4期。

② 于莹：《中国特色的社会主义商法学理论研究》，载《当代法学》2013年第4期。

③ 杨仁寿：《法律方法论》，中国政法大学出版社1999年版。

实信用原则对电子商务交易活动的指导和规制作用。以电子商务作为媒介而产生的诚实信用原则的解释应当遵循以下两点：①适当、实际、协作履行。在电子商务中，交易当事人应当按电子合同的规定全面履行合同义务，除法律另有规定外，无论合同标的是哪一种，当事人都应按照合同标的来履行。除此之外，在合同的履行过程中，双方当事人不仅要履行自己的义务，而且应互助协助对方履行以共同完成合同义务。②附随义务。附随义务的作用在于补充给付义务，保障交易以全面适当的方式圆满完成。即使双方没有约定，但是基于诚实信用原则，交易当事人也应当负有附随义务，不得以合同没有约定为理由拒绝履行。在电子商务活动中，尤其是电子合同法律关系中，《合同法》的相关规则仍发挥着效力并且在具体制度上更应根据电子商务活动的技术要求和交易特征进一步细化，使电子商务环境下的消费者、网络商品经营者和服务提供者的权益得到有效保障，创造诚信、规范、有序的市场环境。

二、电子商务信用体系建设的基本理论

（一）电子商务信用体系的含义

电子商务信用体系是从传统信用体系中慢慢演变来的，随着电子商务的崛起，其显得越来越重要。同传统商务经济的信用相比较，它有其自身的特点，比如说交易平台的虚拟性就是其明显的一个特点，电子商务的许多问题也是由其引发的。关于电子商务信用体系的概念现在还没有一致的认识。所谓仁者见仁，智者见智。从微观方面来讲，电子商务信用体系，是指在电子商务活动中，进行收集、整理、验证及参与其活动相关成员的信用情况，包括国家、地区或行业管理部门建立监督、管理与维护相关成员信用活动和规范发展的一系列机制与行为规范相结合。从规范内容来讲，可视为信用调查制度、信用评估制度、信息披露制度、公平制度、信用风险防范制度，以及失信惩罚制度等相关信用体系的总和。一个有效的电子商务信用体系应该是各种机制和制度相互协调和合作的有机统一系统。从信用主体来讲，作为社

会信用体系的一部分，它是由企业信用体系与个人信用体系两大部分组合而成，甚至在某种程度上还包括政府信用体系，具体主要涉及电子商务企业（网站）的信用、电子商务交易双方的信用、电子商务中介机构的信用、政府信用、司法信用等。[①]

因此，一个完整的电子商务信用体系应该从买卖双方的角度出发，包含人们所关心的种种问题，无论是从宏观的角度还是从微观的角度，不管是从法律的范围还是从细微的现实生活，都应该考虑进去，这样才能让电子商务信用体系更完善，推动电子商务的发展，真正地给人们的生活带来便利。

（二）电子商务信用体系建设的基本内容

在市场经济中，信用不仅仅是一种道德规范和一般意义上的行为准则，更是市场经济的一项基本规则，是电子商务活动得以开展的保证。市场经济依靠竞争进行资源配置。要确保市场经济正常运行，资源优化分配，必须要有公平竞争的规则，并以此规范参与市场活动的每个主体的行为，要求他们遵守这些规则，而这些规则维护着公平竞争。在这些规则中最基本、最核心的就是恪守信用，即诚实守信。因此，必须制定一套电子商务活动必须遵守的信用规则，约束和强制所有市场主体的行为。电子商务活动中的主体双方或一方当事人如果未能遵守信用，破坏协议，将会受到法律的制裁。这是电子商务信用体系中的一项基本内容，是信用体系维护、运转的保障。只有相应的法律法规，通过国家强制力以确保电子商务信用体系健康、有序地发展。尤其是近年来，电子商务日益普及，移动互联网飞速发展，如何建立、健全规范的电子商务市场已经成为很多专家所共同关注的问题。除了参与电子商务活动的主体必须遵守市场的基本规则和法律规范，还要有为适应电子商务信用交易发展的需要而产生的便利信用交易的各种工具和手段。同样，也需要为了适应电子商务信用交易的需求，所需的信用交易提供各种服务相应产

---

① 刘宏、金镇、彭莎莉：《电子商务信用及信用体系问题研究》，载《电脑学习》2007 年第 2 期。

生的各种信用中介服务机构。尽管第三方中介机构的参与可能会增加交易双方的交易成本，认证中介机构的认证信息还存在法律效力问题，但不可否认中介机构对电子商务交易信用建设的监督和促进作用。[①]

随着网络的发展，电子商务出现了。鉴于它的虚拟性，相比传统的业务，它需要更多的信用制度为依托，所以电子商务信用体系在某些方面拥有自己的独特性。其特点主要有以下几点：①全球性特点。[②] 由于互联网的出现，电子商务用它独有的形式打破传统经济交易的时空界限，让商务活动拥有了明显的全球性特征。电子商务不仅可以同世界各个国家与地区的消费者进行交易，而且能在时间和空间上打破以往的束缚，使交易更加便捷地进行。这也就要求电子商务信用体系能够跟上电子商务发展的节奏，保护好来自世界各国的消费者的权益，为其带来一个安全、舒适、便捷的购物平台。此时电子商务信用体系的建设可以有一个国际化的标准，并且有相关的法律规则制度对其进行保护，从而世界各国的电子商务信用体系都向其靠拢，不断地全球化、统一化、标准化，这对全球的消费者来说，是值得高兴的事情，可以放心地到全球各个地方购买自己需要或者希望得到的商品。如果相关电子商务信用体系不断地完善，并且达到了国际化的标准，就可以在电子商务这方面给全球的消费者带来安全感，减少消费者在这方面的上当受骗现象，使全球的经济贸易发展得更好。②高技术要求的特点。电子商务是买卖双方通过网络平台进行交易的，所以对软件、电脑方面的技术要求是非常高的。为了保证消费者在网上进行交易时不被相关技术问题所阻碍、防止黑客进入消费者的网上银行系统、提高大家对电子商务的信用，高端的技术是必不可少的。③对社会道德要求较高。[③] 由于电子商务是在没有看到实物、非面对面的情况下进行的商品交易，所以开展电子商务的公司要更加遵守道德标准。如果

---

① 《电子商务发展过程中的问题及对策研究》，载 http: //www.5iyewu.cn，2011 年 3 月 14 日。

② 沙芳：《试论我国电子商务中的信用问题及对策》，载《科技情报开发与经济》2007 年第 15 期。

③ De Palma，A，2000. “Grtting There Is Challenge for Latin America E-Tailing” .The New York Times August 17，4.

不遵守就会面临严重的后果，即因长期得不到顾客的信任而自取灭亡。这是任何忽视道德标准的公司都会受到的惩罚。通常来说，网上广告应该包括真实的内容，不应该以任何形式忽略会影响潜在购买者对某个产品或服务印象的内容。如果广告中省略了重要的事实，真实的解释也会被认为有误导，所以任何与广告有关的信息都应该由事实来支持。

（三）我国目前的电子商务信用体系基本模式

目前，我国电子商务采取的典型信用模式主要有四种，即中介人模式、担保人模式、网站经营模式和委托授权模式。[①]

1. 中介人模式

中介人模式，是把电子商务网站作为交易中介人，买卖双方将各自需要的商品或者货款放到中介人那里，等中介机构确认无误后，再将货款或者商品交给对方。这对买卖双方都起到了监督的作用，但是这样的中介人模式成本较高，它需要在很多范围内建立中介机构。如果企业想采用这种模式，那么成本问题一定要有所考虑。该模式虽然能在一定程度上减少商业欺诈等商业信用风险，但却需要网站有充足的投资设立众多的办事机构，这种方式还存在交易速度慢的问题。

2. 担保人模式

担保人模式，是指用网站或者网站的经营企业，为交易双方作出担保，买卖双方通过担保人来保障自己的利益不受损害，这种模式使买卖双方的利益得到一定的保护，但是担保人的责任也相应增加了。这样的担保人一般是有组织的，同时它同中介人模式一样会遇到一个成本高的问题。毫无疑问，第三方作为担保人，就直接增加了交易的成本。因此在实践中，这一信用模式一般只适用于具有特定组织性的行业。

---

① 阿拉木斯：《如何建设电子商务的信用体系》，载 http：//www.ciweekly.com/enews/inforcenter/A20040406300449.html，2005 年 4 月 2 日。

3. 网站经营模式

网站经营模式，是指在网上进行交易的时候，买方确定了自己需要购买的商品以后，把货款支付到商家指定的账户上，商家收到货款以后，再把货物交给消费者。这样的经营模式是单边的。对消费者来说，很多方面的安全问题并没有得到很好的保护。但是这种模式是当下应用最广、使用最多的模式，因为其是以网站的信誉为基础的，主要适用于从事零售业的网站。当当网、亚马逊、京东商城、天猫均采用这种模式，但也由于这样的单边信用模式，让很多消费者的利益得不到保障，成为 B2C 电子商务发展的阻碍之一。

4. 委托授权模式

委托授权模式，是指买卖双方通过达成一定的协议，在网上进行交易时，先到指定的银行开通一个公共的账户，买方将货款支付到此账户中，双方通过委托银行作为第三方，买方收到货款后，如果没有什么异议，货款会按照银行指定的程序，自动转给卖方。这种模式是在当前我国电子商务信用体系的中介机构缺乏的实际条件下诞生的。

我国的电子商务信用体系目前采用这四种模式。这四种模式有优点，但也存在一定的缺点。这几种模式，大部分都是从商家的角度出发的，对消费者的保护还有待加强。我国政府部门、法律部门、工商部门，以及相关部门都应该对电子商务信用体系起到监督的作用，更应该从自身做起，不断地提高自身的信任度、社会的信任度，这样电子商务的信任度才会得到加强和完善。

我们有理由相信，随着《电子商务法》的出台，并且在第五条的引领和指导下，我国会不断丰富和加强电子商务具体规章制度的建设。我国通过加强经营者的义务来更好地维护消费者的合法权益，使《电子商务法》与《消费者权益保护法》基本精神相承接，这必将极大地促进我国电子商务良性、健康地发展。

第二节 公平竞争原则①

《反垄断法》第一条规定："为了预防和制止垄断行为，保护市场公平竞争，提高经济运行效率，维护消费者利益和社会公共利益，促进社会主义市场经济健康发展，制定本法。"2017年11月4日第十二届全国人民代表大会常务委员会第三十次会议修订通过的《反不正当竞争法》第一条规定："为了促进社会主义市场经济健康发展，鼓励和保护公平竞争，制止不正当竞争行为，保护经营者和消费者的合法权益，制定本法。"《国务院关于在市场体系建设中建立公平审查制度的意见》中指出，公平竞争是市场经济的基本原则，是市场机制高效运行的基础。由此可见，公平竞争原则是我国竞争法的核心原则，《反垄断法》和《反不正当竞争法》的目的是通过对违法垄断行为和不正当竞争行为的规制，来维护市场的公平竞争秩序，使消费者获得最大的福利，促进社会主义市场经济健康发展。两部法律的一个共同目的是，通过对公平竞争秩序的维护来提高经济效益，维护消费者合法权益。因此，公平竞争原则也是《反不正当竞争法》中的一项重要原则。

《电子商务法》第四条规定："国家平等对待线上线下商务活动，促进线上线下融合发展，各级人民政府和有关部门不得采取歧视性的政策措施，不得滥用行政权力排除、限制市场竞争。"《电子商务法》第五条规定："电子商务经营者从事经营活动，应当遵循自愿、平等、公平、诚信的原则，遵守法律和商业道德，公平参与市场竞争，履行消费者权益保护、环境保护、知识产权保护、网络安全与个人信息保护等方面的义务，承担产品和服务质量责任，接受政府和社会的监督。"可以看出，《电子商务法》中也规定了电子商务经营者需要公平参与市场竞争，以及行政主体不得从事行政垄断行为排除、限制竞争。该法援引公平竞争原则，也是为了进一步维护电子商务市场的秩序，

---

① 作者：马栋。

保护电子商务领域中消费者的合法权益。本节将通过对电子商务领域中的行政垄断案例及不正当竞争案例进行分析，以表明电子商务经营者从事违法垄断行为以及不正当竞争行为对市场秩序的破坏以及对消费者具体权益的侵犯，强调公平竞争原则在《电子商务法》中的重要性。

一、行政垄断在电子商务领域的体现

案例一：2009 年以来，黄浦江游览行业的有关游船企业达成并实施了固定或者变更服务价格的协议。上海市交通委（原上海市交港局）作为黄浦江游览行业主管部门，在游船企业达成并实施上述价格垄断协议的过程中，发挥了重要的组织、指导、协调和保障作用，具体行为包括：

（一）引导游船企业参加以统一价格为重要内容的公共平台

2009 年 12 月，上海市交通委在行业发展规划中提出支持经营者统一票价的管理措施，下发文件提出"鼓励客位共用"，表示将"支持游船经营人开展统一票价、统一调度、统一管理的经营合作"。随后，引导经营者组建以统一票价为主要内容的公共平台。平台组建之初，上海市交通委即指导协会和企业出台《公共航班船舶换船替换办法》《公共平台运力管控办法》等严格限制进出公共平台的文件，并明确提出坚定不移地推进公共平台建设，要求各企业自觉遵守行业规则，规范经营行为，并通过责令停航等措施，强制要求所有游船企业加入公共平台，执行统一票价的规定。

（二）组织指导经营者达成具体的价格垄断协议

在公共平台组建过程中及建成后，上海市交通委通过召开会议、价格备案等形式，组织、指导游船企业统一价格。一是直接组织企业开会讨论票价。2011 年 7 月，召开黄浦江游览企业动员大会，组织各游船企业在稳定票价等问题上达成共识。召开会议组织各游船企业共同签署《上海市黄浦江游览企业自律公约补充条款》，重申各游船企业票价不得低于自律公约约定的最低价格，如有违反按照自律公约处罚条款执行。2013 年 3 月，召开会议组织企业就《黄浦江游览特色航班经营企业自律公约》的具体条款进行讨论。2014 年 10 月，组织召开联系调度会议，并一致决定将“学生团”业务的现付价格定为 35 元 / 人。二是参加行业协会牵头组织的会议，对企业遵守自律公约提出具体要求。2011 年 10 月，上海市旅游协会水上分会（以下简称水上分会）组织召开黄浦江港航企业例会，会上达成共识，团队票价为 52—53 元。2014 年 12 月，水上分会组织会议，会上一致决定将经典游散客票价由 100 元 / 人上涨至 120 元 / 人，并以此为基础上调相应的团队、网购票价。上海市交通委参加了上述会议并提出相关要求。三是通过游船服务价格备案制度，指导行业协会协调价格。根据《国内水路运输管理规定》，游船经营人应当合理确定游船票价，并报许可机关备案。调查发现，上海市交通委的价格备案制度实际发挥了审核、审批的作用，且接受行业协会代表企业提出的调价备案申请，实际上默许了行业协会协调价格。例如，2014 年 12 月、2015 年 3 月，水上分会两次向上海市交通委提出，拟将经典游票价从 100 元 / 人提高到 120 元 / 人。随后市交通委同意了该调价方案。经查，水上分会申报备案的价格均经会员单位协商同意。

（三）监督保障价格垄断协议执行

自律公约签署后，上海市交通委通过定期召开会议的形式，通报协议实施情况，要求经营者严格执行，并通过行政执法手段，监督游船企业对自律公约的执行情况，督促违规企业进行整改，或交由行业协会处理。[①]

一个开放、有序、自由竞争的市场是资源配置的基础手段，资源配置的有效性是通过价格机制来实现的。上海市交通委作为行政机关，滥用行政权力强迫游船企业达成并实施固定价格的横向垄断协议，违背价格规律，扰乱市场信号，破坏市场竞争秩序。具体而言，一方面侵害了游船企业的自主定价权和自由竞争权；另一方面损害了消费者的公平交易权和选择权。上海市

① 案件来源：国家发展和改革委员会网站。

交通委滥用行政权力排除黄浦江游览行业的竞争，人为造成垄断。如果市场上没有竞争，生产商或者销售商不仅不会在提高产品、服务的质量等方面考虑消费者需求，而且为了获得高额利润，会将价格提高到竞争水平以上以谋求垄断利润，进一步压榨消费者的福利。更何况此种垄断行为的背后是行政权力，其危害性更大。因此,《反垄断法》明确规定，行政机关和法律、法规授权的具有管理公共事务职能的组织不得滥用行政权力，排除限制竞争；2016年6月，国务院印发了《关于在市场体系建设中建立公平竞争审查制度的意见》，就建立公平竞争审查制度作出安排，要求从源头上规范政府行为，防止出台排除、限制竞争的政策措施。

自由竞争和公平竞争是市场经济的基本原则，是市场机制高效运行的重要基础。行政垄断从根本上违背了市场经济运行的机制，其存在使竞争者无法展开自由、公平、平等的竞争，阻碍潜在竞争者进入市场，消费者作为弱势群体不得不接受劣质产品或服务，接受垄断高价，成为待宰的“羔羊”。在行政垄断下，社会财富不公平地从买方转入卖方，无论是竞争效率的损失还是社会福利的损失，最终都是由消费者埋单。如果上海市交通委维护而非损害竞争秩序，促使游船企业展开公平竞争，那么游船企业将通过改进服务、降低价格等合法手段来吸引消费者，谋求利润。这就从根本上维护了市场机制的良好运行，提高了经济效率及消费者福利。因此，无论是在线上市场还是线下市场，为了维护市场秩序和消费者利益，行政垄断必然是被禁止的。

二、不正当竞争在电子商务领域的体现

《反不正当竞争法》第一条规定：“为了促进社会主义市场经济健康发展，鼓励和保护公平竞争，制止不正当竞争行为，保护经营者和消费者的合法权益，制定本法。”由此可见,《反不正当竞争法》的立法目的除了保护竞争秩序和经营者合法权益，还包括对消费者合法权益的保护。换句话说，则是通过维持竞争秩序，制止不正当竞争行为，保护消费者的合法权益。《反不正当竞争法》所调整的竞争秩序是通过公平竞争得以实现的。因此，对公平竞争

的鼓励和保护是《反不正当竞争法》保护消费者合法权益的基本途径。

《电子商务法》第五条规定："电子商务经营者从事经营活动，应当遵循自愿、平等、公平、诚信的原则，遵守法律和商业道德，公平参与市场竞争，履行消费者权益保护、环境保护、知识产权保护、网络安全与个人信息保护等方面的义务，承担产品和服务质量责任，接受政府和社会的监督。"其中也强调了电子商务经营者应公平参与竞争，履行消费者权益保护的义务，进一步体现了公平竞争原则在消费者权益保护中的重要性。

传统的不正当竞争行为分为六种：商业标识混淆、商业贿赂、不正当宣传、侵犯商业秘密、不正当有奖销售和商业诋毁。新修订的《反不正当竞争法》的最大的亮点是增加了互联网不正当竞争条款。新法第十二条规定，经营者利用网络从事生产经营活动，应当遵守本法的各项规定。

经营者不得利用技术手段，通过影响用户选择或者其他方式，实施下列妨碍、破坏其他经营者合法提供的网络产品或者服务正常运行的行为：

（一）未经其他经营者同意，在其合法提供的网络产品或者服务中，插入链接、强制进行目标跳转；

（二）误导、欺骗、强迫用户修改、关闭、卸载其他经营者合法提供的网络产品或者服务；

（三）恶意对其他经营者合法提供的网络产品或者服务实施不兼容；

（四）其他妨碍、破坏其他经营者合法提供的网络产品或者服务正常运行的行为。

此次增加的互联网不正当竞争条款是属于新型的不正当竞争行为，规定的前三款行为除了损害其他经营者的合法权益以外，最终都损害了消费者的合法权益。

原告北京奇虎科技有限公司诉被告腾讯科技有限公司、深圳市腾讯计算机系统有限公司一案中，2010 年 11 月 3 日被告发布的文章《致广大 QQ 用户的一封信》中，明确禁止其用户使用原告的 360 软件，否则就停止 QQ 软件服务；拒绝向安装有 360 软件的用户提供相关的软件服务，强制用户删除 360 软件；采取技术手段，阻止安装了 360 浏览器的用户访问 QQ 空间，在此期间大量删除了原告相关软件。[①] 在该案中，腾讯公司强迫用户关闭、卸载 360 软件的行为严重侵害了消费者的选择权。

百度网讯和百度在线于 2004 年共同开发完成超级搜霸和搜索伴侣，这两个软件均向用户提供工具栏或地址栏搜索服务。用户可以在百度网讯经营的网站免费下载超级搜霸或搜索伴侣，也可以在安装百度网讯和百度在线的合作伙伴所开发完成的软件之时一并免费安装超级搜霸或搜索伴侣。百度网讯和百度在线在庭审中称用户安装其合作伙伴所开发完成的软件之时，均已明确提示用户是否选择一并安装超级搜霸或搜索伴侣。

三际无限于 2006 年开发完成安全卫士，此软件向用户提供软件检测、系统诊断和修复等服务。用户可以在三际无限经营的网站（网址为 www.360safe.com）免费下载安全卫士。

在计算机内先行安装超级搜霸和搜索伴侣，再安装安全卫士 V1.5 版本。例如，运行安全卫士 V1.5 版本并点击“查杀恶意软件”选项，超级搜霸将被检测为恶意软件，软件类别为浏览器劫持，危险级别为低，恶意表现为强制安装、浏览器劫持；搜索伴侣亦将被检测为恶意软件，软件类别为浏览器劫持，危险级别为高，恶意表现为强制安装、无法测试删除、浏览器劫持；选择超级搜霸并点击“立即清除”选项可以删除超级搜霸。例如，运行安全卫士 V1.5 版本并点击“插件管理”选项，超级搜霸将被描述为强制安装、浏览器劫持；搜索伴侣将被描述为强制安装、无法测试删除、浏览器劫持；选择超级搜霸和搜索伴侣并点击“立即清除”选项可以删除超级搜霸和搜索伴侣。例如，运行安全卫士 V1.5 版本并点击“诊断及修复”选项，超级搜霸和搜索伴侣均将被描述为危险，同时超级搜霸被描述为强制安装、浏览器劫持、无法彻底删除、干扰其他软件运行。

在本案中，三际无限开发的安全卫士涉案版本以及网站（网址为 www.360safe.com）将超级搜霸和搜索伴侣描述为恶意软件，将超级搜霸描述为低危险级别，将搜索伴侣描述为高危险级别，将超级搜霸和搜索伴侣描述为强制安装、浏

---

① 案件来源：广东省高级人民法院（2011）粤高法民三初字第 2 号民事判决书。

览器劫持、干扰其他软件运行和无法彻底删除等，且如按照安全卫士涉案版本提示进行操作可以在默认情况下删除超级搜霸和搜索伴侣或者使用专杀工具删除超级搜霸。但三际无限并非经合法授权的网络安全的监督管理者，其无权擅自认定“恶意软件”，且其并未提交充分证据以证明超级搜霸和搜索伴侣存在恶意或者危险之处，包括证明超级搜霸和搜索伴侣存在强制安装、浏览器劫持、干扰其他软件运行和无法彻底删除等情况，[①] 故三际无限之行为缺乏事实和法律依据，属于捏造、散布虚伪事实损害竞争对手的商业信誉和商品声誉，欺骗用户卸载百度合法提供的产品，属于不正当竞争，同时侵犯了消费者的知情权。

当然，除了新型互联网下的不正当竞争行为，还包括传统的不正当竞争行为。毫无疑问，传统的不正当竞争行为也会发生在互联网市场上。

（一）商业标识的混淆行为

下面就原告中广金桥（北京）国际文化传播有限公司（以下简称中广金桥公司）与被告易庭东方文化（北京）有限公司（以下简称易庭东方公司）不正当竞争纠纷一案展开阐述。原告是2010年“世界旅游小姐年度冠军总决赛”的承办方。原告为准备该赛事投入大量的人力、财力，通过全国各地媒体及网络进行了大规模的宣传和推广，使“世界旅游小姐年度冠军总决赛”选美赛事家喻户晓，在国内已经具有一定的知名度。被告易庭东方公司在未经原告授权的情况下，擅自在其经营的网站上使用“世界旅游小姐年度冠军总决赛”的名称和相关图片进行宣传，并通过不同途径组织招商和比赛。

本案中，易庭东方公司在使用“世界旅游小姐大赛”作为赛事名称的同时，还使用了中广金桥公司参与组织的赛事活动信息，并对外宣传获得了中广金桥公司和世界旅游小姐中国年度冠军总决赛组委会的授权，上述行为容易使相关公众对该赛事组织的身份产生误解，与中广金桥公司组织的年度世界旅游小姐年度冠军总决赛赛事活动相混淆，所以属于虚假宣传行为，构成对中

---

① 案件来源：北京市第一中级人民法院案件移送函（2007）一中民初字第3302号。

广金桥公司的不正当竞争行为。[①]

被告公司的行为不仅损害了中广金桥公司的合法权益，还使相关公众混淆赛事组织者身份。无论是参赛者还是购买赛事门票的消费者，都可能由于被告的混淆行为而作出错误的判断，造成其合法权益的损失。从消费者权益保护法的角度来看，被告的商业标识混淆行为侵犯了消费者的知情权。

（二）引人误解或虚假的宣传

在高露洁诉宝洁案中，被告宝洁（中国）有限公司在其网站上发布如下广告信息：（1）《给牙齿做"美白面膜"7天亮白一整年——佳洁士深层洁白牙贴登陆中国　为你揭开亮白笑容背后的秘密》一文，文中写道，"临床试验结果表明，佳洁士深层洁白牙贴的美白功效是传统涂抹式洁白产品的3倍。"（2）Crest 佳洁士深层洁白牙贴广告，该广告中有"只需7天牙齿就变得亮白，效果是涂抹式美白产品的3倍"的表述。被告在网站广告中虚构"佳洁士深层洁白牙贴的美白功效是传统涂抹式洁白产品的3倍"事实，利用广告对"佳洁士深层洁白牙贴"的商品质量作引人误解的虚假宣传构成对经营同类产品的原告广州高露洁棕榄有限公司的不正当竞争。[②]本案中被告的虚假宣传行为侵犯了消费者的知情权。

（三）利用互联网行为侵犯商业秘密

在"周某民等于浙江省衢州万联网络技术有限公司侵犯商业秘密纠纷上诉案"中，万联公司注册了经营网络游戏的网站，周某民等五被告作为公司员工参与涉案网站的技术开发、维护及商业运营等相关工作。涉案网站数据库中的用户信息是涉案网站在长期经营活动中形成的经营信息，且并非为相关领域的人员普遍知悉和获得；该用户信息能够反映涉案网站具有较大的用户群和访问量，与网站的广告收入等经济利益密切相关；原告同时对上述信息采

---

① 案件来源：北京市朝阳区人民法院（2011）朝民初字第14774号。

② 案件来源：上海市高级人民法院（2005）沪高民三（知）终字第32号。

取了保密措施，故涉案网站数据库中的用户信息属于商业秘密，受法律保护。五被告未经原告许可，利用自己掌握的数据库密码从万联公司的涉案网站中复制下载包含用户信息的数据库，并将该数据库用于被控侵权网站的经营活动，该行为侵犯了原告的商业秘密。[①] 本案中，被告非法获取用户信息、侵犯原告商业秘密的不正当竞争行为同时侵犯了消费者的个人信息权。

（四）互联网中的商业诋毁

在“360 诋毁腾讯案”中，奇虎 360 科技有限公司（以下简称 360）针对 QQ 软件专门开发了扣扣保镖，在相关网站上宣传扣扣保镖全面保护 QQ 用户安全，并提供相关下载。在安装了扣扣保镖软件后，该软件会自动对 QQ 软件进行体检，并以红色字体警示用户 QQ 存在严重的健康问题，以绿色字体提供一键修复帮助。同时将“没有安装 360 安全卫士，电脑处于危险之中；升级 QQ 安全中心；组织 QQ 扫描我的文件”列为危险项目。点击“一键修复”后，相应计算机页面提示“共有 31 个 QQ 插件”，已禁用了“腾讯搜搜”“QQ 书签”“企业 QQ”“SOSO 搜吧”“游戏人生”“QQ 网站”“QQ 宠物”“腾讯观战游戏”等 11 个插件，对话框上部显示“禁用您平时不需要使用的插件，让您的 QQ 运行如飞”，下部设有“一键优化”键。点击该“一键优化”功能键或手动模式禁用相关插件后，腾讯 QQ 软件界面上相应的功能按钮则无法使用。由于扣扣保镖在宣传中声称，其具有全面保护 QQ 用户的安全，自动阻止 QQ 聊天程序对电脑硬盘隐私文件的强制扫描查看等功能，在被告免费提供扣扣保镖的情况下，很多用户会下载该软件并运行该程序。本案中被告宣称：“在 QQ 运行过程中，会扫描您电脑里的文件，为避免您的隐私泄露，您可以禁止 QQ 扫描您的文件”，被告并无证据证明 QQ 软件对用户硬盘隐私文件进行强制性查看。在没有相关证据支持的情况下，断言 QQ 软件对用户硬盘隐私文件进行强制性查看不符合客观实际，属于捏造、散布虚伪事实。[②] 这足以导致

---

① 案件来源：上海市高级人民法院（2011）沪高民三知终字第 100 号。

② 案件来源：北京市第一中级人民法院（2011）一中民终字第 12521 号。

相关消费者对相关商品产生错误认识，进而影响消费者的决定，并最终侵犯消费者的选择权与知情权。

（五）互联网中的不正当有奖销售

在“上海卓尚信息有限公司诉艺龙网信息技术有限公司不正当竞争纠纷一案”中，原告设立的“影院热线”网站，是在互联网上专业从事影片推广、网上订票等活动的知名网站。该网站曾成功举办“99奥斯卡”系列活动，原告在2000年年初又开始策划“奥斯卡2000”系列活动。2000年2月11日，被告总裁、副总裁等到原告处与原告协商合作事宜。在协商过程中，被告知悉原告举办上述活动的基本设想，并应被告要求，原告将此次活动的具体方案传真给被告。被告在了解了原告此次活动的内容、计划等信息之后，虽多次口头应允合作，但迟迟不签订双方拟定的合作协议。原告遂于2月23日通知被告，终止合作谈判，被告不得采用原告的活动方式和内容。同年3月，原告发现被告在艺龙网上举办了与原告完全相同的活动，并实施了以下行为：（1）被告抄袭原告网页上的竞猜活动介绍和竞猜规则，冒用原告的网站名称和竞猜活动名称，误导网民浏览其网页并参加其活动；（2）被告模仿原告的奖项设置，并以高出原告十多倍的特等奖（“美国双人浪漫游”，价值人民币3万元）吸引网民。[①] 在本案中，新修订的《反不正当竞争法》要求有奖销售不得超过5万元，所以被告的有奖销售没有违反新法第十条。本质上，有奖销售并不违法，因为它可以使消费者受益，但是如果超过一定限度，则会损害竞争秩序。高额的有奖销售会导致消费者基于投机心理追逐高额奖品，从而忽视产品或服务的质量，妨碍经营者在质量、价格方面等进行公平竞争，损害市场机制。当质量低且价格高的产品和服务充斥在市场中时，最终也会影响到消费者的整体福利。

公平的竞争是市场活力的源泉。经营者只有在商品或服务的质量、价格等方面，以经济效益为基础展开公平的竞争，才能激励企业不断改善产品或

---

① 案件来源：上海市第二中级人民法院（2000）沪二中知初字第31号。

服务，降低成本。这样做可以提升企业的竞争力，满足市场的需要，提高消费者的福利，促进经济的发展。相反，如果经营者以不正当的手段开展竞争，攫取他人的竞争优势，侵犯消费者的合法权益，就会破坏市场机制。因此，在电子商务领域强调公平竞争原则，不仅有利于电子商务市场的有序运行，而且会促进经济发展，提升消费者整体福利。

第三节　综合监管原则——电子商务的多元治理模式[①]

作为市场监管法的《电子商务法》，其健全的制度设置和有效的法律实施对引领良性的市场经济和健全的消费制度起着重要作用。

《电子商务法》第六条到第八条确立了电子商务法中的综合监管原则，建立了电子商务的多元协同管理体系，具体包括国家监管、社会监督和行业自律三个层次，由不同的主体分层次对电子商务经营进行监管和治理，共同促进电子商务的良性发展。

"监管"一词具有不同的语义，普遍监管论（最广义）中监管主体为个人、企业、政府组织和非政府组织等；国家监管论（广义）中监管主体为国家，强调国家对经济的干预；行政机构监管论（狭义）则将监管主体限定为国家行政机构，监管范围为市场监管（具体经济行为不包括宏观经济领域）。[②]本文中，综合监管原则中"监管"一词使用的是广义的监管语义，国家监管中"监管"一词的主体则是特指行政机关。

建立符合电子商务特点的协同管理体系，即在政府监管主导下，强调市场的多元治理。政府不再是市场治理的唯一主体，行业组织和消费者等市场主体的共同参与对市场规范也起到重要的作用。一方面政府主导的电子商务规范管理和公共服务建设是规范市场的执法保障；另一方面，通过市场主体的

① 作者：陈燕玲。

② 郭向军：《经济监管机构的法律地位》，中国金融出版社2013年版。

共同参与，可以实现对电子商务经营的自律和监督，应对电子商务快速多变的特点：行业组织作为经营者团体能够实现自律监督；平台经营者作为交易场所提供者，承担登记和报送等辅助管理义务；具有竞争关系的经营者对同业竞争者可起到监督作用；企业和消费者作为交易当事人对经营者提供的商品和服务的接受者，对商品的质量和经营行为具有发言权和监督权，可以帮助监管主体更好地实现有效监管。

一、国家监管是执法保障

市场经济的核心问题在于市场与政府的关系。2013 年中共十八届三中全会《中共中央关于全面深化改革若干重大问题的决定》（下文简称《决定》）指出，经济体制改革是全面深化改革的重点，核心问题是处理好政府和市场的关系，使市场在资源配置中起决定性作用和更好地发挥政府作用。该决定也指出，政府的职责和作用主要是保持宏观经济稳定，加强和优化公共服务，保障公平竞争，加强市场监管，维护市场秩序，推动可持续发展，促进共同富裕，弥补市场失灵。从中我们可以看出，政府在经济领域主要有两个功能：一是实行宏观调控职能，二是实行市场监管职能。并且，在市场监管领域，政府干预经济必须要摆正位置，恪守监管的职能而不能越界，否则市场经济始终不能从行政经济中脱离出来。

政府供给制度的改革，其核心是政府和市场关系的法制化。只有通过市场监管法和宏观调控法等经济法制建设才能真正实现供给侧改革。[①] 此次《电子商务法》中确立了国家监管体系，并且通过国家监管、行业自律和社会监督的合理配置设置了协同执法和社会共治的规范方法。

《电子商务法》作为行业法，或者说领域法，必然会涉及多种法律关系。只有协调运作，共同对电子商务领域中的组织和行为进行监管，才能实现电子商务市场的良性运作。

---

① 刘春山：《论供给侧改革与经济法治建设》，载《社会科学战线》2017 年第 8 期。

电子商务活动涉及以下几个监管和规范问题：一是市场准入和退出规范，涉及工商登记和经营许可，主体信息的真实性核验等问题；二是税收监管，涉及税务登记、税收征管方式优化、税收优惠、税收合作，以及应对逃避税等问题①；三是市场行为监管，涉及商品和服务的质量监管，如商品的真实信息问题，食品、药品、保健品、化妆品、酒类等商品的质量监管问题，此外还涉及交易行为的监管，尤其是平台的行为监管，侧重于加强平台监管、强化平台责任，具体涉及电子合同、互联网广告、互联网价格、消费者保护、知识产权保护等问题；② 四是跨境电子商务监管，涉及海关、税收、进出境检验检疫、支付结算等管理制度的建立，仓储物流、报关、报检等服务的完善，以及跨国和跨地区的电子商务交流合作等问题。需要建立起从中央到地方的监管体系，对违反电子商务法的经营者行为进行事前预防和事后查处，以规范市场秩序，建立良好的市场形象。

电子商务与传统的实体市场存在着根本的差别。一是商户在平台集中经营的规模庞大且不受时空约束，异地经营、快速多变成为常态；二是市场主体和客体的表现形式发生了根本性变化：由传统的实物展示经营转变为以基础数据集合为主要表现形式的网络经营者、网络商品、电子凭证等，且出现了网络经营者与实际经营者脱节，网络商品对同一实物的描述不唯一、不完整、不准确、不真实，造成经营信息和商品信息真假难分，好坏难辨，导致电子商务市场信息可信度不高。③ 正是由于电子商务中交易虚拟化、无纸化、交易过程的远程化跨境化的特征④，所以在电子商务中假冒伪劣商品盛行，存在大量非法网站和非法企业，刷单、竞价排名等虚假交易和不正当竞争行为缺乏规范，侵犯他人知识产权的行为泛滥等情形，给市场监管带来严重的挑战。

为了应对上述问题，在国家监管层面，《电子商务法》主要涉及经营者准

---

① 代玲玲：《电子商务环境下的税收监管问题研究》，载《财经界（学术版）》2017年第20期。

② 贺大伟：《市场监管方式体系化创新的经济法思考》，载《渤海大学学报（哲学社会科学版）》，2017年第3期。

③ 柴跃廷：《电子商务监管主要问题、成因及对策建议》，载《中国市场监管研究》2017年第4期。

④ 洪海：《电子商务监管面临的问题梳理及破解思路》，载《中国市场监管研究》2017年第4期。

入和退出监管，以及市场行为监管。《电子商务法》主要通过对经营者设置法定义务和相应法律责任的方式来实现国家对电子商务活动的监管及对各方主体合法权益的保护。因此，《电子商务法》虽然也涉及民商法律关系，但更多地起到指引功能，在法律性质上还是属于经济法范畴。

（一）准入和退出监管

相比于传统的市场经营，电子商务的特殊性在于其交易市场为网络虚拟市场，电子商务经营的法律性质属于在信息网络上进行的商事行为，仍然需要进行商事登记，以达到确认商事主体的法律地位，公示其经营状况及商事信誉，提高交易效率，便于国家监管的效果。同时由于电子商务市场的虚拟性质，更需要通过进行工商登记程序来达到“易辨识、可溯源、能追责的交易安全”的目的。但是，统一电子商务主体的登记并不排斥针对特殊主体实行的登记豁免。[①] 根据《电子商务法》第十条规定，电子商务经营都应当依法办理市场主体登记。个人销售自产农副产品、家庭手工业产品，个人利用自己的技能从事依法无须取得许可的便民劳务活动和零星小额交易活动，以及依照法律、行政法规不需要进行登记的除外。

经营者准入和退出监管包含两个方面，一是对经营者自身的工商登记要求，二是对平台经营者的辅助登记管理要求。“第三方平台的市场管理虽有其特效并应充分肯定和利用，但不可将其与监管机构的主体登记混为一谈，二者性质不同、效力不同、机制不同，为实现电子商务市场的良好治理，二者可以功能互补，但不可偏废和完全替代。”[②] 因此，一方面应对经营者的资质和信息公开作出要求：一是通过相应的工商登记和行政许可要求规范经营者资质，规定对于未取得行政许可的经营者进行行政处罚，同时要求经营者在主页显著位置持续公示并及时更新营业执照信息以及有关行政许可信息。二是对于自行决定退出市场的经营者，应当提前三十日在主页显著位置公示有关

---

① 赵旭东：《电子商务主体注册登记之辩》，载《清华法学》2017 年第 4 期。

② 赵旭东：《电子商务主体注册登记之辩》，载《清华法学》2017 年第 4 期。

信息。这一规定有利于消费者对经营者销售的商品进行审慎选择，因为持续经营者和即将停业的经营者，其服务态度和销售策略有所不同。违反上述公示要求的规定的，将承担相应的法律责任，监管机关可以责令限期改正并处以罚款。另一方面应规定平台经营者具有登记和报送义务：一是平台经营者有义务建立登记档案采集经营者的身份、地址、联系方式、行政许可等真实信息，并且有义务向工商行政管理部门、税务部门报送该登记档案信息。二是当发现经营者未取得相关行政许可的而进行经营的，平台经营者应当采取必要的处置措施并进行报送，进而配合监管机关对自建网站经营的电子商务经营者和平台内电子商务经营者的信息和资质进行定期更新和追踪。同时，对于平台内经营者违反主体信息公示义务的，平台经营者也需要采取必要的措施予以公示或者制止。如果平台经营者不履行上述义务，将承担相应的法律责任，由监管机关责令限期改正并加以罚款。

（二）市场行为监管

市场行为监管包括以下几个方面。

一是对商品安全和真实信息的监管，包括对假冒伪劣商品进行查处，保障消费者的人身和财产安全、知情权和选择权。首先，经营者承担安全保障的义务，有义务为消费者提供符合安全标准的商品，且不得销售法律和行政法规规定的禁止商品，否则就是违反法律强制性规范，平台经营者将由监管机构依法处罚。此外，对于平台内的违禁品，平台经营者有义务采取必要的处置措施，并向有关部门报告；明知或者应知平台内经营者提供侵害消费者人身财产安全或者其他合法权益而未采取必要措施的，承担连带责任；关系消费者生命健康的商品或者服务未尽到审核义务或者未尽到安全保障义务的，应对消费者承担相应的民事责任。其次，经营者具有商品信息披露义务，应当全面、真实、准确、及时地披露商品或者服务信息，保障消费者的知情权和选择权。再次，经营者承担公平竞争的义务，针对刷单、竞价排名等虚假交易和不正当竞争行为，《电子商务法》第十七条规定了电子商务经营者不得以虚构交易、编造用户评价等方式进行虚假或者引人误解的商业宣传，欺骗、误导消费者。第三十七条和第四十条规定了平台经营者的自营业务标记义务以及多方式显示搜索结果义务、竞价排名标明“广告”的义务。最后，平台经营者有义务记录、保存平台上发布的商品和服务信息、交易信息，并确保信息的完整性、保密性、可用性。保存时间自交易完成之日起不少于三年，法律另有规定的除外。商品和交易信息的保存有利于监管机关进行监管和消费者进行维权举证。

上述经营者信息公开义务和商品真实信息披露义务等能在一定程度上实现对产品质量的监管，同时国家鼓励平台经营者建立有利于电子商务发展和消费者权益保护的质量担保机制，并为平台经营者与平台内经营者协议设立消费者权益保证金提供指引：双方应当就消费者权益保证金的提取数额、管理、使用和退还办法等作出明确约定。之所以未将设置保证金作为强制义务，是因为考虑到以下两方面问题：一方面低额保证金起到的制约效果不强；另一方面高额保证金可能会使资本不充裕或者处于创业期的经营者增加成本，因此将保证金制度作为平台经营者的自治内容非常有必要。[①] 但是经营者有义务建立便捷、有效的投诉、举报机制，及时受理并处理投诉、举报。投诉、举报机制是消费者维权的重要途径，它有利于实现对产品质量的实时监督。

二是对用户信息和数据收集、使用和保存的监管。2009 年《刑法修正案（七）》将公民个人信息纳入刑法保护范畴，2013 年修订的《消费者权益保护法》第二十九条规定了消费者的个人信息权，2017 年《民法总则》第十一条规定了自然人的个人信息权。个人信息的范畴并不限于涉及自然人隐私的信息，只要能够直接或间接识别出当事人身份的信息均在保护之列。经营者有义务对包括消费者在内的用户的个人信息和数据进行保护。且从国内外立法理由的追溯上来看，个人信息权的保护多是为了应对互联网信息技术对个人隐私的新威胁。[②] 因为个人信息在大数据时代更具有经济效益和价值，所以在

---

① 陆天鹏、倪卫红：《电子商务背景下质量监管问题研究》，载《电子商务》2017 年第 9 期。

② 杨芳：《个人信息保护法保护客体之辨——兼论个人信息保护法和民法适用上之关系》，载《比较法研究》2017 年第 5 期。

电子商务活动中精准诈骗活动屡禁不止。这涉及经营者（包括平台经营者）、快递物流服务提供者等各方对个人信息的使用和保护行为规范。本次《电子商务法》规定了经营者的相关义务：首先，第二十三条对用户信息的收集和使用作了指引性规定；其次，第二十四条对用户信息查询、更正、删除和注销作出规定，电子商务经营者应当明示用户信息查询、更正、删除以及用户注销的方式、程序，不得对用户信息查询、更正、删除以及用户注销设置不合理条件；最后，经营者有提供数据信息的义务，有义务按照有关部门的要求提供数据信息，协助监管机关进行监管。

三是对网络安全的监管。根据《网络安全法》的规定，网络运营者有制订网络安全事件应急预案，及时处置系统漏洞、计算机病毒、网络攻击、网络侵入等安全风险，为执法和侦查犯罪的活动提供技术支持和协助等义务。根据该法第七十六条规定，网络运营者，是指网络的所有者、管理者和网络服务提供者。而《电子商务法》第三十条则规定了平台经营者的安全管理和报告义务，主要具有强调和法律指引的功能。

四是对平台经营者行为的监管。平台经营者具有双重身份：一方面作为经营平台，对平台内经营者的行为具有辅助行政机关进行监管的管理者身份；另一方面作为营利性的企业法人，平台经营者具有自身利益，其行为需要受到政府的监管。[①] 首先，平台经营者具有服务协议和交易规则的制定义务。《电子商务法》第三十二条到第三十六条制定了服务协议和交易规则的相关规则，包括：公开、公平、公正制定原则，持续公示义务，修改意见公开征求义务，不得阻止不接受新协议的经营者退出的义务，格式条款限制规则，以及对平台内经营者的处置信息公示义务。其次，平台经营者具有建立健全信用评价制度的义务，并且不得随意删除消费者对商品或服务的评价，为消费者提供评价监督的平台。最后，平台经营者具有知识产权保护义务，接到知识产权权利人的通知后，应当及时采取必要措施，并将该通知转送平台内经营者。

---

① 张启鹏、段挺挺等：《行政监管下的电子商务平台自律管理模式》，载《法制博览》2017年第12期。

二、行业自律是经营者内部的协调规范

行业自律在《电子商务法》中只出现在第一章总则部分，其作用是“建立健全行业规范，推动行业诚信建设，监督、引导本行业经营者公平参与市场竞争”。

一般认为，行业组织包括两类：一类是由从事同一行业生产或经营的企业组成的经济团体，即行业协会；另一类是由从事同一职业的人员组成的团体，如律师协会和会计师协会等。[①]作为社会团体中的一类，行业组织同样具有非营利性、民主性、自律性和互益性，能够通过组织章程实现内部的民主管理，进行自我规范、自我管理和自我约束。行业协会的作用具有双重性：一方面能够有效协助国家监管通过行业自治来纠正市场失灵，同时克服国家监管的缺陷，矫正政府信息偏差、提高公共产品的供给效率；另一方面由于是经营者的团体，也具有维护行业企业的共同利益、推动行业创新的功能。[②]《电子商务法》使用的是“电子商务行业组织”的概念，更倾向于行业协会的概念，但也不排除职业协会的作用。

学者的实证研究表明：行业协会在总体上能够促进企业履行社会责任，能够通过章程引导企业实现自律经营，并在环保节约、安全生产、构建和谐劳资关系，以及参与社会救助和公益慈善事业等方面自觉履行社会责任的重要职能，实现行业协会与政府之间的优势互补，在保持一定的独立性的同时也需要政府的支持来发挥其职能。[③]因此，需要进一步发挥行业组织的作用，引导经营者规范经营行为、履行社会责任，最终实现电子商务市场的良性运作。同时，包括行业组织在内的“社会中间层”是否能够代表社会整体利益仍然存在疑问，行业组织作为社会团体的一种，天然地会向本行业的利益进行倾

---

① 王卫国、李东方：《经济法学（第三版）》，中国政法大学出版社 2016 年版。

② 王卫国、李东方：《经济法学（第三版）》，中国政法大学出版社 2016 年版。

③ 陈贵梧、胡辉华、陈林：《行业协会提高了企业社会责任表现吗？——来自中国民营企业调查的微观证据》，载《公共管理学报》2017 年第 4 期。

斜，[①] 只是这种倾斜是否会导致包括消费者在内的社会共同体受益，还需要进一步根据权利义务的分配来进行规范，国家也需要对行业组织的自律管理行为进行适当的监管，以保证市场的良好运行。

三、以消费者为主的社会监督是有效手段

除了国家监管和行业自律，以消费者为主的社会监督也是实现电子商务监督管理的有效手段。

《电子商务法》中具体涉及相关主体包括电子商务经营者（包括自建网站经营的电子商务经营者、电子商务平台经营者、平台内电子商务经营者）、电子商务行业组织、消费者、知识产权权利人、包括消费者在内的用户、快递物流服务提供者，以及电子支付服务提供者。然而综观整部《电子商务法》中的条文，在权利义务的配置中，该法单方面规定了消费者和知识产权权利人的权利，重点在规定各类电子商务经营者及辅助经营者（快递物流服务提供者以及电子支付服务提供者）的义务，体现出该法以保护消费者权利为核心的立法思路。

（一）《电子商务法》与《消费者权益保护法》的衔接

在最新的《电子商务法》中，无疑考虑到了电商和消费者的利益平衡。一方面为保护电商的正常经营，法律不能对电商的行为设置不合理的限制条件；另一方面在电子商务活动中，又要着重保护处于弱势地位的消费者，实现法律的正义。在《电子商务法》的 89 个条文中，共有 20 个条文直接提及“消费者”，在其他条文中，虽未直接出现“消费者”字样，但通过对经营者的行为规范和义务设置、争议解决等规定，也能够保护消费者利益。

作为消费者保护的基本法，我国《消费者权益保护法》列举了消费者的

① 张继恒：《社会中间层的经济法主体地位析辩——由“三元框架”引发的思考》，载《法制与社会发展》2013 年第 6 期。

11项权利，包括安全保障权、知情权、自主选择权、公平交易权、获得赔偿权、结社权、获得有关知识权、民族风俗习惯和人格尊严受尊重权、个人信息权、监督权、无理由退货权（反悔权）。此外，在第三章经营者的义务中，除列举了与前述的权利相对应的义务之外，还规定了经营者履行法定或者约定的义务，恪守社会公德、诚信经营的义务，不使用霸王条款的义务，提供发票等凭证或单据的义务，以及质量保障义务。在《消费者权益保护法》中涉及电子商务的专门规定如下：一是网络购物的7天无理由退货权，二是网络经营者、商品、售后服务、民事责任等信息提供义务，三是网络交易平台提供者承担连带责任的情形。以上述消费者的权利和经营者义务为基础，为促进网络消费者权利的实现，结合电子商务的特点规定了《电子商务法》，对经营者规定了更为详尽的义务和责任规范。

一方面基于网络交易的方便和快捷，网络消费已经成为消费者购买商品和接受服务的重要途径；另一方面基于电子商务虚拟化、无纸化和跨境化的特点，消费者和经营者之间信息不对称的问题更加显著，网络消费者选择满意的商品和维护合法权利也会更加困难。本次《电子商务法》的规定对网络消费者权利的实现起到重要作用。具体来说，《电子商务法》一方面通过经营者特别是平台经营者义务的强化，进一步细化和补充了《消费者权益保护法》的规定；另一方面强化了经营者的法律责任，以实现有效的监管。

1. 消费者知情权、自主选择权和公平交易权的保障

消费者的知情权主要通过经营者信息的公开和公示义务来实现。通过公开信息解决经营者与消费者之间信息不对称的问题，包括经营者经营和退出信息、商品信息、平台服务协议和交易规则公开，细化了《消费者权益保护法》中网络经营者提供信息的义务。消费者的自主选择权主要通过规范市场竞争行为来实现：一方面行政机关不得滥用行政权力排除、限制市场竞争；另一方面平台经营者具有以下义务，对于开展的自营业务应当显著标记、应当以多种方式向消费者显示商品和服务的搜索结果、对于竞价排名应当显著标明“广告”。《消费者权益保护法》中消费的公平交易权包括两个方面：一是消费者有权获得质量保障、价格合理、计量正确等公平交易条件；二是消费者有权拒绝经营者的强制交易行为。《电子商务法》鼓励平台经营者建立质量担保机制、设置保证金，为消费者维权提供进一步的保障。

2. 个人信息权的保障

当前，网络消费存在着倒卖订单等消费者个人信息继而对消费者进行诈骗的行为。为保护消费者个人信息，《消费者权益保护法》对经营者收集、使用信息的行为进行了规范。《电子商务法》则对用户信息查询、更正、删除，以及用户注销的方式和程序进行了规范，它更具有可操作性、能够更加充分地保护消费者的个人信息权。

3. 规定合同成立和履行中的经营者义务

《电子商务法》规范了电子交易合同的成立和履行中经营者和辅助经营者的义务：一是强调经营者提供发票等凭证或单据的义务、安全保障义务、按约交付和提供物流等义务；二是快递物流服务提供者有按时交付的义务；三是电子支付服务提供者有告知和收费标准等事项、免费对账服务和交易记录，以及确保电子支付指令的完整性、一致性、可跟踪稽核和不可篡改的义务，确保消费者在合同履行中的正当权利得以实现。

4. 监督权和获得赔偿权的实现

网络消费者监督权的实现主要体现在以下几个方面：首先，平台经营者具有建立健全的信用评价制度的义务，并且不得随意删除消费者对商品或服务的评价。消费者的评价对经营者信誉和商品商誉的形成具有重要价值，对其他潜在的消费者的消费选择也有着重要的参考意义，因此，消费者在网络消费中需要有自由发表真实评论的平台，经营者不得删除。其次，经营者应当建立便捷、有效的投诉、举报机制，及时处理投诉、举报。投诉、举报机制是在信用评价的基础上实现消费者的监督权，消费者对商品评价的内容繁杂多样、好坏真假掺杂，一方面对于投诉举报的处理能够体现出经营者的服务态度和处理方式；另一方面投诉举报机制的设立也便于消费争议的解决。再次，在电子商务争议的处理过程中，电子商务经营者具有提供原始合同和交易记录的举证责任。最后,《电子商务法》鼓励建立在线争议解决机制，有利于解决跨区域、金额小的消费争议异地诉讼成本高的问题，提高争议解决效率。建立健全的信用评价和争议解决机制，有利于解决网购维权难问题，保护消费者的监督权、获得赔偿权。

（二）法律责任的设置

《消费者权益保护法》中法律责任为民事责任和行政责任并举，而《电子商务法》中则更多地体现为行政责任，即对经营者不履行义务的行为设置了相应的行政责任，包括责令限期改正、罚款、责令停业整顿等行政处罚，体现了行为责任和财产责任并重的特点。就经济法法律责任形式的实施效果而言，立法者既要求违法者改正违法行为、恢复法的秩序，同时以增加责任主体的违法成本、消损责任主体的预期收益来杜绝潜在违法行为的滋生，因此法律赋予经营者的责任大部分具有惩罚功能，主要体现在经济法主要的法律责任形式——罚款这一责任形式上。[①] 即在对消费者和知识产权权利人承担民事责任、填平实际损失之外，额外地要求经营者承担责任，以减少和杜绝违法行为的发生，因为经营者的违法行为不仅侵犯私益，同时对损害公共利益造成了损害，如破坏市场竞争秩序、破坏产品安全和食品安全制度等。

民事法律和《消费者权益保护法》中填平责任和惩罚性赔偿两类民事责任的设置，已经能够较好地救济个体消费者受经营者侵害的权利，但经营者的违法行为往往不是损害到个别消费者的利益，而更多地会侵害到整个潜在消费者群体的利益，经营者也通常通过这种损害社会公共利益的方式为自己牟取不当利益。因此，对经营者行政责任的设置能够增加违法成本，进一步保护消费者的权利。

除了经营者行政责任的增加，消费公益诉讼制度也能实现保护消费者权利的目的。2017 年修订的《民事诉讼法》赋予了人民检察院提起消费公益诉

---

① 单飞跃、余骁:《经济法法律责任:语义、规范及其整体谱系——基于法律文本的实证分析》,载《现代法学》2017 年第 3 期。

讼的原告资格，与中国消费者协会以及省一级的消费者协会一同成为有资格提起消费公益诉讼的主体。相较于消费私益诉讼，消费公益诉讼具有以下特点：一是公益诉讼的目的是维护众多消费者合法权益，救济的是社会公共利益，与私益诉讼救济受损的民事权益不同；二是公益诉讼可以就未发生实际损害但可能导致危及众多消费者合法权益的行为提起诉讼，私益诉讼只能就实际的损失提起诉讼；三是公益诉讼原告与诉讼标的不具有直接的利害关系，而私益诉讼原告与诉讼标的具有直接的利害关系。同时，消费公益诉讼与消费私益诉讼之间也存在着联系。首先，二者在根本目的上具有一致性，都是为了维护消费者的权利和消费秩序。其次，二者在制度设置上具有互补性，公益诉讼能够解决私益诉讼中小额、分散的消费者损害问题，降低诉讼成本。最后，根据《消费民事公益诉讼司法解释》的规定，消费公益诉讼对私益诉讼能起到一定的促进作用：一是，在公益诉讼生效裁判中的事实在私益诉讼中原被告皆可免于举证，减轻诉累；二是，举证责任分配不同，消费者主张适用公益诉讼中对经营者不法行为认定的，法院可予支持，被告则不可主张直接适用对于其有利的认定，仍应承担举证责任。因为私益诉讼原告未参与到公益诉讼中，在私益诉讼中要保证消费者权利的行使，因此在争议焦点的判决理由上只能作出对消费者有利的既判力适用。①

四、小结

通过对前文进行分析，我们不难看出，国家监管的三个层次其实是相辅相成的，都是对经营者的行为进行监督和管理，只是立足点有所不同。国家监管立足于保护市场各方主体利益、规范市场秩序，具有公益目的；行业自律利于保护行业的利益、促进行业发展；而消费者和知识产权人则是通过法律制度的设置和权利的赋予，从私益角度去实现和救济自己的正当权益。

---

① 王涛：《我国消费民事公益诉讼与私益诉讼的关系》，载《法制博览》2017年第14期。

CHAPTER 2

第二编

分 论

第三章　经营者履行义务中的消费者权益实现方式

第一节　安全保障义务[①]

【法条】《电子商务法》

第十三条　电子商务经营者销售的商品或者提供的服务应当符合保障人身、财产安全的要求和环境保护要求，不得销售或者提供法律、行政法规禁止交易的商品或者服务。

【案例】尹某诉汕头市宏某运动器材用品有限公司等生命权、健康权、身体权纠纷案

当事人：原告尹某 1。

法定代理人尹某 2（原告之父）。

委托代理人尹某 3（原告之祖父）。

被告汕头市宏某运动器材用品有限公司。

法定代表人王某某，经理。

被告浙江天猫网络有限公司。

法定代表人张某，董事长。

① 作者：汪旭东。

案情简介：原告之母在天猫宏某旗舰店购买的儿童秋千存在质量问题，导致原告受伤，被告拒绝支付赔偿款，原告遂起诉至法院。

案例焦点：被告宏某公司认为产品不存在质量问题，原告证据不足以证明原告受伤与产品质量问题之间的因果关系。被告天猫网络则认为，自己只是电子交易平台的提供商，而且没有实施侵权行为，不应承担责任。

一、案例剖析

本案属于典型的产品质量问题产生的侵权纠纷。根据相关法律规定，因产品存在缺陷造成损害的，被侵权人可以向产品的生产者请求赔偿，也可以向产品的销售者请求赔偿。产品合格证明并不能证明产品质量没有问题。所以，原告要求销售者承担赔偿责任符合法律规定，法院应当予以支持。

根据《消费者权益保护法》第四十四条规定，网络交易平台提供者不能提供销售者或者服务者的真实名称、地址和有效联系方式的，消费者也可以向网络交易平台提供者要求赔偿。本纠纷发生后，浙江天猫提供的宏某旗舰店的联系方式及工商信息真实有效，消费者可与销售者进行直接沟通，因此可认定浙江天猫作为网络交易平台，提供的在该平台销售产品的厂家信息属实，已尽到法律规定义务，所以无须承担法定赔偿责任。

二、立法解读

在2018年8月31日通过的《电子商务法》中，出于对消费者安全保障的目的，该法专门对电子商务经营者提供的商品和服务的安全性作出规定。《电子商务法》第十三条规定：“电子商务经营者销售的商品或者提供的服务应当符合保障人身、财产安全的要求和环境保护要求，不得销售或者提供法律、行政法规禁止交易的商品或者服务。”

这一规定其实是一个原则性宣示，即使不作出这一个规定，电子商务经营者提供的商品和服务也应当符合保障人身安全、财产安全的要求，为法律或行政法规所禁止交易的商品与服务本身也不能通过电子商务的方式进行交易。因为电子商务也不是法外之地。

一条完整的法律规范一般应当包括一项结果，或者是惩罚或者是奖励，一般而言在禁止性法规中是惩罚。《电子商务法》第十三条没有对违反这条法律的结果作出规定，但是该法的第七十五条对法律责任作出以下规定："电子商务经营者违反本法第十二条、第十三条规定，未取得相关行政许可从事经营活动，或者销售、提供法律、行政法规禁止交易的商品、服务，或者不履行本法第二十五条规定的信息提供义务，电子商务平台经营者违反本法第四十六条规定，采取集中交易方式进行交易，或者进行标准化合约交易的，依照有关法律、行政法规的规定处罚。"也就是说，在《电子商务法》中这条法律是一条准用性规则，立法者并没有在本法中对电子商务经营者提供商品和服务课以特别的要求，而是利用已有的法律资源。这有利于节约法律资源，也有利于稳定法律体系。

既然既有的法律资源可以对电子商务经营者提供商品和服务的安全性作出规范，立法也倾向于利用既有的法律资源，那么为什么还要在法律中作出相应的规定呢？笔者认为，这和电子商务的特点及目前的环境有关。在一般的实体市场中，消费者与商家的地位就已经不平等，主要体现在信息集中于经营者一方。在电子商务环境中，这种不平等更严重。如果说在实体市场中，消费者还可以通过实际接触商品、体验服务来获取信息的话，那么在电子商务中双方是在虚拟的空间达成交易。对消费者而言，经营者只是一个网页，交易的商品和服务消费者也是没有办法感受到的，对他们的评价也只能依赖于经营者的广告和网友的评论。这就使得消费者更容易受到误导和欺骗，从而购买了不符合安全要求的商品和服务。所以在立法草案的一般规定中强调了电子商务经营者的这一义务。同时从实践来看，目前我国电子商务的环境不容乐观，很典型的例子就是 2017 年"3·15"前夕饿了么平台因为食品安全问题紧急在全国下线了五千多家商店，这从侧面反映了严峻的现实。同时这一条文也指明了法律适用的路径。

对这一条文的理解有两个关键之处，一是电子商务经营者的定义，二是商品与服务的类型。主体不同，所承担的义务也有所不同。经营的客体不同，所承担的义务也有所不同。

根据《电子商务法》第九条规定，本法所称电子商务经营者，是指通过互联网等信息网络从事销售商品或者提供服务的经营活动的自然人、法人和非法人组织，包括电子商务平台经营者、平台内经营者，以及通过自建网站、其他网络服务销售商品或者提供服务的电子商务经营者。

本法所称电子商务平台经营者，是指在电子商务中为交易双方或者多方提供网络经营场所、交易撮合、信息发布等服务，供交易双方或者多方独立开展交易活动的法人或者非法人组织。

本法所称平台内经营者，是指通过电子商务平台销售商品或者提供服务的电子商务经营者。

在上述条文中，自建网站经营的电子商务经营者和平台内的电子商务经营者可以归为一类，因为他们是最终提供商品和服务的，而电子商务平台的提供者是另一类，因为其不提供最终的商品和服务。以下按照这一分类分别从现行法律出发论述他们的关于提供商品和服务的安全义务。

（一）自建网站经营的电子商务经营者及平台内的电子商务经营者

这两者归根结底都是经营者，与传统意义上的经营者相比，区别只是经营的手段主要依靠网络而已。所以，对他们的规制依赖于传统的法律，如《消费者权益保护法》《产品责任法》《食品安全法》等。

1.《消费者权益保护法》的相关规定

《消费者权益保护法》中对经营者提供商品和服务的安全性的保障义务集中规定在第十八条和第十九条。法律规定如下：

第十八条　经营者应当保证其提供的商品或者服务符合保障人身、财产安全的要求。对可能危及人身、财产安全的商品和服务，应当向消费者作出真实的说明和明确的警示，并说明和标明正确使用商品或者接受服务的方法以及防止危害发生的方法。

宾馆、商场、餐饮、银行、机场、车站、港口、影剧院等经营场所的经营者，应当对消费者尽到安全保障义务。

第十九条 经营者发现其提供的商品或者服务存在缺陷，有危及人身、财产安全危险的，应当立即向有关行政部门报告和告知消费者，并采取停止销售、警示、召回、无害化处理、销毁、停止生产或者服务等措施。采取召回措施的，经营者应当承担消费者因商品被召回支出的必要费用。

这两类电子商务经营者作为经营者的一种，当然要遵守《消费者权益保护法》的约束。这里经营者的义务首先体现为一种保证义务，这种义务是普遍存在的，是一种消极的状态，是一种假设的应然状态。参与电子商务交易的消费者也是愿意相信商品和服务是符合安全保障要求的，除此之外还有另一种积极的义务：告知说明义务和报告召回义务。对于可能危害安全的商品服务，经营者应当积极地说明警示。这一点在传统交易中比较容易做到，因为交易双方是面对面的交流，在电子商务中消费者往往不会主动和商家交流安全问题，这里就要求经营者应当主动作出说明警示，这种警示应当足够鲜明，足以引起消费者的注意。这就要求经营者不得将警示说明设置在难以注意到的页面，不得采用难以注意到的形式，否则就是没有履行说明警示义务。此外，有些商品服务本身没有危险性，但是其使用方法有特殊要求，如有些健身器材如果使用不当也会伤及人身，这就需要经营者指导消费者进行使用和预防。这里的问题在于，说明到何种程度，由于消费者的预先经验、知识背景各不相同，这里应当说明到初次使用者足以明了掌握的程度。电子商务经营者不能把消费者预设成为专家。至于说明警示的方式，和面对面的交流不同，电子商务交易中的交流往往不够直观。笔者认为，对于某些产品或者服务，通过一段视频演示的方式进行说明更为直观。在现实生活中，淘宝有些商家也是这样做的。告知召回义务则是基于经营者最了解情况，经营者往往首先收到产品安全问题的报告这样一个事实而赋予经营者的义务。在电子商务交易中也是如此。相较于传统交易，电子商务交易经营者有消费者的联系方式，电子商务平台也内置联系方式，所以经营者应该可以迅速、准确地联系消费者说明情况。笔者认为，在实践中电子商务经营者的这种报告召回义务应当比传统经营者严格。

关于违反这两条法律的责任，《消费者权益保护法》也作了详尽的规定：

第四十九条　经营者提供商品或者服务，造成消费者或者其他受害人人身伤害的，应当赔偿医疗费、护理费、交通费等为治疗和康复支出的合理费用，以及因误工减少的收入。造成残疾的，还应当赔偿残疾生活辅助具费和残疾赔偿金。造成死亡的，还应当赔偿丧葬费和死亡赔偿金。

第五十二条　经营者提供商品或者服务，造成消费者财产损害的，应当依照法律规定或者当事人约定承担修理、重作、更换、退货、补足商品数量、退还货款和服务费用或者赔偿损失等民事责任。

第五十六条　经营者有下列情形之一，除承担相应的民事责任外，其他有关法律、法规对处罚机关和处罚方式有规定的，依照法律、法规的规定执行；法律、法规未作规定的，由工商行政管理部门或者其他有关行政部门责令改正，可以根据情节单处或者并处警告、没收违法所得、处以违法所得一倍以上十倍以下的罚款，没有违法所得的，处以五十万元以下的罚款；情节严重的，责令停业整顿、吊销营业执照：

（一）提供的商品或者服务不符合保障人身、财产安全要求的；

（二）在商品中掺杂、掺假，以假充真，以次充好，或者以不合格商品冒充合格商品的；

（三）生产国家明令淘汰的商品或者销售失效、变质的商品的；

（四）伪造商品的产地，伪造或者冒用他人的厂名、厂址，篡改生产日期，伪造或者冒用认证标志等质量标志的；

（五）销售的商品应当检验、检疫而未检验、检疫或者伪造检验、检疫结果的；

（六）对商品或者服务作虚假或者引人误解的宣传的；

（七）拒绝或者拖延有关行政部门责令对缺陷商品或者服务采取停止销售、警示、召回、无害化处理、销毁、停止生产或者服务等措施的；

（八）对消费者提出的修理、重作、更换、退货、补足商品数量、退还货款和服务费用或者赔偿损失的要求，故意拖延或者无理拒绝的；

（九）侵害消费者人格尊严、侵犯消费者人身自由或者侵害消费者个人信息依法得到保护的权利的；

（十）法律、法规规定的对损害消费者权益应当予以处罚的其他情形。

经营者有前款规定情形的，除依照法律、法规规定予以处罚外，处罚机关应当记入信用档案，向社会公布。

以上三个条文基本规定了商品服务不符合安全要求造成后果的法律责任。在实践中也基本可以很好地规制，当然在电子商务中对经营者的处罚应当考虑其特殊性，如停业整顿，在传统交易中，实体店的关闭往往比较容易，在电子商务中，经营者有可能换个“马甲”重新开业，所以在处理中不应只盯着网上店铺的关闭，还应当落实到人，包括法人、自然人、合伙企业等。

2.《产品质量法》的相关规定

在《电子商务法（草案）》第十三条的规定中，可以得知其规制的是不符合保障人身、财产安全的商品和服务，结合产品质量法律制度的规定，可以得知不符合保障人身、财产安全的商品就是缺陷商品，这里就涉及产品安全责任的问题。在电子商务中，自建平台的电子商务经营者和电子平台内的经营者有可能是生产者（自产自销），也可能仅仅是销售者。

当其作为生产者时，对于商品质量，其承担的责任主要规定在《产品质量法》第三章第一节中。在《产品质量法》中生产者承担的是无过错责任，即使在电子商务环境下也是如此，在工业社会，产品复杂的设计、工艺、生产技术等信息只有生产者才能掌握，对生产者课以无过错责任也是应有之义。在这一责任承担过程中，生产者的免责事由被严格地限制为以下三条：

第四十一条第二款 生产者能够证明有下列情形之一的，不承担赔偿责任：

（一）未将产品投入流通的；

（二）产品投入流通时，引起损害的缺陷尚不存在的；

（三）将产品投入流通时的科学技术水平尚不能发现缺陷的存在的。

同时对于产品缺陷造成损害的，法律还赋予了消费者选择权，即不论缺陷产生的原因为何，受害人可以自由选择求偿的对象。在电子商务环境下，寻求经营者往往比追索生产者难度低。

自产自销的经营者承担责任的内容则规定如下：

第四十四条　因产品存在缺陷造成受害人人身伤害的，侵害人应当赔偿医疗费、治疗期间的护理费、因误工减少的收入等费用；造成残疾的，还应当支付残疾者生活自助具费、生活补助费、残疾赔偿金以及由其扶养的人所必需的生活费等费用；造成受害人死亡的，并应当支付丧葬费、死亡赔偿金以及由死者生前扶养的人所必需的生活费等费用。

因产品存在缺陷造成受害人财产损失的，侵害人应当恢复原状或者折价赔偿。受害人因此遭受其他重大损失的，侵害人应当赔偿损失。

第四十九条　生产、销售不符合保障人体健康和人身、财产安全的国家标准、行业标准的产品的，责令停止生产、销售，没收违法生产、销售的产品，并处违法生产、销售产品（包括已售出和未售出的产品，下同）货值金额等值以上三倍以下的罚款；有违法所得的，并处没收违法所得；情节严重的，吊销营业执照；构成犯罪的，依法追究刑事责任。

第六十二条　服务业的经营者将本法第四十九条至第五十二条规定禁止销售的产品用于经营性服务的，责令停止使用；对知道或者应当知道所使用的产品属于本法规定禁止销售的产品的，按照违法使用的产品（包括已使用和尚未使用的产品）的货值金额，依照本法对销售者的处罚规定处罚。

3.《食品安全法》规定

目前，食品消费在电子商务中占有不小的比重，电子商务经营者如果作为食物的提供者，自然需要受到《食品安全法》的约束。《食品安全法》中关于生产者、销售者的规定对于从事食品生产经营的电子商务经营者也是全部适用的。尤其值得注意的是，当下有部分电子商务经营者主要从事国外食品的进口，对于这个趋势应当最好与《食品安全法》的相关规定衔接。

在新修订的《食品安全法》中最重要的制度莫过于首负责任制的确立，根据这一立法的规定与精神，在食品安全领域如果发生侵害，受害人可以任意选择经营者或生产者进行索赔，在电子商务领域，这一原则同样适用。这一方面可以更好地保护受害者的利益，另一方面也是对经营者的鞭策，毕竟无论如何，其被索赔的概率不仅存在而且很大。

（二）电子商务平台经营者的责任规定

与上述两类电子商务经营者不同，电子商务平台经营者并不是最终提供商品和服务的人。按照传统的侵权责任法理论，如果商品服务出现安全问题，平台经营者是没有法律责任的。但是现实是，在电子商务中，平台经营者往往实力强大，尤其是大型的电子商务平台，如果不准许某一经营者进入平台，那么这个经营者的电子商务前景几乎就不复存在了。平台经营者有能力把好入门关，做好监督者。同时电子商务平台经营者通过经营商务平台往往获利不菲，根据权利责任相协调的原则，平台经营者也应当承担一定的责任。最后，在电子商务中，平台内经营者随时可能一走了之，这时候受害人的利益保障责任由平台经营者承担一部分也是应该的。

但是平台经营者不是政府，归根结底也只是市场主体，不能对之课以严苛的义务，否则不仅不公平而且会限制电商事业的发展。

《消费者权益保护法》和《食品安全法》均对网络交易平台作出规定。

根据《消费者权益保护法》第四十四条规定，消费者通过网络交易平台购买商品或者接受服务，其合法权益受到损害的，可以向销售者或者服务者要求赔偿。网络交易平台提供者不能提供销售者或者服务者的真实名称、地址和有效联系方式的，消费者也可以向网络交易平台提供者要求赔偿；网络交易平台提供者作出更有利于消费者的承诺的，应当履行承诺。网络交易平台提供者赔偿后，有权向销售者或者服务者追偿。

网络交易平台提供者明知或者应知销售者或者服务者利用其平台侵害消费者合法权益，未采取必要措施的，依法与该销售者或者服务者承担连带责任。

根据《食品安全法》第一百三十一条规定，违反本法规定，网络食品交易第三方平台提供者未对入网食品经营者进行实名登记、审查许可证，或者未履行报告、停止提供网络交易平台服务等义务的，由县级以上人民政府食品药品监督管理部门责令改正，没收违法所得，并处五万元以上二十万元以下罚款；造成严重后果的，责令停业，直至由原发证部门吊销许可证；使消费者的合法权益受到损害的，应当与食品经营者承担连带责任。

消费者通过网络食品交易第三方平台购买食品，其合法权益受到损害的，可以向入网食品经营者或者食品生产者要求赔偿。网络食品交易第三方平台提供者不能提供入网食品经营者的真实名称、地址和有效联系方式的，由网络食品交易第三方平台提供者赔偿。网络食品交易第三方平台提供者赔偿后，有权向入网食品经营者或者食品生产者追偿。网络食品交易第三方平台提供者作出更有利于消费者承诺的，应当履行其承诺。

通过对上文法律实际规定的分析，我们可以得出以下结论，电子商务平台经营者一般不承担不安全的商品服务造成的侵害。但是当平台经营者不能提供商品服务提供者的真实信息的时候，由电子商务平台经营者进行赔偿。赔偿后平台可以自行追偿。同时对于存在侵权情况的，电子商务平台负有及时采取措施的义务。这也和《侵权责任法》的规定一脉相承。同时对于提供食品的电子商务平台，则课以对入网者进行实名登记、审查许可证的义务。这也是基于食品安全的极端重要性作出的规定。

（三）提供购货凭证或服务单据的义务

根据《电子商务法》第十四条规定，电子商务经营者销售商品或者提供服务应当依法出具纸质发票或者电子发票等购货凭证或者服务单据。电子发票与纸质发票具有同等法律效力。

实际上在此之前的《网络交易管理办法》也有类似的规定：网络商品经营者销售商品或者提供服务，应当按照国家有关规定或者商业惯例向消费者出具发票等购货凭证或者服务单据；征得消费者同意的，可以以电子化形式出具。电子化的购货凭证或者服务单据，可以作为处理消费投诉的依据。

消费者索要发票等购货凭证或者服务单据的，网络商品经营者必须出具。《消费者权益保护法》对此的规定则是，经营者提供商品或者服务，应当按照国家有关规定或者商业惯例向消费者出具发票等购货凭证或者服务单据；消费者索要发票等购货凭证或者服务单据的，经营者必须出具。

可见，对经营者而言，提供购货凭证服务单据是一项义务，电子商务交易中电子化的单据与纸质票据效力相同。

之所以作出这种规定是为了方便消费者保留证据，为将来维权作准备。在实践中，电子商务交易往往不开发票，这种做法是不利于消费者维权的。当然，在电子商务交易中完整的交易过程的数据是可以找到的，但是成本不低。持有购物凭证和服务单据显然更利于维权。

与《电子商务法（草案）》中的第十三条显著不同的是，正式通过的《电子商务法》第十三条增加了商品和服务“应当符合环境保护”的要求。这一要求的增加应当是《民法总则》第九条“绿色原则”在《电子商务法》的具体体现，《民法总则》第九条规定：“民事主体从事民事活动，应当有利于节约资源、保护生态环境。”电子商务自然属于民事主体的民事活动，受到这一原则的约束自不待言。

关于环境保护有关的绿色原则如何在电子商务中落实，笔者认为，电子商务有关的法律关系中主要是合同关系和侵权行为产生的法律关系，即在电子商务中保护环境原则的主要适用领域在于合同和侵权。关于绿色原则在合同领域的适用，有学者认为：“合同自由理念和绿色化原则存在方向性差异，合同法成为绿色化最困难的领域。”[①] 绿色化原则在合同关系中的适用体现在建立符合绿色原则的合同效力体系，在考虑合同效力时应当考虑环境保护的问题，即在《合同法》第五十二条之公共利益中加入环境保护因素，以此来限制民事主体以私人行为破坏社会环境。在未来的电子商务中，合同从制定到履行，都将受到环境保护要求的约束。具体如何约束则有待法律的进一步明晰。

绿色原则在侵权领域的运用则体现为侵权行为的类型化、赔偿范围的扩大化，以及与公益诉讼的衔接。这实际上属于民法规制的范围。具体安排需要民法典来完成。《电子商务法》中环境保护的内容将通过民法典的适用来落实。主要体现为电子商务从业者关于环境侵权行为的举证责任、环境污染的归责原则、电子商务从业者因环境污染被提起公益诉讼的可能等。

---

① 吕忠梅课题组:《绿色原则在民法典中的贯彻论纲》，载《中国法学》2018 年第 1 期。

三、小结

《电子商务法》第十三条属于禁止性规定，划定了电子商务经营者提供商品和服务的禁区，这一法条更多的是一种宣示性作用，具体的应用需要区分各种情况援引各类具体的法律。除此之外，和草案相比，正式通过的法律中增加了环境保护的要求。这一要求的具体落实还有待于法律的进一步细化。

第二节　提供发票的义务[①]

【法条】《电子商务法》

第十四条　电子商务经营者销售商品或者提供服务应当依法出具纸质发票或者电子发票等购货凭证或者服务单据。电子发票与纸质发票具有同等法律效力。

【案例】上海诺某律师事务所诉上海圆某贸易有限公司买卖合同纠纷案

当事人：

原告：上海诺某律师事务所。

法定代表人顾某某，主任。

委托代理人陆某某，该所律师。

委托代理人左某，该所律师。

被告：上海圆某贸易有限公司。

法定代表人刘某某，董事长。

委托代理人赵某，该公司职员。

案情简介：原告在京东购买了被告的电风扇，后发现无法使用，原告遂寻求被告赔偿，但被告认为原告的发票注明为办公用品，不符合规定，不同意赔偿。原告遂起诉，要求认定原告网页上注明的关于发票开具的要求条款无效。

---

① 作者：汪旭东。

一、案例剖析

根据《消费者权益保护法》第二十二条的规定，经营者应当根据国家有关要求或者商业惯例出具发票。同时《消费者权益保护法》第二十六条还规定，经营者不得利用格式条款加重消费者责任，排除或者限制消费者权利等。根据商业惯例，发票的开具不应该要求消费者过于细分产品的质量。同时仅仅规定部分性质的商品予以更换显然不当。

二、立法解读

《电子商务法》第十四条规定："电子商务经营者销售商品或者提供服务应当依法出具纸质发票或者电子发票等购货凭证或者服务单据。电子发票与纸质发票具有同等法律效力。"

第一节中对此已有论述，此处不赘。

三、小结

本条规定了电子商务经营者出具发票，购物凭证等的责任。在电子商务中证据的提取和固定比传统商务更困难，同时发票也是国家管理经济的重要手段。电子商务经营者出具发票等单据的义务不因其经营形式的改变而改变。

第三节　经营者提供真实信息的义务①

【法条】《电子商务法》

第十七条　电子商务经营者应当全面、真实、准确、及时地披露商品或

① 作者：孙蕾蕾。

者服务信息，保障消费者的知情权和选择权。电子商务经营者不得以虚构交易、编造用户评价等方式进行虚假或者引人误解的商业宣传，欺骗、误导消费者。

【案例】网购背后的“潜规则”

当事人：深圳某某礼品有限公司

案情简介：2016年4月，市场监管局执法人员得到上级交办的线索，经与浙江天猫网络有限公司核实，查明当事人深圳某某礼品有限公司（实际经营地址在义乌）于2015年5月在天猫商城开设旗舰店，销售指甲刀、修脚刀套装。当事人为提高商品销量和店铺信用，通过网络下单的方式委托提供刷单服务的网民为其经营的商品进行刷单。自2015年5月起，累计伪造了100单虚假的商品交易记录。当事人的行为违反了《网络交易管理办法》《反不正当竞争法》的规定，市场监管局作出了责令停止违法行为、消除影响，并处罚款3万元的处罚决定。

案例焦点：对网店来说，刷单、炒信是快速成长的“捷径”，但刷单行为违反了公平诚信的经营准则，欺骗了消费者，扰乱了正常的交易秩序。由于刷单的隐蔽性强，比起一般的造假手段，行为更隐蔽、更难以发现，危害也更大。只有政府、电商平台和消费者共同努力，形成合力，才能遏制网购行业的“潜规则”。

一、案例剖析

（一）本案的定性及处理

该案中当事人委托网民假扮买家购买自己的商品并给予好评，从而提高店铺销量和信誉的行为，属于典型的正向刷单炒信行为。[①] 从实质上来讲，这是一种虚增自己商业信誉的行为。与之相反，反向刷单炒信，是指故意给予

① 叶良芳：《刷单炒信行为的规范分析及其治理路径》，载《法学》2018年第3期。

同行竞争者差评，从而使其商誉及信誉得以下降的行为。

（二）“刷单”行为产生的原因

虚构交易及编造用户评价是伴随着电子商务的发展而产生的新兴违法行为。《淘宝规则》第六十一条第一款规定：“虚假交易，是指用户通过虚构或隐瞒交易事实、规避或恶意利用信用记录规则、干扰或妨害信用记录秩序等不正当方式获取虚假的商品销量、店铺评分、信用积分、商品评论或成交金额等不正当利益的行为。”[①] 经营者在市场中的任何决策行为都可以被视为一场博弈，以此获得可能的交易机会。“其决策是充分考虑到消费者心理、刷单的成本和收益、与竞争对手的态势等各种因素而综合作出的选择。”[②] 以经营者编造用户评价为例，制造更多的“好评”可以营造信誉高的卖家形象，体现商品或服务的优质，从而吸引更多潜在的用户。因此，经营者在面对可观利润收入的诱惑之下，难免会“不惜一切代价”。具体来讲，对刷单行为屡禁不止的原因可以从以下 4 个方面进行研究。

1. 电商平台排名规则成为隐形推手

与传统交易不同，消费者在电子商务平台上对一个商品进行判断，一方面需要借助卖家提供的商品和文字所呈现的信息；另一方面需要借助先前消费者的评价。在信用评价方面，平台一般通过商品销售数量、客户评价、信用积分等对其进行等级划分，为此，卖家不惜刷单成本，在提高销售量上做足工作，以求在电子商务大潮中站稳脚跟。

2. 用户匿名降低了交易信任度

“消费者”可以采取匿名的方式进行评价。这大大降低了违法成本，同时增加了平台及监管者的取证成本。通过一条条匿名的评价信息，真正的消费者在选择商品或服务的过程中通常无法判断评价信息的准确性及真实性，使

---

① 载 https：//rule.taobao.com/index.htm，最后访问日期：2018 年 9 月 1 日。

② 卢代富、林慰曾：《网络刷单及其法律责任》，载《重庆邮电大学学报（社会科学版）》2017 年第 5 期。

得刷单炒信行为有机可乘。

3. 消费者“搭便车”的消费行为助长了刷单行为

网购平台商品和服务良莠不齐，消费者在作出消费决策时需要耗费一定的时间成本、精力成本。为了降低信息的收集和辨别成本，消费者通常选择销量高、好评多的商品或服务。这种“搭便车”的消费行为被少数不良商家所利用，从而助长了刷单行为的发生。

4. 违法成本低，监管力度小

刷单尽管具有一定的危害性，但对平台管理者而言，打击刷单行为并非其主业，平台欠缺精力和资源对刷单行为进行专门的治理和打击。此外，由于没有明确的法律法规予以指引，刷单行为长期以来处于“无法可依”的状态。对于平台的整治，多数卖家都心存侥幸，在利益大蛋糕的吸引与诚信经营之间，天平倾向了利益一方。违法成本低，潜在利益大，是该行为层出不穷、屡禁不止的根本原因。

（三）“刷单”行为的危害性

1. 侵害消费者权益

在网购中，消费者和经营者天然存在信息不对称的情况。消费者在进行消费时主要依靠商家提供的商品、服务、信息，以及先前消费者对商品或服务所作的评价。若卖家将“恶魔之手”伸向对评价信息的控制，则将使消费者完全处于被蒙蔽的状态。恶意的炒信行为使得消费者无法有效获取真实的信息，导致作出错误消费决定的风险增加，损害消费者的知情权并造成消费者经济利益的损失。

2. 侵害其他经营者权益

虚构交易信息的同时，增加自身销售量的同时也就挤压了其他经营者的获利空间。加之编造针对其他经营者的恶意用户评价，使其信誉受损。因而该行为容易引发经营者之间的恶性竞争，导致“劣币驱逐良币”的恶性循环，从而扰乱市场秩序，最终落个“鱼死网破”的下场。

3. 损害电商平台经营者的权益

首先，刷单的存在将使平台的排名规则受到损害，严重扰乱平台的管理。其次，电商平台作为各个经营者经营的载体，也就决定了平台的信誉高低取决于各经营者经营的好坏。卖假货、刷单的卖家越多，该平台就越不可信，消费者就离之越远。因而刷单行为不单单是一家之事，而是牵扯多个主体的利益。

4. 破坏公平竞争秩序

刷单炒信本质上是虚假交易，严重破坏了电商信用评价机制、交易秩序及诚信环境。网购的发展使许多中小经营者都有机会参与到社会主义市场经济的利益分配中去，但诚信缺失风气也容易在利益面前低成本地迅速蔓延开来。若不对其加以规制，必将形成一股强大的恶势力，使公平竞争秩序受到损害。

（四）“刷单”行为的规制路径

最初，对刷单炒信行为的规制多依赖于平台及行业协会的治理。但由于平台人力、精力的局限性，使得经营者“顶风作案”的现象时有发生。尽管《网络交易管理办法》《反不正当竞争法》及《消费者权益保护法》对虚假交易行为的规制有相应的规定，但从整体上看，对于刷单炒信行为这一依托电子商务发展的新型违法手段进行规制的针对性不强、处罚力度较小。在《电子商务法》颁布之前，对于刷单者，大多是依据《反不正当竞争法》予以 1 万元至 20 万元的行政处罚，相比巨大的经济利益，威慑力明显不足。随着该行为愈演愈烈，其影响力也不断扩大，引起了社会各界的重点关注。“董某、谢某反向刷单炒信案”[①]“李某正向刷单炒信案”[②]两案分别以破坏生产经营罪及非法经营罪被判处有期徒刑，既体现了司法对恶意炒信行为追责的决心，又彰显了法治的力量和司法的“民生导向”。然而有不少刑法学者对此表示质疑，即

---

① 案例来源：江苏省南京市雨花台区人民法院［2015］雨刑二初字第 29 号刑事判决书。

② 案例来源：江苏省南京市中级人民法院［2016］苏 01 刑终 33 号刑事判决书。

提出对刷单炒信行为是否有必要动用刑法并引发一系列学理上的探讨。然而如今《电子商务法》的颁布，从根本上解决了以上适用法律的难题，为规制刷单炒信行为找到了出口。该法对刷单炒信行为的规制将上升至法律的高度，体现了立法者遏制该行为的决心及对消费者利益保护的重视。此外，还应注意，在运用《电子商务法》对刷单炒信行为进行规制的同时，少不了电商平台科学信用评价机制及违规处理机制的建立，少不了经营者自觉遵守及彼此间互相的监督，更少不了消费者的有效辨别、理性维权。

以上案例是行政机关援引《反不正当竞争法》及《网络交易管理办法》对刷单炒信行为进行规制的典型。相信在《电子商务法》正式实施之后，随着执法力度和惩罚力度的加大，刷单炒信行为会越来越少。

二、立法解读

电子商务研究中心编制的《2017 年中国电子商务用户体验与投诉监测报告》显示，发货问题 23.97%、退款问题 17.58%、商品质量 12.11%、退换货难 8.20%、疑似售假 8.14%、虚假促销 5.02%、退店保证金难退还 4.15%、网络欺诈 4.07%、客户服务 3.57%、物流问题 2.76%，成为“2017 年度零售电商十大热点被投诉问题”。[①] 其中疑似售假、虚假促销占据的比重较高，成为网购中亟须解决的一大难题。对此，《电子商务法》规定经营者有提供真实信息的义务。该义务主要包括两个层面：其一是经营者需提供自身经营的真实信息；其二是经营者需提供真实全面的商品或服务的信息。

（一）立法机理：经营者和消费者信息不对称

区别于面对面的实体交易，网络交易的消费者对商品或服务的判断完全依赖于经营者单方面提供的信息。若经营者不能秉持诚信经营原则，则可能

① 中国电子商务研究中心：《2017 年中国电子商务用户体验与投诉监测报告》，载 http://www.100ec.cn/zt/17jcbg/，最后访问日期：2018 年 9 月 1 日。

利用这一特性，“操纵”信息，从而使消费者真伪难辨。在此种网络环境下，市场被无限放大，商品和服务的数量及信息来源的渠道也随之增加，在扩大消费者选择空间的同时，也在降低信息的真实性和可靠性。由此，消费者作为交易的重要环节，处于明显劣势的地位。该条规定电子商务中的经营者应提供商品或服务真实信息的义务，以维护消费者合法权益的立法正当性在于减少由于信息不对称造成的交易不公平的风险，平衡消费者和经营者之间的不对称的关系，切实保障消费者在缔结合同时意思表示尽可能地真实，从而实现合同的实质正义。

（二）提供经营者真实信息的义务

《电子商务法》第十五条规定：“电子商务经营者应当在其首页显著位置，持续公示营业执照信息、与其经营业务有关的行政许可信息、属于依照本法第十条规定的不需要办理市场主体登记情形等信息，或者上述信息的链接标识。前款规定的信息发生变更的，电子商务经营者应当及时更新公示信息。”《电子商务法》第十六条规定：“电子商务经营者自行终止从事电子商务的，应当提前三十日在首页显著位置持续公示有关信息。”

以上条文规定经营者具有提供自身真实信息的义务。电子商务经营者的信息主要包括三类：一是经营者的基本信息，如名称、住所、有效联系方式、营业执照信息及行政许可信息等。二是电商平台对卖家进行的相关认证评价（如淘宝上的“金牌卖家”标识，以及“宝贝描述、卖家服务、物流服务”等评分）。三是有关经营者联系沟通的信息，如经营者的电话、网址、通信地址等。披露这些信息便于消费者在受到权利侵害时，及时与经营者沟通交流协商，达成解决问题的方案，及时维权。此外，本法对信息公示的方式作了明确规定，即信息置于“主页显著位置”、进行“持续公示”，对于变更的信息，应及时公示。

相较于传统的经营模式，电子商务领域的交易打破了空间和时间的界限，依托大数据进行交易，因而具有一定的虚拟性、不可触性。伴随网络经济繁荣的是电子商务企业及从业人员的增多。根据中国电子商务研究中心发布的

《2017年度中国电子商务市场数据监测报告》，截止到2017年12月，中国电子商务服务企业直接从业人员超过330万人，间接从业人员达2500万人。[①] 行业门槛低导致电子商务经营者良莠不齐，鱼龙混杂。因此，对经营者身份信息加以细化规定，规定比实体店更为严格的信息披露制度，是有效保障消费知情权和选择权的重要保证。消费者在此规定之下，可以较为充分地把握经营者的身份信息及营业状态，便于及时沟通与有效维权。

（三）提供商品或服务真实信息的义务

1. 一般规定

《电子商务法》第十七条规定："电子商务经营者应当全面、真实、准确、及时地披露商品或者服务信息，保障消费者的知情权和选择权。电子商务经营者不得以虚构交易、编造用户评价等方式进行虚假或者引人误解的商业宣传，欺骗、误导消费者。"该条规定了经营者有提供商品或服务的真实信息的义务。该条在原本的《电子商务法（草案）》中并未提及，而是在二审中加入的新规定并一直保留至终稿，其旨在保护消费者的知情权。

近年来，由于电子商务领域的竞争加剧，众多中小企业在网络交易的大潮中起起伏伏，为了能在该领域站稳脚跟，便兴起了各式各样"推销"商品的行为。有传统的虚假宣传行为，如在饶某告安远某食品公司的案例中，原告饶某认为其购买的肾茶与包装上的营养成分标识不符，包装上标识有虫草成分，而实物并无。例如，法条中所列的虚构交易即"刷单"、编造用户评价即"刷好评""删差评"等。又如，消费者刘先生在"天猫网"某网店花29.9元购买了一件正在搞"仅此一天"促销活动的窗帘，事后发现该窗帘的宣传页面连续数天使用了"仅此一天"的宣传用语，于是刘先生向绍兴市"12315"中心投诉。再如，有的产品宣传网页出现诸如"最新科技配方""顶级配置""消炎杀菌，解除皮肤所有隐患"等宣传语，还有的广告宣传用语涉及宣传疾病

① 中国电子商务研究中心：《2017年度中国电子商务市场数据检测报告》，载http://www.100ec.cn/zt/17market_data_report/，最后访问日期：2018年9月1日。

预防、治疗功能等，如某“红枣银耳”外包装标签标示有“无添加剂、美容美颜、滋养润肺、补气和血”的功能。此外，近年来泛滥的“刷单”“刷好评”已然形成了一条利益链。店家只要将需求发布在从事刷单、刷好评生意的 QQ 群，就会有人主动联系，“有偿”提供刷单、好评服务。而店家则借此提高月销量，从而提高信誉，吸引更多的消费者。一般而言，消费者将店家信誉及商品的月销量、往期评价作为判断商品好坏的重要标准，而虚构交易、编造用户评价的行为无疑是遮蔽了消费者辨别的双眼，严重侵害了消费者的知情权。该条旨在规范经营者的经营行为，保障消费者的知情权和选择权。一方面，规定经营者提供的信息须全面、真实、准确。另一方面，为经营者列出了“负面清单”，即不得以“虚假宣传”“虚构交易”“编造用户评价”等方式侵害消费者利益。积极引导加上行为限制，可谓双管齐下。这是立法者对近年来电子商务中出现的集中问题的有力回应。

2. 常见表现行为及其法律适用

经营者常见的虚假宣传行为主要有：销售三无产品，商品标注信息与实物不一致，冒用认证标志，披露片面信息，广告用语绝对化，夸大功效，虚假的价格促销。常见的虚构交易及编造用户评价即“刷单”“刷好评”“刷差评”。《电子商务法》第八十五条规定：“电子商务经营者违反本法规定，销售的商品或者提供的服务不符合保障人身、财产安全的要求，实施虚假或者引人误解的商业宣传等不正当竞争行为，滥用市场支配地位，或者实施侵犯知识产权、侵害消费者权益等行为的，依照有关法律的规定处罚。”该条为处理《电子商务法》与其他法律关系指明了方向。即对于传统的虚假宣传行为，通常可以援引《消费者权益保护法》《广告法》《食品安全法》《反不正当竞争法》等法律予以规制的，则从其规定处罚。那么《电子商务法》如何解决与其他法律存在交叉这一问题呢？对此，北京大学法学院教授、《电子商务法》起草工作小组成员薛军回应：对于其他相关法律已作合适规定的，《电子商务法》便不必过多地涉及，而是应充分尊重现状；但对于基于电子商务环境所引发的传统法律需要面对的新问题，可以采用“《电子商务法》+”的思路，结合《电子商务法》特有的条款进行规范。[①] 对于经营者需提供真实信息义务这一规定的法律适用，下文将列举《电子商务法》之外的几部法律予以对比并结合案例对法律适用问题简要进行探讨。

①《电子商务法》与《广告法》。例如，原告吕某在某网上商城购买了20盒“暖心缘纯手工红糖300g灌装包邮”，每盒单价65元，实付购货款1300元，收货地址为北京市昌平区某镇某街南门。原告购买后发现，被告销售的该“暖心缘纯手工红糖300g灌装包邮”产品介绍，如延缓衰老、缓解疲劳、美容养颜、宫寒调经、补铁健脾、益气活血等与实际有出入。收到货经仔细观察发现该商品实际就是普通食品，并没有标注和具备上述这些功效。在本案中，被告甘肃省某电子商务公司作为销售者，在销售时进行的广告宣传中存在使用医疗用语或者易与药品混淆的用语，违反了《广告法》中“保健食品广告不得含有涉及疾病预防、治疗功能，声称或者暗示广告商品为保障健康所必需”等有关规定，存在虚假、引人误解的宣传情况。被告应采取适当的宣传方式，保证消费者的知情权，其在网站上对涉案商品进行的不当宣传，对于该行为会对消费者产生误导应是明知的，故法院支持原告据此要求被告退还货款、支付三倍价款赔偿的诉讼请求。[②] 以此案为例，就违反广告法的行为而言，在适用法律上应遵循特殊优于一般的原则，优先适用特别法。在特别法无法援引的情况下，可以寻求《电子商务法》的救济。

②《电子商务法》与《消费者权益保护法》。《消费者权益保护法》第八条规定：“消费者享有知悉其购买、使用的商品或者接受的服务的真实情况的权利。消费者有权根据商品或者服务的不同情况，要求经营者提供商品的价格、产地、生产者、用途、性能、规格、等级、主要成分、生产日期、有效期限、检验合格证明、使用方法说明书、售后服务，或者服务的内容、规格、费用等有关情况。”此外，第二十条规定：“经营者向消费者提供有关商品或者服

---

① 薛军：《〈电子商务法〉立法路径解析》，载 http://www.cicn.com.cn/zggsb/2016-12/19/cms93645article.shtml，最后访问日期：2018年8月30日。

② 案例来源：北京市昌平区人民法院（2016）京0114民初12571号民事判决书。

务的质量、性能、用途、有效期限等信息，应当真实、全面，不得作虚假或者引人误解的宣传。经营者对消费者就其提供的商品或者服务的质量和使用方法等问题提出的询问，应当作出真实、明确的答复。经营者提供商品或者服务应当明码标价。”从法条规定上看，《消费者权益保护法》与《电子商务法》对经营者提供真实信息义务的规定存在较多的重合，甚至《消费者权益保护法》的规定还相对细致些。对两部法律的适用，我们结合案例进一步探讨。原告杨某于 2015 年 4 月 24 日在被告南京某电子商务有限公司开设的某网络有限公司网络交易平台“南京某食品专营店”购买了 12 盒“包邮进口创意心形费列罗 99 玫瑰花巧克力礼盒装高档送女朋友礼物”，共计付款 3456 元，订单号为“103153562941××××”，并开具了编号为 13201148×××× 的机打普通发票，开具名称为食品。收到货后在食用过程中经朋友提醒发现该涉案产品包装盒上没有“食品标签”，也就是包装盒上没有产品信息：无生产日期、净含量、配料表、生产厂家和联系方式，更无食品生产许可证、预包装营养标签信息等。该案很明显违背了经营者提供商品真实信息的义务，可以直接适用《消费者权益保护法》予以救济。此时，《电子商务法》便可作为“兜底法律”作一般性适用。对于欺诈等现象，《消费者权益保护法》有专门规定。

③《电子商务法》与《反不正当竞争法》。《反不正当竞争法》中的第八条规定：“经营者不得对其商品的性能、功能、质量、销售状况、用户评价、曾获荣誉等作虚假或者引人误解的商业宣传，欺骗、误导消费者。经营者不得通过组织虚假交易等方式，帮助其他经营者进行虚假或者引人误解的商业宣传。”刷单行为违背诚实信用原则和基本的商业道德，损害了其他经营者和消费者的利益，严重扰乱了市场正常的交易秩序，属于经营者的不正当竞争行为，当然要受到《反不正当竞争法》的规制。但该法重点强调“引人误解”这一要件，对消费者维权提出了一定的证明要求。《电子商务法》本条直接列举出“虚构交易行为”及“编造用户评价行为”这两种违背提供真实信息义务的违法行为方式，使得对于刷单行为的规制更加明确，针对性也更强，便于行政机关监管、经营者合规及消费者维权。

④《电子商务法》与《网络交易管理办法》。《网络交易管理办法》是旨

在规范网络交易及其有关服务，保护消费者和经营者的合法权益，促进网络经济持续健康发展，并依《合同法》《侵权责任法》《消费者权益保护法》《产品质量法》《反不正当竞争法》《广告法》《食品安全法》及《电子签名法》等法律法规制定的部门规章。在《电子商务法》未出台之前，为从事网络商品交易及有关服务的经营者提供了规范指引。但由于其效力层级低于《电子商务法》，因而在法律效力上，《电子商务法》高于《网络交易管理办法》。

三、小结

在网络经济的繁荣的背景下，广大消费者足不出户即可实现其基本的衣食住行。电子商务给我们的生活带来极大便利的同时，也带来了严峻的挑战。在电子商务领域，卖方掌握商品和服务的详细信息，往往结合自己的盈利需要，对信息有选择地进行披露，在交易中处于优势地位。消费者基于电子数据，如商家发布的图片、商品参数等去了解商品及服务并完成消费，缺乏面对面与经营者的交流，不能通过实际的视觉、嗅觉了解商品，更不能通过试用以获得使用体验，因而获取全面的信息就存在一定的障碍。网络交易的虚拟性、信息单方提供性和信息来源的单一性决定了消费者在交易中处于弱势地位。因此，加强对消费者知情权的保护、保障消费者的选择权迫在眉睫。

综观我国的立法现状，关于经营者信息披露义务的规定散见于《消费者权益保护法》《产品质量法》《反不正当竞争法》《广告法》《网络交易管理办法》等法律法规之中，但对规制电子商务领域缺乏针对性，不足以应对实务中出现的纷繁复杂的网络纠纷。《电子商务法》第十五条、第十六条、第十七条弥补了上述法律法规规定过于原则、缺乏针对性的不足，对经营者披露商品及服务的信息做了“全面、真实、准确”的限定，禁止经营者披露以往出现的片面信息、虚假夸大信息及与实物不符的信息。同时明确禁止电子商务经营者进行虚假宣传、虚构交易、编造用户评价等行为，以促进电子商务持续健康发展，维护消费者和其他经营者的合法利益。对于电子商务良好竞争秩序的营造，立法只是迈出了一小步，更多的是靠平台经营者的机制完善、各经营者的遵法守法，以及广大消费者的监督。对于监管者而言，应秉持开放的心态，在支持、促进电子商务发展的同时，把握住市场底线，保障好各方主体的合法权益。

第四节 按约交付义务①

【法条】《电子商务法》

第二十条 电子商务经营者应当按照承诺或者与消费者约定的方式、时限向消费者交付商品或者服务，并承担商品运输中的风险和责任。但是，消费者另行选择快递物流服务提供者的除外。

【案例一】"迟到"的情人节礼物

当事人：王先生、某网购平台

案情简介：情人节前夕，王先生为给女友赠送情人节礼物，在某网购平台购买了一条价值1200元的项链，王先生浏览商家网页发现在该商品介绍页面下方商家提出了"菜鸟联盟，保证三日内送达，晚到必赔"的承诺，王先生基于时效性考虑最终选择在该店铺购买项链，付款成功后商家迟迟不予发货，随即与商家联系，联系后商家承诺马上安排发货，过两天还未发货，王先生再次与商家取得联系，商家表示由于近期发货量大，该款项链脱销并承诺尽快组织货源安排发货，等待数日后商家仍未发货，而情人节已经过去，王先生不再想购买该商品，所以在该网购平台的售后处理中发起了退货申请，同时根据商家对未及时送达货物给予赔付的承诺，王先生请求商家承担赔偿金。最终该网购平台退还王先生支付的1200元商品价款，同时根据该平台关于延迟发货的规则，给王先生赔付了商品价格30%的赔偿金。

---

① 作者：次多。

案例焦点：在上述案例中，网购经营者在交付商品的过程中，未能按照先前承诺的时限履行交付义务，同时商家承诺“晚到必赔”，在此交付过程中经营者与消费者之间的法律关系如何变动，经营者是否需要为交付中出现的瑕疵承担相应的责任，消费者是否有权请求经营者赔付事先承诺的赔款金额？

【案例二】我的电脑被人“领”走了[①]

当事人：杨先生、圆通速递公司、网购平台商家

案情简介：2013 年 3 月 19 日，杨先生通过网购的形式从电子经营部购得价值 15123 元的电脑产品，同一天，发货方以速递的方式交付圆通速递公司，让其将网购物品速递至杨先生的收件地址：乌拉山镇 × 路 × 街坊 × 号杨先生爷爷杨某某住所，收件人：杨先生。货物到达后，速递员给杨先生打电话约定在乌拉山镇林海公园南门附近交货，但是等杨先生到达约定地点后速递员已不在此地，便打电话询问，速递员告知，你已领取货物。杨先生接完电话非常惊讶和气愤，认为收件人还没有到现场货物却被领取，此后，杨先生便多次和快递公司及网购经营者交涉要求尽快解决，但都以种种理由推诿拒办，导致杨先生网购物品至今仍未收到。但网购款项 15123 元及速递费 95 元（共计 15218 元），于 2013 年 4 月 18 日被商家强行支付，所以上诉至法院请求判令快递公司及经营者赔偿原告已付的电脑物品款 15123 元并承担速递费 95 元，并承担本案诉讼费用。在法庭上作为被告的经营者辩称：交付行为没有过失，原告杨先生和我在淘宝网上进行了一单货物买卖，双方形成了买卖合同关系，被告严格按照淘宝网的交易相关规定行使卖家的责任和义务，在交易发生的当日即以速递的方式履行了自己的交付义务。被告收取货款及运费的行为合法。原告向淘宝网声称货物丢失，淘宝网按照投诉处理程序要求原告出示被告交易行为中的违法违规证据，以判断货物及运费是否应该支付给被告，结果原告并没有向淘宝网提供任何关于被告交易、交付行为违法或者违反淘宝网规定以及双方约定的证据。所以，被告关于此次买卖合同的履行并无不当之处。

---

① 案例来源：2016 年 6 月 16 日，最高人民法院发布 10 起消费者维权典型案例之五。

法院经审理查明如下案件事实：2013年3月19日，原告通过网购的形式从被告经营者处购买电脑物品，该物品由原告杨先生作为买家直接向经营者支付运费。同日，被告经营者委托圆通速递公司送货。该货物于2013年3月24日到达巴彦淖尔市乌拉特前旗被他人冒领，原告杨先生实际未取得该货物。且该电脑物品款15123元及邮寄费95元已通过网上银行实际支付。

法院认为，原告庭审中陈述通过网购的形式从被告处购买物品，由其向网购卖家支付运费，而网购卖家作为托运人由其支付运费委托速递公司将货物送至买家即原告杨先生手中，从当事人各自的权利和义务来看，在买卖合同中，买家通过网上银行已经支付了货款，即已完成了作为买受人的付款义务，网购卖家的交付义务是按照买卖双方约定将货物送到买家手中，由买家签收。在运输过程中，网购卖家作为托运人委托速递公司将货物送到收货人手中，但速递公司的工作人员在送货时未验证对方身份信息擅自将货物交由他人签收，所以在买卖合同中，出卖人即网购卖家因尚未完成货物交付义务，构成违约，故对原告请求被告经营者赔偿已付的电脑物品款15123元，并承担邮寄费95元的诉讼请求予以支持。速递公司在履行运输合同过程中擅自将货物交给非收货人签收，未完成合同义务，亦构成违约，根据合同相对性原则，合同中的权利义务只约束订立合同的双方当事人，被告付××与被告圆通速递公司之间的运输合同纠纷，被告经营者可另行主张权利。本案原告杨先生并未与被告圆通速递公司直接签订书面或口头的运输合同，故本院对原告请求被告圆通速递公司赔偿已付的电脑物品款15123元，并承担邮寄费95元的请求不予支持。

案例焦点：上述案例中涉及经营者、消费者，以及快递公司三方法律关系，其中消费者与经营者的关系基于买卖合同，经营者与快递公司的关系基于运输合同，在同一网购行为中包含三方的两种合同关系，其中快递公司在交付过程的末端发生差错，导致消费者最终未收到购买商品，消费者与快递公司在接触中发生差错，但是两者又没有直接存在合同关系，导致了消费者在请求权利过程中遇到了“踢皮球”的现象，所以消费者请求法院判令快递公司及经营者赔偿原告已付的电脑物品款15123元并承担速递费95元，并承担诉讼费用。法庭上经营者辩称：交付行为没有过失，原告和被告形成了买卖合同关系，被告严格按照淘宝网的交易相关规定行使经营者责任和义务，在交易发生的当日即以速递的方式履行了自己的交付义务，被告收取货款及运费的行为合法。原告向淘宝网声称货物丢失，淘宝网按照投诉处理程序要求原告出示被告交易行为中的违法违规证据，以判断货物及运费是否应该支付给被告，结果原告并没有向淘宝网提供任何关于被告交易、交付行为违法或者违反淘宝网规定以及双方约定的证据。

一、案例剖析

（一）履行完好交付的义务

1. 电子商务中的交付行为

近年来 B2C 交易规模占比持续增长，看货、选货、买卖承诺、支付价款等行为都在互联网上进行，无须经营者与消费者当面开展，缩短了交易时间，降低了交易成本，其中信息流与资金流完全依靠互联网传递，但物流与商流不能纯粹依靠互联网完成，故商品交付成为电子商务中的重要一环，现在我们从法律视角共同解析商品交付行为。电子商务中的买卖是经营者转移标的商品所有权于消费者，消费者支付相应价款的行为。根据《物权法》的规定，动产物权的设立和转让，自交付时发生效力，但法律另有规定的除外。可见经营者完成商品交付才能使买卖合同最终得到完整的履行，同时电子商务中的交付行为由于网络信息的特殊性，不仅仅局限于消费者与经营者双方，有时还需其他参与者（如快递公司等）代其完成交付行为，才能完整履行电子商务买卖合同。在通常的网购交易中，商流与物流是相辅相成的，商流的目的在于实现商品的所有权、支配权、使用权的转移，而物流强调商品交易过程中将商品实物从经营者手中转移交付至消费者手中，物流是商流的具体行为，物流似乎成为经营者完成商品交付行为所必需的流程。不管经营者以何种模式履行商品交付义务，对消费者来说，满意的商品交付体验才是关注的重点。满意的商品交付应该是在约定的时限内，约定的地点，将特定的商品以完好的状态交付到消费者手中，同时随着经营者竞争更加激烈，部分经营者会对商品交付行为约定附加承诺，如提供货到付款、准时到达等服务。

2. 履行完好交付的义务

案例一是关于网购经营者未能在约定的时限内交付商品，未能履行完好的交付义务。电子商务交易是买卖双方履行买卖合同的过程，由于网络介质的因素，导致买卖合同履行方式发生变化，买卖双方在互联网上达成意思表示一致后，实质上合同的义务权利达成一致，在买家根据卖家商品信息内容，选择特定商品，达成买卖意思一致，消费者支付相应价款后，经营者完成订单审核、发货、投递等工作，同时将订单信息以及快递信息发送至消费者以方便其查阅。按照约定时间、期限、地点完成商品交付后，才算完整履行买卖合同。市场上部分商家为规制商家按期完好履行交付义务，会将消费者支付的货物价款暂存在中介平台账户中，等待消费者收货确认商品无误后再将货款支付给商家。在案例一中经营者接受订单后，未能及时发货以致王先生的合同目的不能实现，商家违背了合同法关于当事人按照约定全面履行自己义务的相关规定，侵害了王先生的合法权益。根据《合同法》第九十四条规定，当事人一方迟延履行债务或者其他违约行为致使不能实现合同目的，当事人可以解除合同。此案例中商家未按照约定时间及时发货，导致买卖合同最终无法履行，满足上述可以解除合同的条件，王先生有权申请退款，假设即使王先生在申请退款前收到了商家延迟发来的货物，根据《消费者权益保护法》中关于无理由退货权的规定，王先生也有权自收到商品之日起七日内退货，且无须说明理由。同时商家还承诺了延迟发货情况下的赔偿责任，根据《合同法》中关于瑕疵履行合同及违约金的相关规定，经营者应当按照实现约定的赔偿金额支付王先生相应的赔偿金。上述交付行为不符合《电子商务法》中定义的完好交付行为，买卖合同因经营者没有完好履行交付义务存在合同履行瑕疵，经营者应当承担赔偿责任，保障消费者的合法权益。

（二）承担运输风险

1. 第三方交付行为

案例二中商家看似完成了商品交付行为，但是最终因快递公司交付商品出现瑕疵，致使消费者发生损失，物流快递企业作为商家交付行为的最终履行人存在过错，其中商家与消费者还有物流企业之间应当怎样承担相应的责任？上述网购经营者采取第三方物流履行商品交付义务，在交易中经营者与消费者属于买卖合同关系，经营者与物流企业之间是运输合同关系，而消费者与物流企业之间没有直接的合同关系，消费者只是运输服务合同的受益人，对消费者来说，其实只有买卖合同关系，买卖合同关系中经营者本来就负有商品交付义务，至于商家在履行交付行为中与第三方的运输合同与消费者无关。所以，在运输中如果出现问题并致使消费者利益受损那么须由经营者向消费者承担责任。快递公司未经验证就将货款错交他人确有过错，所以经营者可以在承担完消费者相应责任后，依照《侵权责任法》的相关规定向快递企业追偿，不过基于合同法相对性原则这将是经营者作为原告将快递公司诉至法院的案件。随着前文提及的商家采用的不同物流模式，随之而来的是不同的法律关系，更多的主体参与至交易中，不同的主体间有特定的合同约束相应当事人，类似案件也会随着技术的发展趋向更加复杂的责任关系。上述案例二是《电子商务法》出台前最高人民法院发布的典型案例，当时作为指导全国法院裁决相关案件的一把尺子。当前《电子商务法》出台后，其中也明确规定了电子商务经营者应当承担商品运输中的风险和责任，相关条款明显倾向保护消费者权益，无论经营者采取何种方式履行商品交付义务，也无论几方参与商品交付导致怎样复杂的整体法律关系，对消费者来说，商品交付运输中的风险责任追讨方只有经营者，更加明确清晰地保护了消费者的权益。

2. 运输风险责任问题

电子商务经营者在承担运输风险和责任之前，首先要认清风险种类、责任性质，才能在实务操作中避免风险责任的问题。对消费者来说，也同样需要通过认清风险来保护自身利益。在商品交付运输过程中一般会涉及以下几方面的风险责任问题：一是个人信息泄露风险。大数据时代背景下个人信息已成为一种重要资源，有其一定的市场价值，故部分机构或者人员被利益驱使买卖消费者个人信息，使消费者个人信息权受损。物流订单中记录着消费者的姓名、地址、电话等重要的个人信息，相关物流人员容易获取个人信息，导致个人信息泄露事件时有发生，经营者有义务对运输过程中消费者信息采取保护措施，当前部分技术条件成熟的物流行业对个人信息的保护有所重视，在快递外包装粘贴的订单信息上只显示遮挡处理后的个人信息，只有通过快递人员的设备扫描快递单号才能完整显示订单详细信息，避免个人信息泄露。而经营者在运输合同签订过程也可以将个人信息保护的相关内容作为合同约定条件，促使物流行业对个人信息的保护，也有利于风险发生后经营者追偿物流企业的相关责任。二是标的物丢失或者损毁风险。在商品运输过程中，容易发生物件的丢失与损毁，经营者与物流企业签订运输合同时往往会针对丢失或者损毁约定保价条款，假定商品丢失或者损毁，经营者不能以物流企业过错为由，拒绝向消费者履行完好交付义务，标的物的损毁确实是因物流企业过错而导致，经营者可先行赔付消费者后再根据运输合同从物流企业处获得追偿赔付。三是危及消费者人身安全风险。运输过程中出现的消费者人身安全风险，并不是因经营者产品本身存在瑕疵或者缺陷而导致消费者人身安全受损，而应理解为由于运输途中的事故使原本正常安全的商品发生变化，最终导致消费者人身安全受损。例如，前些年山东上演的“有毒快递”事件，消费者网购的童鞋在快递公司运输途中遭受有毒化学品污染，消费者收到童鞋后中毒身亡。这起惨剧是因商品在运输途中发生变质而侵害消费者人身安全造成的。看似网购商家没有主观过错，但是重点在于经营者在完成交付义务之前商品已经变质。无论是商家还是快递企业的过错，对消费者来说，都只有一个结果，交付的商品侵害了人身安全，完全可以根据买卖合同向商家追讨责任。国家对危及人身安全的危险物品明令禁寄，相关物流行业也应该严格遵守《运输安全法》中的规定，经营者不仅要保障商品本身的质量和安全，同时对商品交付过程中带来的安全风险也要承担相应的责任。四是快递代签收风险。当快递送达时收货人不在送达地址附近，收货人往往会让别人代为自己签收物品。代签收在快递行业普遍存在，随之而来的代签风险也尤为突出，有时快递人员不会对代签人员进行身份审核导致快递被人误拿或冒领，有时快递人员甚至为节省等待时间主动将商品暂存至门卫室、小卖部等地，而暂存人并没有得到代为签收快递的授权。如果发生暂存物件的丢失等情况，导致商品最终不能完好交付至消费者手中，经营者需要对上述情况产生的损害结果承担相应责任。

二、立法解读

根据《电子商务法》中关于物流交付的最新规定可知，经营者在商品交付中需要保障质量要求和时限要求，是无瑕疵履行买卖义务的重要内容，在交付过程中对质量瑕疵的判断，不仅要观察外观质量是否完好还要具体查看内在商品质量是否符合约定情况。商品交付是对商品时间和空间的转移，时间性是物流交付的最基础特征，任何商品在交付过程中都会对时间有严格限制，正是这种特性导致很多商家会在交付时限上作出特殊约定或者附加约定条件来增加自身的竞争力。在电子商务交易中，完整履行买卖合同就得依靠经营者完成最终商品的交付义务，并且该交付行为不能存在瑕疵，否则可能会导致买卖合同不能履行。由于电子商务的信息化特性，使得买卖双方相隔甚远，容易导致经营者商品交付行为的瑕疵，一般有以下几种瑕疵情况：（1）延迟发货。在网站显示库存有货的情况下，消费者下单，一旦显示订单提交成功，经营者应当在合理期限内发货，而有些经营者却以种种理由拖延发货。近年来，各大网购平台纷纷出台延迟发货规则来遏制延迟发货的现象，规定商家未能按约定时间发货，需向消费者支付商品价款的特定比例金额作为赔偿金，来保障商家及时履行交付义务。（2）货物瑕疵。网络消费者在认购商品并支付货款后，经常出现实际交付商品的种类、数量、质量等与网站介绍不一致的情况。事实上，在法院受理的案件中，有相当一部分是由于商品存在瑕疵引起的纠纷。以往虚拟环境中买卖双方的空间屏障，使对电子商务经营者的制约能力下降，导致消费者常常被花哨的宣传广告蛊惑而购买商品，然而商品交付至消费者手中才发现现实与网络的差距，但是自《消费者权益保护法》新增“后悔权”规定后，消费者可以以无理由退货权来保障自身的合法权益。(3)拒绝发货。有些网站在消费者下单的时候显示库存有货，而在消费者提交订单并付款后，却以缺货为由取消订单、拒绝发货。网站拒绝发货不排除有些网站是以“秒杀”“促销”等为噱头追求点击量，并无销售货物诚意的情况。综上所述，经营者履行商品交付义务并不是简单完成商品物件的空间转移，消费者在买卖中需要的是完好交付。完好交付的概念不仅包括交付过程还强调了交付结果的完好，只有当交付行为符合质量、时间、形式等相关要求才能称之为完好交付。电子商务商品交付运输过程中出现的风险，以往没有形成统一的处理方式，造成消费者在维权过程中，时常遇到经营者与物流企业之间“踢皮球”的现象。《电子商务法》中规定经营者须承担商品运输中的风险和责任，为消费者正当维权增加了立法的支持，也为消费者指明了维权的渠道。对经营者来说，这加重了其肩上的责任，有助于经营者严格执行商品交付标准，顺利保障电子商务交易的“最后一公里”。

三、小结

为更好地适应电子商务市场，当前中国几家大型电商企业都在致力于打造适合自己的物流模式。他们所选择的模式可以概括为以下三种：第一种是自营物流，即供应链物流；第二种是第三方物流；第三种是第四方物流。京东集团CEO刘强东曾在媒体上谈到，京东自建的供应链物流是通过减少货物的搬运次数来赚钱。他解释道：“供应链物流的设计核心是减少物品流动。当产品从工厂里生产出来，甚至还没有生产的时候，就告诉渠道商在哪个城市有哪些库房，每个库房要多少货。产品生产出来后就直接从工厂拉到京东的库房去了，这是第一次搬运。第二次搬运就是从库房搬到消费者家里去，再没有什么代理商、经销商，再也不用从这个库房搬到那个库房。”[①] 正如京

① 京东集团CEO刘强东在参加央视《对话》栏目时的谈及京东自建的物流模式。

东物流的运营模式，现代化自营物流一般是企业内部设立物流运作综合管理部门，通过资源和功能整合专设企业物流部门或物流公司来统一管理企业的物流运作。除京东集团外，戴尔公司及海尔集团也是典型的自营物流模式。商家与消费者利用专业并独立的物流企业。由供需双方之外的第三方完成物流运作的就是第三方物流模式，很多传统的电子商务物流都属于第三方物流。不过随着菜鸟网络科技公司启动“中国智能骨干网”项目，我国第三方物流模式有望发生新的变革，菜鸟公司的物流项目其实就是第四方物流模式的雏形，它自身并非物流公司，它旨在利用先进的互联网技术、整合能力，以及其他资源提供一套完整的供应链解决方案，为电子商务企业、物流公司、仓储企业、第三方物流服务商、供应链服务商等各类企业提供优质服务，为各方带来更大的利益价值。第四方物流的概念最初是由一家美国公司提出的，但是至今无论在欧美还是日韩，都尚未完成第四方物流模式的完整落地、使用，至于中国的菜鸟公司是否能委以重任，有待未来实践论证。

上述经营者采取的不同物流模式，不仅仅影响商家的经营规模和经济效益，还会对电子商务交易的法律行为、法律关系产生差异。对于自营物流模式，买卖双方的法律关系相对简单，商家一手履行商品交付在内的各项经营者义务，买卖双方的权利义务也会更加清晰；第三方物流模式导致在经营者与消费者买卖合同关系之外，卖方还得与第三方物流企业签署物流服务合同，并且最终由第三方代为经营者交付商品到消费者手中，第三方的介入导致交易行为中的三方责任问题错综复杂，何况第四方物流又会让更多的其他主体参与到物流活动中，使商家的商品交付行为由多方共同参与完成，其中的法律关系更为复杂，此时出台的《电子商务法》明确了相关义务和责任，立法者有意厘清责任承担主体，避免消费者在维权中遇到“踢皮球”的现象，但是整体上此法出台后对物流模式的未来发展会带来何种改变？是否能够更好地将保护消费者的初衷落到实处？是否能够为电商以及物流带来更充分竞争的市场平台？我们翘首以盼。

第五节　个人信息数据保护义务[①]

【法条】《电子商务法》

第二十三条　电子商务经营者收集、使用其用户的个人信息，应当遵守法律、行政法规有关个人信息保护的规定。

第二十四条　电子商务经营者应当明示用户信息查询、更正、删除以及用户注销的方式、程序，不得对用户信息查询、更正、删除以及用户注销设置不合理条件。

电子商务经营者收到用户信息查询或者更正、删除的申请的，应当在核实身份后及时提供查询或者更正、删除用户信息。用户注销的，电子商务经营者应当立即删除该用户的信息；依照法律、行政法规的规定或者双方约定保存的，依照其规定。

第二十五条　有关主管部门依照法律、行政法规的规定要求电子商务经营者提供有关电子商务数据信息的，电子商务经营者应当提供。有关主管部门应当采取必要措施保护电子商务经营者提供的数据信息的安全，并对其中的个人信息、隐私和商业秘密严格保密，不得泄露、出售或者非法向他人提供。

第三十条　电子商务平台经营者应当采取技术措施和其他必要措施保证其网络安全、稳定运行，防范网络违法犯罪活动，有效应对网络安全事件，保障电子商务交易安全。

电子商务平台经营者应当制定网络安全事件应急预案，发生网络安全事件时，应当立即启动应急预案，采取相应的补救措施，并向有关主管部门报告。

第三十一条　电子商务平台经营者应当记录、保存平台上发布的商品和服务信息、交易信息，并确保信息的完整性、保密性、可用性。商品和服务信息、交易信息保存时间自交易完成之日起不少于三年；法律、行政法规另有

---

① 作者：邹明欣。

规定的，依照其规定。

第三十二条 电子商务平台经营者应当遵循公开、公平、公正的原则，制定平台服务协议和交易规则，明确进入和退出平台、商品和服务质量保障、消费者权益保护、个人信息保护等方面的权利和义务。

第三十三条 电子商务平台经营者应当在其首页显著位置持续公示平台服务协议和交易规则信息或者上述信息的链接标识，并保证经营者和消费者能够便利、完整地阅览和下载。

【案例一】“当当网”疑信息泄露致使用户被骗6000元

当事人：陆先生、当当网

案情简介：路先生于2017年8月6日在当当网订购一本书，订单号：3404975××××。8月8日接到声称当当网卖家的书店人员的电话，询问其买的书是否收到，陆先生核实后回复没有收到书。此时，对方称有物流车辆在运输途中发生车祸，通知陆先生货物应该是确认为损毁了，物流系统由当当网调整为送达状态和收货确认状态，并自动为顾客申请退货，并请陆先生这边配合退款页面信息，尽快退款给对方，并告知，如果需要书的话收到退款后请重新拍。后来陆先生按要求输入退款账号、密码等后，总是显示登录超时，退款失败，由于时间消耗较长，陆先生说不要退款了，以后再另行拍下，之后发现输入的两张银行卡被盗刷总计6762元，其后陆先生第一时间到广东省中山市石岐区宏基路派出所报案。陆先生在派出所内经提示，拨打当当客服电话，当当网客服说当当网上的信息是顾客修改或第三方侵入顾客电脑进行的修改，损失与当当网无关，并请尽快报案。

案例焦点：陆先生的当当账号、密码、购买的书籍信息、电话号码等未告知任何无关人员。当当网作为电商平台存在泄露顾客信息的行为，不实时更改当当系统的订单状态，收货、发货状态，物流状态，顾客退换货信息。当当网系统对退货原因栏内的明显诈骗信息等监控、过滤、筛选不足，致使顾客被诈骗。[①]

---

① 案例来源：《中国电商案例库》，载 http: //www.100ec.cn/zt/anlk/。

【案例二】消费者诉苏宁隐私权纠纷案[①]

当事人： 李某、季某某等5名消费者；江苏苏宁易购电子商务有限公司

案情简介： 2016年3月，5名消费者起诉苏宁易购电商平台，疑似该平台泄露消费者个人信息，使诈骗分子通过被告的网站服务器掌握了原告的详细购物订单信息，导致其遭遇电信诈骗和财产损失，原告方列举出8项证据以证明被告苏宁易购电商平台存在高危漏洞。诉请法院：1. 判令被告停止侵害，采取措施阻止原告订单信息的继续泄露；2. 判令被告赔偿给原告造成的经济损失26308.5元；3. 判令被告在其网站首页连续10天向原告赔礼道歉；4. 判令被告承担本案诉讼费用。

法院审理后认定，虽能证明被告的网络平台可能存在漏洞，但不足以证明原告被骗与被告网络平台可能存在的漏洞具有因果关系，且诈骗犯罪人是否通过上述漏洞而获得原告的个人资料尚不能确定，上述个人资料也有可能通过被告之外的其他途径获得，被告并不是唯一可能泄露原告个人资料的途径。综上所述，认定原告提供的证据不足以证明被告有侵害原告隐私权的行为，因此被告不应承担侵权责任。依照《侵权责任法》第六条第一款，《民事诉讼法》第六十四条第一款、第一百四十二条之规定，判决驳回原告李某的诉讼请求。

案例焦点： 消费者个人信息在电商平台被泄露遭遇诈骗，是否需要充分证明电商平台是致使信息泄露的唯一途径。举证责任应当如何分配，电商平台需要如何承担法律责任，适用侵权责任法和民事诉讼法的规则是否恰当？

一、案例剖析

该起消费者诉江苏苏宁易购集体维权案是个人信息领域的首例集体维权案件，也是电商行业首例个人信息维权案。它预示着消费者个人信息保护意识的觉醒，以及当前电商行业存在着大量的消费者信息泄露事件已严重危及

---

① 案例来源：江苏省南京市玄武区人民法院（2016）苏0102民初1123号判决书。

消费者的合法权益。南京市玄武区法院在审查认定该起案件的过程中，主要适用了《侵权责任法》中的过错责任原则以及《民事诉讼法》中的“谁主张，谁举证”的举证原则，以原告方证据不足，无法证明被告构成侵权行为判决驳回原告诉讼请求。

很显然，在消费者与电商平台的博弈中，电商平台占据着天然优势。不同于传统的交易模式，个人信息问题在网购活动中显得尤为突出。对电商经营者来说，消费者个人信息已经不仅仅是隐私权意义上的进行合法交易的必需数据，而更像是一种财产权。电商经营者通过各种手段收集消费者的个人数据，包括但不限于进行 IP 地址追踪，安装 cookies 插件，植入病毒等方式收集消费者的浏览记录、消费习惯等网络活动和消费行为，并通过对信息的整理分析后，将消费者潜在的消费习惯和用户需求转化为商业行为，有针对性地向消费者发送商业推广短信、邮件等，以达成更高的成交率，攫取商业利润，更有甚者，还出现了专门机构对个人信息数据进行打包后公开贩卖出售，使得诈骗集团得以通过各种渠道获取信息数据进行诈骗以牟取非法利益。而这一切都是在消费者不知情的情况下进行的。个人隐私数据的泄露无疑给消费者带来沉重的负担，使消费者疲于应对各种垃圾短信、邮件和骚扰电话，给社会带来层出不穷的团伙诈骗案件，严重侵害了我国《宪法》所保护的公民的生活安宁权、通信自由权、隐私权、财产权，以及生命健康权。

二、立法解读

（一）法理背景：个人信息、隐私权与网络隐私权

2016 年 11 月出台的《网络安全法》对“个人信息”一词的定义如下：个人信息，是指以电子或者其他方式记录的能够单独或者与其他信息结合识别自然人个人身份的各种信息，包括但不限于自然人的姓名、出生日期、身份证件号码、个人生物识别信息、住址、电话号码等。隐私权，学术界尚没有统一的定义。王利明教授将隐私权定义为：“自然人享有的对其他个人的、与公共利益无关的个人信息、私人活动和私有空间进行支配的一种人格权。”具

体而言，隐私权主要包括个人生活安宁权、个人生活情报秘密权、个人通信秘密权、个人隐私利用权。网络隐私权区别于传统隐私权的单一人格权属性，同时还被赋予了广泛的财产权属性。因为作为个人信息的隐私本身为商家提供了超出其具有的人格利益之外的巨额商业利润和经济价值，所以个人信息数据已经成为可以在市场中流通的一种无形财产。但是，我国目前将具有双重属性的网络隐私权仅作为人格权进行保护，这对消费者是不公正的，而且尚未明确个人信息的财产权属性。因此，我们需要补充网络隐私权方面的立法，对该类侵权问题进行更加科学化的规制。

（二）案件法律适用分析

上述案例也证明，在面对棘手的网络隐私侵权问题上，消费者的权益在司法裁判中并没有得到应有的保护，并且因为举证不能等原因丧失了获得赔偿的权利。这无疑是不公正的，在法律适用上也违反了《消费者保护法》第二十九条的立法初衷。法官简单地在现有的法律规则——侵权责任法的框架下解决网购活动中的隐私权问题是不合适的，也是远远不够的。正如一位美国法官认为，以现行法律适用于互联网的尝试就好似企图登上一辆正在行驶的大巴车一样冒险。[①] 在传统民法体系中侵权责任法的举证规则和过错原则调整的是平等的民商事主体间的权利义务和责任归属问题，但是在电子商务平台与消费者的个人信息案件纠纷中，在平等的合同主体外观下双方的实质能力相差悬殊，电商平台在个人数据的掌控上具有天然优势，消费者群体处于天然弱势，因此需要制定法律规则进行调整，对消费者进行倾斜保护，以调整双方在法庭上的实质抗衡能力。

在证据证明方面，该案法官以信息泄露有多重渠道，消费者无法证明其信息是电商平台泄露出去的为理由而判决原告败诉，同时适用侵权责任法中的过错原则，认为原告方的证据无法证明被告一方存在侵权行为。这样的举证责任分配和过错责任原则是明显存在问题的。因为在实际生活中，涉及消

---

① 秦成德：《电子商务法》，电子工业出版社 2010 年版。

费者信息泄露的责任方包括电商平台、平台内经营者、快递物流公司等，消费者以一己之力不可能穷尽所有责任方的证据，来确定究竟是哪一个节点上自己的信息被泄露的，再进行准确的起诉，这是不可能的，也是不现实的。笔者认为，在此类案件的举证责任的分配上，电商平台应该承担更多的举证责任，如将此类案件归入举证责任倒置的范围。过错责任原则的适用对消费者也过于苛刻，应当改为适用过错推定原则较为合适。在侵权责任的承担上，涉及信息泄露的所有责任主体推定存在过错并承担连带责任，各责任主体能够证明自己不存在过错的可以不承担责任。综上所述，侵权责任法的一般规则已不再合适，或者应当在现有法律规则的适用上进行调整，以促进社会公平和实质正义，使得消费者的权益得到保护。我国目前关于网络领域个人信息保护的相关立法已经出台了一部分，但我们需要更加细致的实体法律规定和程序法规定以解决司法实践中的此类问题。

（三）现行立法对个人信息的保护

在国家鼓励电子商务领域发展的大背景下，电子商务领域的发展日新月异。面对“井喷式”的个人隐私泄露问题，继 2014 年《消费者权益保护法》第二十九条增加了对个人信息保护的法律条文之后，近两年国家发改委、商务部、中央网信办、工商总局等行政部门出台了一系列关于电子商务领域的指导文件，包括 2016 年 12 月 30 日印发的《关于全面加强电子商务领域诚信建设的指导意见》、2017 年 1 月 11 日工商总局公布的《网络购买商品七日无理由退货暂行办法》、5 月 23 日印发的《2017 网络市场监管专项行动方案的通知》、8 月 21 日出台的《严肃查处虚假违法广告维护良好广告市场秩序工作方案》等。《网络安全法》自 2017 年 6 月 1 日起施行，《电子商务法》于 2018 年 8 月 31 日出台，明确了对个人信息的保护，并加大了处罚力度，使得对消费者个人信息的保护和对不法经营者的处罚不再流于纸上。

有关个人信息保护的规定在新出台的《电子商务法》中可谓浓墨重彩的一笔。延续了《消费者保护法》第二十九条和《网络安全法》的相关规则，该法对经营者收集、使用消费者个人信息的行为进一步进行了规制。《电子商务法》总则第五条规定了电子商务经营者的一般性义务，其中包括“应当遵循自愿、平等、公平、诚信的原则，遵守法律和商业道德，公平参与市场竞争，履行消费者权益保护、环境保护、知识产权保护、网络安全与个人信息保护等方面的义务，承担产品和服务质量责任，接受政府和社会的监督”。首先明确了电子商务经营者对消费者个人信息的保护义务，其中电子商务经营者包括自建网站经营的电子商务经营者、电子商务平台经营者、平台内电子商务经营者（《电子商务法》第九条）。

《电子商务法》第二章第一节，电子商务经营者的一般规定中第二十三条、第二十四条、第二十五条具体规定了个人信息保护条款。其中第二十三条：“电子商务经营者收集、使用其用户的个人信息，应当遵守法律、行政法规有关个人信息保护的规定。”其中相关法律法规包含《网络安全法》《电子商务法》《消费者权益保护法》等。与其密切相关的《网络安全法》由全国人民代表大会常务委员会于2016年11月7日发布，自2017年6月1日起施行。其中第四章网络信息安全一章，第四十条至第五十条详细规定了网络运营者对个人信息的保护义务，包括网络运营者应当公开收集个人信息、明确使用目的、征得消费者同意后使用、未经同意不得转让信息、采取必要措施保证信息安全、对个人信息进行严格保密、不得违法出售信息，利用个人信息实施诈骗等违法犯罪行为。同时该部分也赋予了网民保护其个人信息的权利：如个人发现网络运营者违反法律、行政法规的规定或者双方的约定收集、使用其个人信息的，有权要求网络运营者删除其个人信息；发现网络运营者收集、存储的其个人信息有错误的，有权要求网络运营者予以更正。网络运营者应当采取措施予以删除或者更正（《网络安全法》第四十三条）。

《电子商务法》第二十四条新增了一项消费者权利，即消费者有权对自己的用户信息进行查询、更正和删除以及注销用户，电商经营者应当在核实身份后配合消费者的申请且不得设置不合理条件，法律、行政法规规定或双方约定应当保存的除外。第二十五条则强调了行政部门在行使职权时，对电商经营者提供的个人信息及隐私有保密义务。因此如果电商经营者被查处，相关权利人可以依据此条款请求政府行政机关对其个人信息和商业秘密进行保护。

值得注意的是，此次立法在第三十二条和第三十三条的创新之处在于强调了电子商务平台经营者在制定平台服务协议和交易规则时应当遵守公开、公平、公正的原则，明确进入和退出平台、个人信息保护等方面的权利和义务。此次立法明确服务协议和交易规则应当持续公示，便于消费者阅读和下载，赋予消费者知情同意权，以面对现实中网络服务者通过默认设置对用户个人信息进行获取并作为合理理由的问题。综上所述，电子商务法进一步明确了经营者的保护义务和消费者对其个人信息享有被收集、使用、支配的完整的民事权利。

（四）域外立法的比较研究

美国对传统的隐私权和网络隐私权的立法保护意识均走在最前面。早在1967年，美国国会通过了《信息自由法》、1974年正式制定《隐私权法》，规定了美国联邦政府机构收集和使用个人资料的权限范围。1986年，通过了《电子通信隐私权法案》，1997年10月，美国时任总统克林顿曾作《全球电子商务政策框架》的报告，标志着美国将公民网络个人的保护上升到一个新的高度。[①]2000年4月，美国颁布实施了《儿童网上隐私保护法》，进一步保护儿童的网络隐私权，规定网站须征得13岁以下儿童父母的同意后才可以收集其信息。2000年7月，通过《反垃圾邮件法案》，对垃圾邮件进行规制，进一步保障公民个人隐私权。尽管美国出台了较多的法律文件，但总的来说，对于网络隐私权的保护，美国更新倾向于行业自律。在《全球电子商务规范框架》中，美国政府提出的首要原则是“私营部门应起主导作用”。目前，美国已建立起多个网络隐私权保护自律性组织，包括在线隐私联盟（the Online Privacy Alliance）及非营利机构TRUSTY等，在网络隐私权保护领域起到了重要作用。

相较于美国，欧盟在网络隐私权保护中更注重以立法的形式来保护个人资料的安全，主张订立严格的保护标准，并通过设立特别委员会敦促欧盟各

---

① 何平兰：《论电子商务中消费者隐私权保护的完善——以新消费者权益保护法29条为视角》，华中师范大学硕士学位论文，2014年。

成员国以立法形式保护网络隐私权。主要文件包括：1981 年欧洲会议签署《关于个人数据自动处理中个人权利保护公约》等文件；1995 年 10 月通过《欧盟个人资料保护指令》；1996 年 9 月通过《电子通信数据保护指令》，为成员国电信部门处理个人资料提供法律依据；1997 年 4 月欧盟发表的《欧洲电子商务行动方案》，是对 1995 年指令的补充；1998 年《私有数据保密法》开始生效；1999 年欧委会先后出台了《互联网个人隐私保护的一般原则》《关于互联网上软件、硬件进行的不可见的和自动化的个人数据处理的建议》《信息高速公路上个人数据收集、处理过程中个人权利保护指南》等法规，为欧盟互联网用户提供了清晰的有据可循的网络隐私权保护原则，从而建立起一套完整的隐私权保护体系，以确保欧盟各成员国公民的个人数据信息安全。[①]

日本对隐私权的保护发展较为特殊。第二次世界大战之前，日本民法并没有关于隐私权保护的规定，第二次世界大战后日本修改民法典，对于隐私权的态度从消极的不被打扰转变为积极保护，使个人信息不受侵害。2005 年 4 月《个人信息保护法》的出台，成为日本保护个人信息的根本法律，同时日本成立私生活保护研究会，对网络隐私权保护问题提出了基本原则，包括限制收集原则、限制个人信息利用原则、个人参与原则、正确管理原则，以及明确责任原则。

中国台湾地区对隐私权的保护方式从间接保护变为直接保护。1999 年 4 月中国台湾地区修订“民法债编”，在第一百五十九条明确规定隐私权为具体人格权，确立了隐私权的直接保护制度。1995 年，中国台湾地区制定了“电脑处理个人资料保护法”，详细规定了各个行业运用电脑收集和处理个人资料时应当遵守的法律义务。

三、小结

在比较分析不同地区关于网络隐私权和个人信息数据的法规后，可以得

---

① 秦成德：《电子商务法》，电子工业出版社 2010 年版。

出这样的结论，保护模式主要有两种。一是立法保护模式，通过法律法规等强制性文件对隐私权进行保护，如欧盟国家。二是采用行业自律模式，包括网站自行制定隐私保护政策、业界行业协会制定统一标准、第三方机构认证等，如美国、澳大利亚等国家采取的普遍做法。相比较而言，我国在立法实践中仍处于较为落后的现状，在新出台的《电子商务法》中关于个人信息数据保护的条款并未明确电商平台在违反该法规定后应给予什么程度的处罚，应承担什么样的责任，应当如何赔偿消费者的损失，等等。在司法实践中，因为尚未有程序法与之配合实施，也无具体的实施细则和条例，因此在司法裁判中也存在着大量的问题，导致在强大的电商平台和不完善的法律规制下消费者的基本权利无法得到保障。笔者认为，我国仍需要加大对信息安全的保护力度，明确包括电商平台、平台内经营者、支付平台以及物流公司等能够接触到消费者个人信息的主体责任，并且尽快出台相关的实施细则以保障网购平台消费者的个人信息安全。

第四章　平台经营者履行义务的消费者权益实现方式

第一节　审慎管理义务[①]

【法条】《电子商务法》

第二十八条　电子商务平台经营者应当按照规定向市场监督管理部门报送平台内经营者的身份信息，提示未办理市场主体登记的经营者依法办理登记，并配合市场监督管理部门，针对电子商务的特点，为应当办理市场主体登记的经营者办理登记提供便利。

电子商务平台经营者应当依照税收征收管理法律、行政法规的规定，向税务部门报送平台内经营者的身份信息和与纳税有关的信息，并应当提示依照本法第十条规定不需要办理市场主体登记的电子商务经营者依照本法第十一条第二款的规定办理税务登记。

第二十九条　电子商务平台经营者发现平台内的商品或者服务信息存在违反本法第十二条、第十三条规定情形的，应当依法采取必要的处置措施，并向有关主管部门报告。

① 作者：李垚林、赵智慧。

【案例】刘某某诉浙江淘宝网络有限公司合同纠纷案[①]

当事人：原告刘某某、被告浙江淘宝网络有限公司

案情简介：原告刘某某诉称，2015 年 9 月 15 日、9 月 25 日、10 月 5 日其在被告的购物网站（淘宝）购买哈尔滨百爱科技有限公司官方网店厂家直营店铺销售的百爱大豆异黄酮片（第三代大豆异黄酮）12 盒，每盒单价 298 元，共支付货款 3564.08 元。2015 年 9 月 15 日、9 月 25 日、10 月 5 日、10 月 28 日，其在被告的购物网站（淘宝）购买哈尔滨百爱科技有限公司官方网店厂家直营店铺销售的林蛙油片 12 盒，每盒单价 780 元，共支付货款 9266.4 元。经查询，其上述两种食品所使用的原料大豆异黄酮、林蛙油均非普通食品原料。其大豆异黄酮片产品所标注的产品执行标准与产品实际不符，并且所使用的生产许可证已被注销。其林蛙油片产品所标注的执行标准及卫生许可证号均为未备案的无效虚假信息。其产品违反了《食品安全法》及相关食品安全强制标准的规定。现原告依据《民事诉讼法》《食品安全法》《消费者权益保护法》《网络交易管理办法》《最高人民法院关于审理食品药品纠纷案件适用法律若干问题的规定》等相关法律法规提起诉讼，请求：1. 被告返还原告购货款为 12830.48 元；2. 被告按价款 10 倍赔偿原告 128304.8 元，总价款 141135.28 元；3. 本案诉讼费用由被告承担。

被告浙江淘宝网络有限公司辩称：第一，本案为买卖合同纠纷案，淘宝公司非合同主体，因此，原告起诉主体不当，应予驳回起诉。第二，淘宝公司作为网络交易平台提供者，尽到了事前审查的义务，根据《消费者权益保护法》第四十四条规定，淘宝公司能提供销售者或者服务者的真实名称、地址和有效联系方式，因此不应承担先行赔付责任。第三，淘宝公司作为网络交易平台提供者，并不存在“明知或者应知销售者或者服务者利用其平台侵害消费者合法权益，未采取必要措施的”应当承担赔偿责任的法定事由，因此也不应当与销售者承担连带赔偿责任。综上所述，淘宝不应承担任何赔偿责任，请求法院依法驳回原告对其的全部诉讼请求。

---

① 案例来源：黑龙江省哈尔滨市南岗区人民法院（2016）黑 0103 民初 6256 号判决书。

法院认为，淘宝公司在本案中没有证据证明其已采取必要的措施，亦未能提供涉案经销商真实有效的联系方式、地址，故应与哈尔滨百爱科技有限公司官方网店厂家直营店承担连带责任。遂判决支持原告的诉讼请求。

案例焦点：

1. 淘宝公司作为电子商务平台经营者，是否具有提供其平台内经营者信息的义务？若有，如何认定电子商务平台经营者违反了信息披露义务？不履行信息披露义务时应承担怎样的责任？

2. 电子商务平台“采取必要措施”的限度是什么？未采取必要措施应承担怎样的责任？

一、案例剖析

（一）如果平台经营者不履行信息披露义务，应承担怎样的责任？

法院认为，原告刘某某通过淘宝网购买在哈尔滨百爱科技有限公司官方网店厂家直营店铺销售的百爱大豆异黄酮片（第三代大豆异黄酮）及林蛙油片产品，哈尔滨百爱科技有限公司官方网店厂家直营店铺进行交付，原告刘某某支付总价款12830.48元并确认收到上述所购产品，故双方形成买卖合同关系。诉争产品所标注的生产企业没有合法生产手续，存在安全隐患，误导消费者。同时，诉争产品其外包装配料中载明有大豆异黄酮及林蛙油成分，而此两种原料不属于《卫生部关于进一步规范保健食品原料管理的通知》所载明的既是食品又是药品的物品。故原告有权向生产者或者销售者主张赔偿损失，以及要求支付价款10倍的赔偿金。

原告刘某某通过淘宝公司的销售平台向哈尔滨百爱科技有限公司购买了诉争的产品。但产品的生产者哈尔滨百爱科技有限公司九三分公司已被注销。哈尔滨市南岗区市场监督管理局确认哈尔滨百爱科技有限公司注册地址已无该公司。故淘宝公司提供的哈尔滨百爱科技有限公司的地址，不是真实有效的地址。上述因素均导致原告刘某某无法向实际销售者主张权利。根据《最高人民法院关于审理食品药品纠纷案件适用法律若干问题的规定》第九条第一款规定，消费者通过网络交易平台购买食品、药品遭受损害，网络交易平台提供者不能提供食品、药品的生产者或者销售者的真实名称、地址与有效联系方式，消费者请求网络交易平台提供者承担责任的，人民法院应予以支持。

根据《食品安全法》第六十二条第二款规定，网络食品交易第三方平台提供者发现入网食品经营者有违反本法规定行为的，应当及时制止并立即报告所在地县级人民政府食品药品监督管理部门；发现严重违法行为的，应当立即停止提供网络交易平台服务。哈尔滨百爱科技有限公司九三分公司的食品生产许可证 QS23001301××××，于 2015 年 3 月 9 日被注销，淘宝网没有在第一时间进行更正，并没有尽到注意义务。《消费者权益保护法》第四十四条规定："消费者通过网络交易平台购买商品或者接受服务，其合法权益受到损害的，可以向销售者或者服务者要求赔偿。网络交易平台提供者不能提供销售者或者服务者的真实名称、地址和有效联系方式的，消费者也可以向网络交易平台提供者要求赔偿；网络交易平台提供者作出更有利于消费者的承诺的，应当履行承诺。网络交易平台提供者赔偿后，有权向销售者或者服务者追偿。网络交易平台提供者明知或者应知销售者或者服务者利用其平台侵害消费者合法权益，未采取必要措施的，依法与该销售者或者服务者承担连带责任。"淘宝公司在本案中没有证据证明其已采取必要措施，亦未能提供涉案经销商真实有效的联系方式、地址，故应与哈尔滨百爱科技有限公司官方网店厂家直营店承担连带责任。[①]

（二）电子商务平台经营者的交易安全管理义务是如何起到保护用户个人信息不被侵犯的作用的？

网络时代下电子商务平台经营者不再是纯粹的商业活动经营者，因而在法律上兼具网络服务提供者与网络安全管理者双重主体形象。《电子商务法》第二十五条规定了电子商务平台经营者具有保障网络安全稳定运行的义务，

① 案例来源：黑龙江省哈尔滨市南岗区人民法院（2016）黑 0103 民初 6256 号判决书。

并应当在发生网络安全事件时采取相应补救措施，以保护平台中交易双方的信息安全。

二、立法解读

（一）关于电子商务平台经营者的信息披露义务

1. 电子商务平台经营者是否具有提供其平台内经营者信息的义务

电子商务平台经营者（以下简称平台经营者）为平台内经营者提供交易平台和网络交易辅助服务的平台，要厘清其是否具有提供其平台内经营者信息的义务，首先应该明确平台经营者的法律地位。

要考察电子商务平台经营者是否具有提供经营者信息的义务，首先应该厘清平台经营者与消费者之间的法律关系。

关于平台经营者的法律地位，主要有以下几种学说：

第一，"卖方"说。"卖方"说认为，平台经营者就是网络交易买卖合同的一方当事人，认为其作为卖方或经营者的合营方与消费者之间成立了买卖合同。这种说法与事实不符，采取这种说法的较少。在网络交易中，平台经营者只是为交易平台中的买卖双方提供网络交易平台与技术支持，其并未直接与消费者达成买卖合同，也未亲自参与、干涉在其平台上进行的商品或服务交易。因而将其作为卖方来看待不符合客观实践，与平台经营者的真实法律地位不相符。[①]

第二，"柜台出租者"说。这种观点认为，平台经营者将其开发的网络交易平台出租给经营者使用，并向平台内的经营者收取一定的费用作为租金，两者之间因此形成一种租赁合同关系。这种说法的不足之处在于，实际上在很多交易平台上，对经营者的开放都是免费的，不论是对于消费者还是经营者，只要在其平台上免费注册后，都能使用其网络平台进行交易，并且大部分并不需要缴纳租金。因此，这不同于传统的柜台租赁，不能将平台经营者

---

① 韩洪今:《网络交易平台提供商的法律定位》，载《当代法学》2009年第2期。

单纯地认定为柜台出租者。[①]

第三，“居间人”说。这种学说认为，网络交易平台在经营者与消费者订立买卖合同的过程中起到了一种促成交易的作用，实际上形成一种居间关系。但是，这种学说的不足之处在于，虽然在平台经营者为买卖双方提供交易平台这一媒介的时候，实质上有一定的中介效果，但是平台经营者与传统的居间人却有很大的不同：其一，平台经营者在与网络平台订立合同时，并没有表达居间的意思，也未主动为其寻找交易机会，只是为双方提供了一个平台。其二，平台为网络交易双方提供的平台是免费开放的，并未因提供平台而收取相应的费用，其向网络交易双方收取的费用一般与某一特定的合同是否订立无关。[②]

第四，“新型交易中介”说。这种学说认为，网络购物是一种新兴的交易方式，与其相关的平台经营者也是一种新兴的概念，因而在认定其法律地位时，不能用传统的民法概念来解释它。平台经营者的法律地位，应该根据其在网络交易中实际所起的作用，将其界定为一种新型的交易中介。其具有以下特点：一是平台经营者是交易平台的构建者与所有者；二是平台经营者不直接参与买卖双方的交易活动，是独立于买卖双方的中介；三是平台经营者的提供者分别与买卖双方订立服务条款，并根据买卖双方享有权利的不同对卖方进行更为严格的资格审查；四是平台对买卖双方免费开放，买方使用该平台完全免费，平台通过对卖方提供增值服务、收取广告费、提供搜索排名等方式赚取利润。平台经营者的这种新型交易中介法律地位，与《侵权责任法》第三十六条规定的网络侵权责任中的网络服务提供者的法律地位相似。[③]

通过对几种学说的分析可以看出，基于平台经营者在实践中网络交易平台运行中的地位，“新型交易中介”学说更符合现有实际。基于此，我们可

---

① 吴贵仙：《平台经营者的法律定位》，载《重庆邮电大学学报（社会科学版）》2008 年第 6 期。

② 杨立新：《电子商务侵权法》，知识产权出版社 2005 年版。

③ 杨立新、韩煦：《网络交易平台提供者的法律地位与民事责任》，载《江汉论坛》2014 年第 5 期。

以总结出平台经营者与消费者之间的法律关系，即双方基于消费者在注册账户时与平台间签订的网络平台服务条款，与平台间形成了一种服务合同关系。鉴于这种服务合同关系，我们可以进一步分析平台经营者的义务。平台经营者的义务有两种来源，分别是法定义务与约定义务，平台经营者的信息披露义务也应该来源于这两种义务。

首先，平台经营者与消费者之间的约定义务来源于，消费者在平台进行注册时与平台签订的网络平台服务协议。该服务协议虽然是格式合同，但其赋予消费者的权利确实是消费者所享有的。服务协议中一般会赋予消费者要求平台经营者准确提供销售者、服务者的经营地址、联系方式等信息的权利。根据该协议，平台经营者有向消费者披露经营者相关信息的义务。

其次，是法律规定赋予平台经营者提供披露相关信息的法定义务。主要有以下来源：

第一，《合同法》中的附随义务。如前所述，消费者与平台签订的网络服务协议都是格式合同，该服务合同对权利义务的约定一般都倾向于减轻平台经营者的义务，在这种情况下，我们可以通过法律规定的附随义务来认定合同中涉及的义务。《合同法》规定了三种附随义务，包括通知、协助与保密。其中，与平台经营者提供平台内经营者信息的义务相关的主要是协助义务，它是指在消费者与经营者发生交易纠纷后，平台经营者应向消费者提供完整、准确的网络交易相关信息、资料和记录，来协助消费者解决纠纷，维护自身的权益[①]，这其中当然包括提供销售者或者服务者的真实名称、地址和有效联系方式。

第二，《侵权责任法》中的安全保障义务。《侵权责任法》第三十七条规定："宾馆、商场、银行、车站、娱乐场所等公共场所的管理人或者群众性活动的组织者，未尽到安全保障义务，造成他人损害的，应当承担侵权责任。"这就从立法层面上规定了第三人的安全保障义务。虽然网络空间是虚拟空间，但

---

① 韩洪今、陈蕾伊：《论网络交易平台提供商的民事法律责任》，载《天津市政法管理干部学院学报》2009 年第 1 期。

是它实际上也是一种公共场所，存在着群众性活动，甚至存在对人身及有形财产的诱发因素[①]，因此，网络平台提供者也有安全保障义务，而且从《侵权责任法》第三十六条规定的网络侵权责任中的网络服务提供者的责任也可以看出这一点。在网络交易中，安全保障义务主要包括两个方面，一个是保证网络交易安全，减少网络交易危险发生，另一个是在损害发生后采取补救性措施。其中，与信息披露义务相关的主要是以下两点：首先，为了保证交易安全，平台经营者应当对用户注册信息进行审查，要求卖家提交身份证、信用卡、营业资格等证明，并对其进行登记、保存，这一方面为了保证经营者的资质，保证交易安全，另一方面也是为了在损害发生后，为消费者提供信息，协助其维权。[②]这一点也在《电子商务法》中进行了规定，后文将进行详述。其次，在损害发生后，平台提供者应该采取相应措施，防止损害扩大。在此处主要是向消费者及时披露销售者或服务者的有效信息，方便其及时维权。

第三，《消费者权益保护法》第四十四条的规定。根据《消费者权益保护法》第四十四条第一款规定，网络交易平台提供者不能提供销售者或者服务者的真实名称、地址和有效联系方式的，消费者也可以向网络交易平台提供者要求赔偿；网络交易平台提供者赔偿后，有权向销售者或者服务者追偿。该条规定是平台经营者信息披露义务的直接来源，也是在司法实践中绝大部分判决的依据。该条通过规定平台经营者在不能提供销售者信息的情况下应承担责任，确认了平台经营者在消费者受到损害后，平台经营者具有向其提供销售者或者服务者的真实名称、地址和有效联系方式的义务。具体到本案中，由于被告无法提供涉案经销商哈尔滨百爱科技有限公司官方网店厂家直营店真实有效的联系方式、地址，才与其承担了连带责任。

第四，《电子商务法》第二十七条的规定。《电子商务法》第二十七条第一款规定：“电子商务平台经营者应当要求申请进入平台销售商品或者提供服

---

① 刘文杰：《网络服务提供者的安全保障义务》，载《中外法学》2012年第2期。

② 齐爱民、陈琛：《论网络交易平台提供商之交易安全保障义务》，载《法律科学（西北政法大学学报）》2011年第5期。

务的经营者提交其身份、地址、联系方式、行政许可等真实信息，进行核验、登记，建立登记档案，并定期核验更新。”基于本文的分析，该规定可以做以下理解：首先，该规定并没有直接规定平台经营者的信息披露义务，只是规定了平台经营者应要求进入其平台的经营者提供身份、联系方式、行政许可等真实信息，并对其进行核验、登记，这一规定其实可以与《消费者权益保护法》第四十四条联系起来理解，可以看作《消费者权益保护法》第四十四条的前提性条款，是进一步确认平台经营者的信息披露义务，是为了确保其在损害发生后能为消费者提供有效联系方式，帮助消费者维权。其次，该规定除要求登记经营者的信息外，还要求平台经营者对这些信息“定期核验更新”，定期更新这一条款可以说是对《消费者权益保护法》中规定的一大补充，明确了平台经营者及时对信息进行更新的义务，以确保损害发生后能提供真实有效信息的一种措施。本案中，哈尔滨百爱科技有限公司九三分公司的食品生产许可证于 2015 年 3 月 9 日被注销，淘宝网没有在第一时间对相关信息进行更正，导致原告在维权时无法联系到卖家，影响其权利的实现，因此《电子商务法》中“定期核验更新”的规定是有必要的。

综上所述，电子商务平台经营者具有提供其平台内经营者信息的义务。

2. 如何认定电子商务平台经营者违反了信息披露义务

目前，对如何认定平台经营者已经履行了信息披露义务没有具体的规定。在司法实践中，大部分消费者状告平台经营者违反信息披露义务的案件，都是平台经营者在经营者注册时要求其提供真实有效的信息，并进行了形式审查及登记，且在消费者提出侵权事实时及时提供了该信息，从而认定其履行了信息披露义务，而不支持消费者要求其承担不真正连带责任的做法。

目前存在的认定平台经营者违反信息披露义务的案例主要是基于以下理由：

第一，平台经营者在经营者注册时没有要求经营者提供真实有效的信息并对其进行审查。这种情况下要认定其违反信息披露义务并没有什么争议。

第二，平台经营者在向消费者提供该信息时，即损害发生后，消费者按照规定向平台经营者要求提供经营者信息时，经营者提供的该信息不是真实有效的。在本案中，法院认定淘宝公司未能提供涉案经销商真实有效的联系方式、地址，因为销售者哈尔滨百爱科技有限公司九三分公司已经被注销，哈尔滨市南岗区市场监督管理局确认哈尔滨百爱科技有限公司注册地址无该公司，因此认定未能履行信息披露义务的主要原因在于损害发生后提供的地址和联系方式不是真实有效的。[①]

第三，平台经营者在损害发生后虽然提供了经营者信息，但联系方式不是“有效联系方式”，未能帮助消费者及时联系上销售者进行维权，其事后再提供的有效信息不能说明其履行了信息提供义务。在浙江淘宝网络有限公司与王樯侵权责任纠纷上诉案中，法院认为，由于网络消费存在的跨地域特征，购买者与商家并没有面对面地接触，只是通过网络交易平台发生交易，在发生消费纠纷时，购买者所面临的维权困局较之传统线下消费的维权，难上加难。网络交易平台是网络消费中联系卖方、买方、支付平台、物流、其他服务提供者的唯一纽带，在发生消费纠纷时，购买者作为交易双方的弱势方，更多地需要通过甚至借助网络交易平台进行调解和解决。在当前网络购物相关法律、法规尚不健全，行业缺乏统一标准，监管相对滞后的情况下，网络交易平台不仅是渠道管理者，也是消费纠纷的仲裁方，这亦是网络交易平台不可推脱的社会责任。本案中，尽管淘宝公司将涉案卖家登记的信息特别是身份证信息如实披露给了购买者王樯，可以认定为有明确的被告，王樯能够通过立案并进而启动诉讼程序。但是，通过一审法院的送达程序可以看出，淘宝公司披露的信息根本无法与卖家取得有效的联系。在消费纠纷发生时，购买者最终要实现的权利并不仅仅是胜诉权，而是获得赔偿的权利，《消费者权益保护法》第四十四条第一款的立法目的，也正是要求网络交易平台能够协助消费者及时找到网店的销售者或服务者，使消费者能够向直接责任人请求赔偿并获得赔偿，因此特别强调了“有效联系方式”。尽管淘宝公司主张其可以再行披露涉案卖家的其他联系方式，但是，从淘宝公司在本院审理过程中提供的录音证据中可以看出，淘宝公司于2016年10月18日，也就是

---

① 案例来源：黑龙江省哈尔滨市南岗区人民法院（2016）黑0103民初6256号判决书。

一审判决书制作完成的日期，即一审庭审后的一个月以后，才通过淘宝网络后台调取了涉案卖家的其他联系方式，与涉案卖家第一次取得联系。由此可见，淘宝公司在提供涉案卖家有效联系方式的做法方面仍然具有一定的消极性，以及作为网络消费渠道的管理者在对涉及消费者权益保护纠纷介入解决方式上仍存在一定的滞后性。综上所述，在淘宝公司能够提供涉案卖家有效联系方式的情况下，因其消极披露给购买者及时、正当、理性维权造成了一定障碍，故法院认定淘宝平台未能履行信息披露义务。[①]

因此，目前对平台经营者是否履行了信息披露义务，在判定时，主要争议在于以下两个方面：一是提供的信息是否有效，是指在经营者注册时记录审查信息是真实有效的，还是指在损害发生后，平台经营者按消费者要求提供信息时，该信息是真实有效的？二是提供信息真实有效，是只要求能够提供“有效联系方式”，是消费者能够明确被告，通过立案并进而启动诉讼程序，还是强调必须是“有效联系方式”，能够帮助消费者及时找到销售者，向直接责任人请求赔偿并获得赔偿，强调获得赔偿的权利而不只是胜诉权？三是信息披露义务的履行节点是什么时候，即平台经营者事后补充提供的有效信息能否认定其已经履行了义务？

《电子商务法》对此也没有明确的规定，但在第二十七条第一款强调了平台经营者除了“应当要求申请进入平台销售商品或者提供服务的经营者提交其身份、地址、联系方式、行政许可等真实信息，进行核验、登记，建立登记档案”，还强调“并定期核验更新”，我们或许可以认为，平台经营者并不是在一开始对经营者的信息进行了登记备案就算完成了义务，还应对信息进行定期更新。或许这可以成为将来解决类似案件的突破口，若能够确定平台经营者对销售者信息定时进行更新的义务，并落实到位，就可以通过确定平台经营者是否在注册时履行了审查义务及是否在后期进行定期更新来判断其是否履行了信息披露义务。因为若是要求平台经营者在任何时候提供的信息都必须是真实有效的，太过苛责，而若是只要求其在销售者申请注册时进行

---

① 案例来源：吉林省吉林市中级人民法院（2017）吉02民终85号判决书。

了形式审查，又太过宽松，不利于保护消费者的利益。

3. 平台经营者不履行信息披露义务时应承担怎样的责任

根据现行《消费者权益保护法》第四十四条第一款的规定："消费者通过网络交易平台购买商品或者接受服务，其合法权益受到损害的，可以向销售者或者服务者要求赔偿。网络交易平台提供者不能提供销售者或者服务者的真实名称、地址和有效联系方式的，消费者也可以向网络交易平台提供者要求赔偿；网络交易平台提供者作出更有利于消费者的承诺的，应当履行承诺。网络交易平台提供者赔偿后，有权向销售者或者服务者追偿。"平台经营者在不履行其信息披露义务时承担的是一种不真正的连带责任。

上述《消费者权益保护法》规定是平台经营者的民事责任。2018 年 8 月 31 日通过的《电子商务法》第八十条还对平台经营者违反信息披露义务的行为设定了行政处罚："电子商务平台经营者有下列行为之一的，由有关主管部门责令限期改正；逾期不改正的，处二万元以上十万元以下的罚款；情节严重的，责令停业整顿，并处十万元以上五十万元以下的罚款：（一）不履行本法第二十七条规定的核验、登记义务的；（二）不按照本法第二十八条规定向市场监督管理部门、税务部门报送有关信息的；（三）不按照本法第二十九条规定对违法情形采取必要的处置措施，或者未向有关主管部门报告的；（四）不履行本法第三十一条规定的商品和服务信息、交易信息保存义务的。法律、行政法规对前款规定的违法行为的处罚另有规定的，依照其规定"。可见，若平台经营者违反信息核验、登记、报送的义务，还将面临行政处罚，这也是对其履行信息披露义务的一种督促和保证。

（二）电子商务平台"未采取必要措施"应承担怎样的责任

1. 电子商务平台经营者应当采取"必要措施"的原因

何为"必要措施"？此处的"必要措施"，应当指终止服务。电子商务平台经营者与电子商务经营者是服务合同关系，当前者发现后者有不符合行政许可规定，或者提供的商品或服务不符合保障人身、财产安全的要求，或者销售或者提供了法律、行政法规禁止交易的商品或者服务等情形时，就应当解除服务、终止合同。

电子商务平台经营者之所以有义务采取“必要措施”，是因为电子商务具有相较于传统产业的特殊性。在电子商务交易中，除了进行电子商务交易的双方当事人，还有电子商务平台经营者。当电子商务经营者的行为有违反法律规定的情节时，电子商务平台可能成为法律关系的当事人之一，因为该种侵权或者违约、违法行为是利用电子商务平台经营者提供的电子商务平台进行的。在这三方的利益关系中，必须要进行科学合理的利益配置，才能维护受害当事人的合法权益，促进互联网企业健康发展。所以，电子商品平台经营者应当承担一定程度的注意义务，并在法律规定的条件下采取必要措施。

2. 电子商务平台经营者“未采取必要措施”时应当承担的责任

《消费者权益保护法》以及《最高人民法院关于审理食品药品纠纷案件适用法律若干问题的规定》采用的字眼是“明知或应知”以及“知道或者应当知道”；而《电子商务法》《网络交易管理办法》《食品安全法》使用的都是“发现”。[①] 可以发现，在规定电子商务平台经营者（网络交易平台经营者）的民事责任时，使用的是“明知或应知”“知道或应当知道”；而规定电子商务平台经营者的行政处罚责任时，使用的是“发现”。原因可能在于承担民事责任的

---

① 《消费者权益保护法》第四十四条规定：“消费者通过网络交易平台购买商品或者接受服务……网络交易平台提供者明知或者应知销售者或者服务者利用其平台侵害消费者合法权益，未采取必要措施的，依法与该销售者或者服务者承担连带责任。”

《最高人民法院关于审理食品药品纠纷案件适用法律若干问题的规定》第九条规定：“消费者通过网络交易平台购买……网络交易平台提供者知道或者应当知道食品、药品的生产者、销售者利用其平台侵害消费者合法权益，未采取必要措施，给消费者造成损害，消费者要求其与生产者、销售者承担连带责任的，人民法院应予支持。”

《网络交易管理办法》第二十六条规定：“第三方交易平台经营者应当对通过平台销售商品或者提供服务的经营者及其发布的商品和服务信息建立检查监控制度，发现有违反工商行政管理法律、法规、规章的行为的，应当向平台经营者所在地工商行政管理部门报告，并及时采取措施制止，必要时可以停止对其提供第三方交易平台服务。工商行政管理部门发现平台内有违反工商行政管理法律、法规、规章的行为，依法要求第三方交易平台经营者采取措施制止的，第三方交易平台经营者应当予以配合。”

《电子商务法》第二十九条规定：“电子商务平台经营者发现平台内的商品或者服务信息存在违反本法第十二条、第十三条规定情形的，应当依法采取必要的处置措施，并向有关主管部门报告。

要求是电子商务平台经营者有过错，因而适用“明知（知道）”表“故意”，“应知（应当知道）”表“过失”；而电子商务平台经营者承担行政处罚责任的基础在于《电子商务法》已对其施加了高度的注意义务，在履行该义务的过程中，如果发现了经营者违法行为而不采取必要措施并报告，才承担行政处罚责任。

（1）民事责任

电子商务平台提供者之所以成为民事责任主体，是因为提供了这个平台，而非直接实施了侵权行为或者违约行为。①《电子商务法》仅规定了行政处罚，具体民事责任的适用应参照《消费者权益保护法》第四十四条第二款的规定。电子商务平台经营者应与电子商务经营者共同承担民事责任，构成连带责任；其归责原则为过错责任原则；其承担责任构成要件为：消费者通过电子商务平台购买商品或者接受服务遭受损害，电子商务平台经营者实施了为电子商务经营者提供电子商务平台的行为；电子商务平台经营者提供电子商务平台的行为与消费者的损害后果有因果关系；电子商务平台经营者对于损害的发生有过错，即“明知或应知”；其承担连带责任的方式依《侵权责任法》第十三条、第十四条，仅为赔偿责任②。

（2）行政处罚

电子商务平台经营者除了要承担民事责任，还要被施以行政处罚。原因在于，当没有产生损害结果时，无法依据《消费者权益保护法》《侵权责任法》等法律追究电子商务平台经营者的民事责任。但是这不利于切实维护消费者利益，维护电子商务交易秩序，所以规定了行政处罚责任，给电子商务平台经营者以必要的威慑。

《电子商务法》第八十条规定了电子商务平台经营者的行政处罚责任：“电子商务平台经营者有下列行为之一的，由有关主管部门责令限期改正；逾期不

---

① 杨立新：《网络交易平台提供服务的损害赔偿责任及规则》，载《法学论坛》2016 年第 1 期。

② 杨立新：《网络交易平台提供者为消费者损害承担赔偿责任的法理基础》，载《法学》2016 年第 1 期。

改正的，处二万元以上十万元以下的罚款；情节严重的，责令停业整顿，并处十万元以上五十万元以下的罚款：（三）不按照本法第二十九条规定对违法情形采取必要的处置措施，或者未向有关主管部门报告的。”

但是，“采取必要措施”的时点具体是什么，还可留作理论探讨。

三、小结

《电子商务法》第二十八条以专条专款的形式规定了电子商务平台经营者的“登记审查义务”和“必要的处置报告义务”，对申请进入其平台的经营者的真实信息进行核验、登记的义务，这是对《消费者权益保护法》中平台经营者信息披露义务的一种重申和保障，肯定了平台经营者具有信息披露义务。但是对平台经营者违反信息披露义务的认定，目前尚未有统一的定论，司法实践中的做法也不统一，但《电子商务法》强调平台经营者“定时核验更新”销售者的信息，或许会为解决这一问题提供有利的导向。对于平台经营者违反信息披露义务应承担的责任，《电子商务法》在《消费者权益保护法》已经设定民事责任的基础上，为平台经营者设定了行政处罚，将更有利于保护消费者的利益。同时规定了在电子商务平台经营者发现电子商务经营者有违反法律规定的行为时，有必要的处置和报告义务，更是将保障消费者利益、维护电子商务交易秩序落到了实处。

第二节　交易安全管理义务[①]

【法条】《电子商务法》

第三十条　电子商务平台经营者应当采取技术措施和其他必要措施保证其网络安全、稳定运行，防范网络违法犯罪活动，有效应对网络安全事件，

① 作者：赵智慧。

保障电子商务交易安全。

电子商务平台经营者应当制定网络安全事件应急预案，发生网络安全事件时，应当立即启动应急预案，采取相应的补救措施，并向有关主管部门报告。

第三十一条 电子商务平台经营者应当记录、保存平台上发布的商品和服务信息、交易信息，并确保信息的完整性、保密性、可用性。商品和服务信息、交易信息保存时间自交易完成之日起不少于三年；法律、行政法规另有规定的，依照其规定。

【案例】京东公司用户数据泄露案①

当事人：京东公司

案情简介：据××财经节目报道，近期一个12G的数据包开始在黑市流通，其中包括用户名、密码、邮箱、QQ号、电话号码、身份证等多个维度，数据多达数千万条。而黑市买卖双方皆称，这些数据来自京东。对此，京东方面凌晨发布声明，并没有否认这些数据来自京东。但强调，该数据初步判断源于2013年的一次安全漏洞。京东表示，当时国内几乎所有互联网公司及大量银行、政府机构都受到影响，导致大量数据泄露，暗指这个问题不只是京东一家出问题。据报道，因为这12G的数据包，黑产再次被搅动。一些地下渠道，开始对数据进行明码标价交易，价格从“10万元到70万元”不等。业内人士称，数据已被销售多次，“至少有上百个黑产者手里掌握了数据”。值得注意的是，黑客会通过已泄露的用户名和密码，尝试批量登录其他网站，获取数据。而伤害值最高、最直接的，就是撞进一些金融账户，直接将资金转走。事实上，这已不是京东第一次被曝数据外泄。2015年，京东就被曝出大量用户隐私信息泄露，多名用户被骗走金钱，总共损失数百万元。直到一年后，京东才公布调查结果，称是因为出现“内鬼”。所谓的“内鬼”，是3位物流人员，通过物流流程，掌握了用户姓名、电话号码、地址、何时下单、所购货物等信息，总数据达到9313条。而电商平台，

① 凤凰网：《京东12G用户数据外泄 电商平台成信息泄露“重灾区”》，2016年12月12日。

一直是数据泄露的重灾区之一。2014年年初，支付宝被曝20G用户资料泄露。后经调查，此次泄露是“内部作案”：支付宝前技术员工李明，利用职务之便，多次在公司后台下载用户资料。这20G资料，包括用户个人的实名、手机号、电子邮箱、家庭住址、消费记录等，相当精准，可见“内鬼”是电商信息泄露的重要原因。除此之外，电商平台由于自身技术漏洞，被黑客戳中软肋，盗走数据，也是常见现象。

案例焦点：电子商务平台经营者的交易安全管理义务是如何起到保护用户个人信息不被侵犯的作用的？

一、案例剖析

网络时代下电子商务平台经营者“不再是纯粹的商业活动经营者，因而在法律上都兼具网络服务提供者与网络安全管理者双重主体形象”。《电子商务法》第三十条规定了电子商务平台经营者具有保障网络安全稳定运行的义务，并应当在发生网络安全事件时采取相应补救措施，以保护平台中交易双方的信息安全。该法第七十九条还规定了违反第三十条应依《网络安全法》承担责任。

二、立法解读

（一）赋予电子商务平台交易安全管理义务的原因

电子商务相关交易信息的极高保护价值与电子商务平台经营者的专业性、及时性、保密性，决定了电子商务平台经营者是承担交易安全管理义务的不二之选。

此处“交易安全管理义务”，是指依《电子商务法》第三十条的规定，电子商务平台经营者应当为达到保障电子商务交易安全这一目的，采取技术措施和其他必要措施保证其网络安全稳定运行，防范网络违法犯罪，并制订紧急预案以有效应对网络安全事件的义务。

电子商务相关的交易信息兼具隐私保护价值与经济价值。个人隐私与个人信息呈交叉关系，与电子商务相关的交易信息多为个人联系方式、住址、交易记录等个人信息，是涉及个人隐私的内容；人类进入信息社会后，与个人信息相关的利益主体及其利益关系日益复杂。[①]个人信息除了具有传统的隐私保护价值以外，在网络时代拥有了可变现的经济利用价值。电子商务相关的交易信息同时具有了传统法隐私保护的底色与网络社会信息价值变现的新特点，在电子商务领域需要对交易信息的安全施以特殊保护。

网络社会的特殊性要求电子商务平台经营者履行交易安全管理义务。“社会管理”有狭义和广义之分。狭义的观点认为，社会管理作为政府的一项职能，与政治管理、经济管理相对，指的是政府对社会公共事务中排除掉政治统治事务和经济管理事务的那部分事务的管理与治理，其所涉及的范围一般是社会政策所作用的领域；广义的观点则认为，管理主体不仅包括政府，也包括具有一定公共管理职能的社会组织。[②]但是严格来说，电子商务平台经营者仅仅是社会服务的提供者，不具有社会管理的权利和义务，但是在网络急速发展与个人信息保护形势日益严峻的今天，网络社会的特殊性要求网络服务提供者履行一定的信息网络安全管理义务。信息时代的网络犯罪呈现出较传统范围危害“量变”的特点，同一犯罪行为由线下搬至线上后，其社会危害性发生了显著增长的“量变”，传统犯罪的现行规制力度不足以应对此种变化。[③]所以，在维护交易安全方面，传统社会管理部门往往力不从心。而电子商务平台因其市场经济中为消费者与经营者提供网络交易场所的功能，汇集了大量的用户信息，这些信息一般保存在电子商务平台经营者的数据库中，一般情况下只能为该平台经营者的技术部门所接触。所以，电子商务平台经营者在维护用户各类信息安全的专业性、及时性、保密性上均超过

① 张新宝：《从隐私到个人信息：利益再衡量的理论与制度安排》，载《中国法学》2015年第3期。

② 应松年：《社会管理创新引论》，载《法学论坛》2010年第11期。

③ 刘宪权：《网络犯罪的刑法应对新理念》，载《政治与法律》2016年第9期。

了传统社会管理部门，是“网络公共空间治理”中的重要力量，担负了重要的社会责任。[①]

（二）电子商务平台经营者承担交易安全管理义务的具体措施

上文已述，网络时代下电子商务平台经营者“不再是纯粹的商业活动经营者，因而在法律上都兼具网络服务提供者与网络安全管理者双重主体形象”。[②]《电子商务法》第三十条规定了电子商务平台经营者具有保障网络安全稳定运行的义务，并应当在发生网络安全事件时采取相应的补救措施，以保护平台中交易双方的信息安全。[③]并在该法第七十九条规定了违反第三十条应依《网络安全法》承担责任。[④]

《电子商务法》并不是率先对与网络交易相关信息保护作出规定的立法，但较之前的法律有所突破。根据2013年《消费者权益保护法》第二十九条规定，经营者及其工作人员对收集的消费者个人信息必须严格保密，不得泄露、出售或者非法向他人提供。经营者应当采取技术措施和其他必要措施，确保信息安全，防止消费者个人信息泄露、丢失。在发生或者可能发生信息泄露、丢失的情况时，应当立即采取补救措施。2014年《网络交易管理办法》在第二章“网络商品经营者和有关服务经营者的义务”第一节“一般性规定”的第十八条第二款规定了网络商品经营者、有关服务经营者及其工作人员对收集的消费者个人信息或者经营者商业秘密的数据信息具

---

① 皮勇：《论网络服务提供者的管理义务及刑事责任》，载《法商研究》2017年第5期。

② 梁根林：《传统犯罪网络化：归责障碍、刑法应对与教义限缩》，载《法学》2017年第2期。

③ 《电子商务法》第三十条规定：“电子商务平台经营者应当采取技术措施和其他必要措施保证其网络安全、稳定运行，防范网络违法犯罪活动，有效应对网络安全事件，保障电子商务交易安全。电子商务平台经营者应当制定网络安全事件应急预案，发生网络安全事件时，应当立即启动应急预案，采取相应的补救措施，并向有关主管部门报告。”

④ 《电子商务法》第七十九条规定：“电子商务经营者违反法律、行政法规有关个人信息保护的规定，或者不履行本法第三十条和有关法律、行政法规规定的网络安全保障义务的，依照《中华人民共和国网络安全法》等法律、行政法规的规定处罚。”

有保密、保护以及发生泄露时的补救义务；[①]在第二节“第三方交易平台经营者的特别规定”第二十五条中笼统强调了网络交易平台经营者的交易安全保障义务。[②]

可以看出，在承担义务主体方面：《消费者权益保护法》仅规定了经营者及其工作人员是义务主体，并未明确是哪一类经营者；《网络交易管理办法》和《电子商务法》则对义务主体中包含电子商务平台经营者（网络交易平台经营者）作了特别强调。在保护对象方面：《消费者权益保护法》对交易安全保护的规定仅局限于对消费者的个人信息保护；《网络交易管理办法》则将保护对象由单单集中在消费者扩大到了消费者个人信息与经营者商业秘密；《电子商务法》虽然只宽泛地规定了电子商务平台经营者应当履行保障网络安全的义务，但是间接地把保护对象范围大大扩大了。在事后补救方面：《消费者权益保护法》和《网络交易管理办法》仅笼统地规定了“应当立即采取补救措施”“发生泄露时的补救义务”；而《电子商务法》则将“事前预防”与“事后补救”有机结合，提出了电子商务平台经营者应当制订网络安全事件应急预案，发生网络安全事件时，要启动应急预案以实施补救措施。

（三）电子商务平台经营者违反交易安全管理义务的责任承担

《消费者权益保护法》对侵犯消费者个人信息依法得到保护的权利的，

---

① 《网络交易管理办法》第十八条第二款规定：“网络商品经营者、有关服务经营者及其工作人员对收集的消费者个人信息或者经营者商业秘密的数据信息必须严格保密，不得泄露、出售或者非法向他人提供。网络商品经营者、有关服务经营者应当采取技术措施和其他必要措施，确保信息安全，防止信息泄露、丢失。在发生或者可能发生信息泄露、丢失的情况时，应当立即采取补救措施。”

② 《网络交易管理办法》第二十五条规定：“第三方交易平台经营者应当建立平台内交易规则、交易安全保障、消费者权益保护、不良信息处理等管理制度。各项管理制度应当在其网站显示，并从技术上保证用户能够便利、完整地阅览和保存。第三方交易平台经营者应当采取必要的技术手段和管理措施保证平台的正常运行，提供必要、可靠的交易环境和交易服务，维护网络交易秩序。”

仅规定了经营者应承担停止侵害、恢复名誉等民事责任；[①]《网络交易管理办法》[②]则规定对违反交易安全义务的第三方交易平台经营者处以行政处罚；而《电子商务法》并未在法条中明确规定处罚方式，依照该法第二十五条规定，电子商务平台经营者违反交易安全管理义务的，依照《网络安全法》的规定予以处罚。

细化交易安全管理义务，并将责任落实到个人。《网络安全法》第二十一条、第二十五条对网络运营者的网络安全保护义务作了具体说明，[③]同时对违反网络安全保护义务的网络运营者施以行政处罚，处罚罚款数额上限为十万元；并对直接负责的主管人员处五千元以上五万元以下罚款。[④]

针对侵害个人信息依法得到保护权利的，特别规定了行政处罚措施。《网络安全法》第四十二条规定了网络运营者的用户个人信息保护义务，并在第六十四条第一款中规定了违反该义务的责任：以行政责任为主，责任落实到个

---

① 《消费者权益保护法》第五十条规定："经营者侵害消费者的人格尊严、侵犯消费者人身自由或者侵害消费者个人信息依法得到保护的权利的，应当停止侵害、恢复名誉、消除影响、赔礼道歉，并赔偿损失。"

② 《网络交易管理办法》第五十条规定："违反本办法第七条第二款、第二十三条、第二十五条、第二十六条第二款、第二十九条、第三十条、第三十四条、第三十五条、第三十六条、第三十八条规定的，予以警告，责令改正，拒不改正的，处以一万元以上三万元以下的罚款。

③ 《网络安全法》第二十一条规定："国家实行网络安全等级保护制度。网络运营者应当按照网络安全等级保护制度的要求，履行下列安全保护义务，保障网络免受干扰、破坏或者未经授权的访问，防止网络数据泄露或者被窃取、篡改：(一)制定内部安全管理制度和操作规程，确定网络安全负责人，落实网络安全保护责任；(二)采取防范计算机病毒和网络攻击、网络侵入等危害网络安全行为的技术措施；(三)采取监测、记录网络运行状态、网络安全事件的技术措施，并按照规定留存相关的网络日志不少于六个月；(四)采取数据分类、重要数据备份和加密等措施；(五)法律、行政法规规定的其他义务。"

《网络安全法》第二十五条规定："网络运营者应当制定网络安全事件应急预案，及时处置系统漏洞、计算机病毒、网络攻击、网络侵入等安全风险；在发生危害网络安全的事件时，立即启动应急预案，采取相应的补救措施，并按照规定向有关主管部门报告。"

④ 《网络安全法》第五十九条第一款规定："网络运营者不履行本法第二十一条、第二十五条规定的网络安全保护义务的，由有关主管部门责令改正，给予警告；拒不改正或者导致危害网络安全等后果的，处一万元以上十万元以下罚款，对直接负责的主管人员处五千元以上五万元以下罚款。"

人；情节严重的，处罚措施将不限于警告、罚款，最高可以至吊销营业执照。[①]

三、小结

《电子商务法》第三十条中规定的“交易安全管理义务”，在网络时代数据泄露事件层出不穷的背景下，具有极其深远的意义。一方面，有利于保护网络交易安全秩序：京东数据泄露事件给参与电子商务的各方以及相关政府主管部门都敲响了警钟，信息时代下“信息”早已突破原有桎梏，具有极高的经济价值，因而容易被不法分子觊觎；而一旦发生信息安全事件，被泄露的信息不但会给信息持有者带来不小的麻烦，更重要的是，可能会增加潜在的交易风险——市场交易各方人心惶惶，不利于形成正确的市场预期，影响市场经济的健康运行、网络经济的良好发展，因此在电子商务领域，对电子商务平台经营者施加安全管理义务是必要的。另一方面，有利于切实维护消费者利益：消费者在市场交易中，相对于经营者一般处于弱势地位，在电子商务领域，电子商务平台经营者虽然不是与消费者直接相对的交易对方，但是其在消费者进入该平台之初也与消费者达成了合同，其合同义务之一便是对消费者的个人信息、交易信息、服务信息负有保护义务；不仅如此，电子商务平台经营者在信息保护方面因其专业性强于普通消费者，所以将“交易安全管理义务”施加于电子商务平台经营者，是对消费者的倾斜性保护，更有利于维

---

① 《网络安全法》第四十二条规定：“网络运营者不得泄露、篡改、毁损其收集的个人信息；未经被收集者同意，不得向他人提供个人信息。但是，经过处理无法识别特定个人且不能复原的除外。网络运营者应当采取技术措施和其他必要措施，确保其收集的个人信息安全，防止信息泄露、毁损、丢失。在发生或者可能发生个人信息泄露、毁损、丢失的情况时，应当立即采取补救措施，按照规定及时告知用户并向有关主管部门报告。”

《网络安全法》第六十四条第一款规定：“网络运营者、网络产品或者服务的提供者违反本法第二十二条第三款、第四十一条至第四十三条规定，侵害个人信息依法得到保护的权利的，由有关主管部门责令改正，可以根据情节单处或者并处警告、没收违法所得、处违法所得一倍以上十倍以下罚款，没有违法所得的，处一百万元以下罚款，对直接负责的主管人员和其他直接责任人员处一万元以上十万元以下罚款；情节严重的，并可以责令暂停相关业务、停业整顿、关闭网站、吊销相关业务许可证或者吊销营业执照。”

护消费者利益。

《电子商务法》第三十一条中规定的“信息管理义务”，在《网络交易管理办法》中有所体现，但较前法有所修改。[①] 二者不同之处在于：其一，《电子商务法》取消了《网络交易管理办法》对第三方交易平台经营者施加的审查义务；其二，《电子商务法》扩大了管理信息的范围，《网络交易管理办法》仅规定了第三方网络交易平台对“在其平台上发布的商品和服务信息内容及其发布时间”负有管理义务，《电子商务法》则将该范围扩大至“平台上发布的商品和服务信息、交易信息”；其三，《电子商务法》对信息记录、保存的效果作出规定，须确保信息的完整性、保密性、可用性，不再在该条文中强调“安全性、真实性”；其四，《电子商务法》将信息保存的时间从《网络交易管理办法》的两年增加至三年，这样做考虑到了网络平台中交易双方的信息不对称，更有利于保障消费者的利益。实践中利用《网络交易管理办法》第三十条作出的判决，仅仅是利用该条文作为网络平台经营者无法反驳原告提出的证据时，判决被告败诉的理由，如“林福平诉天津创富佳联科技发展有限公司网络购物合同纠纷案”[②]；其五，《电子商务法》第四章“电子商务争议解决”第六十二条中规定了因违反信息管理义务而承担法律责任的情形，而《网络交易管理办法》仅仅粗略地规定了行政处罚。相信《电子商务法》对《网络交易管理办法》的修改，会使对电子商务平台经营者施加的“信息管理义务”

---

① 《电子商务法》第三十一条规定：“电子商务平台经营者应当记录、保存平台上发布的商品和服务信息、交易信息，并确保信息的完整性、保密性、可用性。商品和服务信息、交易信息保存时间自交易完成之日起不少于三年，法律、行政法规另有规定的，依照其规定。”

《电子商务法》第六十二条规定：“在电子商务争议处理中，电子商务经营者应当提供原始合同和交易记录。因电子商务经营者丢失、伪造、篡改、销毁、隐匿或者拒绝提供前述资料，致使人民法院、仲裁机构或者有关机关无法查明事实的，电子商务经营者应当承担相应的法律责任。”

《网络交易管理办法》第三十条规定：“第三方交易平台经营者应当审查、记录、保存在其平台上发布的商品和服务信息内容及其发布时间。平台内经营者的营业执照或者个人真实身份信息记录保存时间从经营者在平台的登记注销之日起不少于两年，交易记录等其他信息记录备份保存时间从交易完成之日起不少于两年。第三方交易平台经营者应当采取电子签名、数据备份、故障恢复等技术手段确保网络交易数据和资料的完整性和安全性，并应当保证原始数据的真实性。”

② 案件来源：广东省广州市白云区人民法院（2016）粤0111民初10433号判决书。

在司法实践中更具可操作性。

第三节 服务协议义务[①]

【法条】《电子商务法》

第三十二条 电子商务平台经营者应当遵循公开、公平、公正的原则，制定平台服务协议和交易规则，明确进入和退出平台、商品和服务质量保障、消费者权益保护、个人信息保护等方面的权利和义务。

【案例】淘宝追责掺假猫粮

当事人：淘宝网络公司、姚某

案情简介：原告系淘宝网络公司，被告姚某于2015年1月在淘宝网上开始经营，以销售宠物食品为主。2016年6月，淘宝网在打假过程中，发现被告店铺销售的“ROYALCANIN”猫粮存在销售假货的嫌疑。

2017年3月8日，淘宝网以姚某违反《淘宝平台服务协议》为由，向上海市奉贤区人民法院提出诉讼。法院审理后认为，2003年9月被告在淘宝网上注册开设店铺，与原告签订了《淘宝平台服务协议》，该协议系双方真实意思表示，应认定为合法有效，双方当事人均应当按照合同约定履行义务。本案中，双方当事人签订的《淘宝平台服务协议》约定：被告不得在淘宝平台上销售国家禁止或限制的商品，以及侵犯他人知识产权或其他合法权益的商品。而在合同履行期间，被告销售了掺假的“ROYALCANIN”品牌猫粮，显然已构成违约，应当按照合同约定向原告承担相应的违约责任。被告姚某以掺假的方式持续在淘宝网上出售假货，其行为不仅损害了与商品相关权利人的合法权益，而且降低了消费者对淘宝网的信赖和社会公众对淘宝网的良好评价，对淘宝网的商誉造成了损害，法院酌情确定被告赔偿金额，最终判被告

---

① 作者：张怀文、季凯韬。

姚某败诉并判处其在判决生效之日起十日内赔偿淘宝 12 万元。[①]

案例焦点：原告与被告签订的《淘宝平台服务协议》，是否合法有效？

一、案例剖析

通过该案例，我们可知《淘宝平台服务协议》属于遵循公开、公平、公正原则制定的平台服务协议，服务条款正文一方面尽可能全面地规定了商家进驻商城的具体条件、相关费用、所应履行的义务、所享有的相应权利，以及消费者应享有的相应权利与应当履行的义务；另一方面包括了淘宝网上商城作为服务提供方所应履行的义务和所享有的权利以及协议中止的情况和程序。同时该协议还为商家提供了较为宽泛的权利，为买家权利的受损提供了强有力的保障救济。[②]姚某进入淘宝网络平台，并与淘宝平台签订的《淘宝平台服务协议》合法有效，淘宝网也根据《淘宝平台服务协议》认定姚某违约，维护了相关消费者的合法权益。

二、立法解读

电子商务平台，是指通过信息网络技术方式为供买卖双方撮合、达成交易并提供相关服务的信息平台。[③]从电子商务平台的实际运行来看，其特点是，第一，不直接介入买卖双方的交易，而是提供网络空间撮合交易，并提供相关服务；第二，网络交易具有跨地域性、高度便捷性，平台经营主体比较集中，但交易双方数量庞大，交易内容信息数据量也十分庞大，难以逐一审查辨别；

① 案例来源：《网络零售经营者售假案中第三方平台的权利保护——评淘宝诉姚某服务合同纠纷案》。

② 纪保义：《〈淘宝商城服务协议〉法律问题及对策的探究》，载《淮南师范学院学报》2015 年第 3 期。

③ 刘春泉：《电子商务平台性质与法律责任》，载《重庆邮电大学学报（社会科学版）》2016 年第 4 期。

第三，电商平台的售后质量纠纷、投诉等争议问题在实践中已经通过企业自身的客服系统发展出一套纠纷调解处理的机制。[①]因此，电子商务平台的经营者为了方便平台的运营和解决相关的争端往往提前制定平台服务协议和交易规则。以淘宝服务协议为例，淘宝服务协议包括由淘宝单方制定的《淘宝平台服务协议》及该协议项下包含的正文、法律声明、淘宝规则，以及淘宝所有已经发布或将来可能发布的各类规则、公告或通知等，其中包含平台服务介绍、买家用户规则、卖家用户规则等诸多庞杂的内容。面对庞杂的服务协议条款，消费者和电子商务平台的商家往往只能选择全部接受或者因不满相关条款只能选择不进入该平台。平台服务协议和交易规则关系到消费者与商家的切身利益，而相对于平台经营者，消费者与经营者往往处于弱者的地位，为了更好地对电子商务平台中的经营者和消费者给予保护，公开、公平、公正地制定平台服务协议和交易规则显得尤为重要。因此，我国的《电子商务法》中也对其作出相关规定，第三十二条："电子商务平台经营者应当遵循公开、公平、公正的原则，制定平台服务协议和交易规则，明确进入和退出平台、商品和服务质量保障、消费者权益保护、个人信息保护等方面的权利和义务。"

公开制定原则，是指电子商务平台经营者在制定平台服务协议和交易规则时，应该对制定过程及关乎电子商务经营者及消费者利益的事项进行披露。公开的服务协议与交易规则需要具有真实性、准确性、完整性。

真实性，即制定的平台服务协议和交易规则必须符合实际情况，具有客观性，不得有误导性陈述。相对于平台经营者，经营者和消费者往往处于弱势地位，因此，确保平台经营者制定相关规则的真实性，有利于经营者和消费者作出正确的判断，维护其利益。

准确性，即制定的平台服务协议和交易规则不得含糊其词，模棱两可，不得存在误导性陈述致使经营者和消费者产生错误认识而作出不合理的决策。根据表述准确的服务协议和交易规则，相关商家和消费者才能作出正确的判

① 以淘宝平台为例，其已经具有成熟的投诉维权机制。

断，决定是否与平台经营者缔结合同，在平台进行交易。

完整性，即制定的平台服务协议和交易规则必须全面、充分地公开，不得隐瞒、遗漏。平台经营者应对公开的服务协议、交易规则的内容及格式作出详细规定，以为真实性和准确性标准提供可操作性。

公平作为正义的重要内涵之一，具有恒久的法律价值，成为人们不懈追求的目标。[①] 在平台服务协议和交易规则制定方面，公平制定原则，是指在相关内容的制定中，要平衡平台经营者与商家和消费者之间的利益，尽量保证相关主体之间的利益均衡。平台服务协议，是电子商务平台经营者方面为了方便合同的订立而预先制定的，作为相对人的商家与消费者对协议中的条款不能讨价还价，因此，平台服务协议是典型的格式合同。虽然合同中会写明双方的权利与义务，但是因为网络格式合同的条款过长事实上会导致消费者及商家漠视其所享有的审阅合同内容的权利，也有利于电子商务平台经营者隐藏不合理的合同条款，侵犯商家及消费者的合法权益。因此，坚持公平制定的原则，合理分配平台经营者、商家和消费者之间的权利义务，对处于弱势的消费者权利进行倾斜保护，才能促进我国电子商务有序发展。

公正制定原则，是指电子商务平台经营者在制定平台服务协议和交易规则时，应对相关商家、消费者一视同仁。平台服务协议和交易规则不能对条件相同的消费者和商家差别对待，只有遵循公正的原则才能使电子商务平台有序运行，更好地处理和平台、商家和消费者之间的纠纷。这要求制定公平的标准和规则，同时还要求其内容内在地遵循电子商务的发展规律，遵循市场经济中各经济主体法律地位平等的要求，以维护消费者权益为核心，兼顾经营者的利益，强化电子商务平台的责任，让电子商务平台的行为有法律依据，尽量避免平台利用其优势地位免除自身责任、侵犯消费者和经营者权益的情况发生。

---

① 哈得罗·J. 伯尔曼:《法律与革命——西方法律传统的形成》，贺卫方等译，中国大百科全书出版社 1993 年版。

三、小结

公开、公平、公正三大原则是一个有机体系，相互依存、相辅相成。公开原则是公正、公平原则的前提和保障，公正、公平原则是公开原则所追求的目标；同时，公正原则的目的也是追求公平，公平原则在价值意义上起着根本的统率作用。正是由于“三公”原则之间的辩证关系，我们在制定平台服务协议和交易规则时要处理好其关系，做到三个原则的协调发展，维护好消费者和经营者的合法权益，促进我国电子商务事业的协调、有序发展。

【法条】《电子商务法》

第三十三条 电子商务平台经营者应当在其首页显著位置持续公示平台服务协议和交易规则信息或者上述信息的链接标识，并保证经营者和消费者能够便利、完整地阅览和下载。

【案例】平台服务协议未公示，天价用车费惹争议

当事人：共享汽车服务平台、陈女士

案情简介：2018 年 5 月 5 日，陈女士在某共享汽车平台上租借了一辆共享汽车，在行驶途中撞到一位行人，交警到达现场之后对车辆进行了暂扣处理。而后陈女士立刻向该共享汽车平台打电话，并说明真实情况：由于汽车被暂扣开不到指定的停车场，所以无法结账。陈女士想通过平台停止计时扣费，进行结账。截至 2018 年 5 月 10 日，逾期停车费加上行政处罚款总计 8000 元。对于相关款项的支付，平台方认为，根据《平台服务协议》，被租车辆在使用期间发生交通事故，被交警处罚扣留，需要客户承担责任并且支付费用。陈女士由于个人原因导致汽车没有归还，不能结账，在此期间产生的用车费用以及相关行政处罚费用均由陈女士承担。陈女士认为，共享汽车平台没有在显著位置持续公示平台服务协议和交易规则信息或者上述信息的链接标识，保证消费者能够便利、完整地阅览和下载。并且平台服务协议中只说明发生交通事故被交警扣留处罚应由客户承担责任并支付费用，没有明确规定此种情况发生导致共享汽车不能及时停车的处理方式，相关费用应由平台方承担。

案例焦点：陈女士因交通事故产生的相关逾期停车费，是否可因共享汽车服务平台没有履行持续公示义务而归责于共享汽车服务平台？

一、案例剖析

根据《电子商务法》第三十三条规定，电子商务平台经营者应当在其首页显著位置持续公示平台服务协议和交易规则信息或者上述信息的链接标识，并保证经营者和消费者能够便利、完整地阅览和下载。共享汽车服务平台并没有按照相关法律规定，在平台的相关位置持续公示相关平台服务协议。对《平台服务协议》中规定的“被租车辆在使用期间发生交通事故，被交警处罚扣留，需要客户承担责任并且支付费用”相关事项，陈女士并不知情。以此项未持续公示的规定为依据，共享汽车服务平台拒绝承担任何责任，明显违反了《电子商务法》第三十三条规定，侵犯了消费者的知情权。

二、立法解读

（一）持续公示义务的含义

公示义务，是指电子商务平台经营者以公开的方式保证经营者和消费者能够知晓平台服务协议和交易规则的有关信息的义务。平台服务协议和交易规则关乎参与平台交易的经营者和消费者的利益，电子商务平台经营者在平台显著位置持续公示相关信息，有利于相关经营者和消费者即时查看相关内容，一方面有利于增强经营者和消费者行为的可预测性，其可根据平台服务协议和交易规则调整自己的交易行为；另一方面有利于解决相关纠纷，经营者和消费者可以根据主页上公示的平台服务协议和交易规则即时维护自己的合法权益。

（二）持续公示义务与消费者知情权的维护

电子商务平台的持续公示义务与消费者知情权的维护密切相关。《消费者权益保护法》第八条规定："消费者享有知悉其购买、使用的商品或者接受的服务的真实情况的权利。消费者有权根据商品或服务的不同情况，要求经营者提供商品的价格、产地、生产者、用途、性能、规格、等级、主要成份、生产日期、有效期限、检验合格证明、使用方法说明书、售后服务，或者服务的内容、规格、费用等有关情况。"知情权作为消费者完成购买消费活动的前提条件，是法律赋予消费者自身所享有的一项基础性权利。通过对消费者的知情权进行保护，能够事前规避消费风险，协调商品信息与消费者信息的不对称性，避免消费者的消费纠纷，发挥防患于未然的作用，更多地体现出事先保护而不是事后救济。[①] 知情权作为消费者的一项重要权利，在电子商务发展的今天，对其保护的重要性也更加凸显。

《消费者权益保护法》第八条将消费者知情权作为经营者被动接受的义务，即只有消费者要求获得相关信息，经营者才有义务提供。在互联网时代，消费者通过电子数据与经营者进行远程通信联系，无法亲身实践了解商品或服务的真实情况 ，只能依据经营者提供的信息进行选择和判断，消费者在掌握信息方面的相对弱势地位更加明显；另外，由于大多数消费者缺乏足够的网络消费经验和网络技术知识，经营者往往能够利用信息披露不完全的网络格式合同条款回避重要信息，逃避责任。[②] 电子商务平台的服务协议与交易规则界定了经营者与消费者之间交易的方式与范围。因此，只有电子商务平台按规定履行好持续披露义务，使消费者了解相关内容，才能不让处于强势地位的经营者利用服务协议与交易规则侵犯消费者的知情权与其他合法权益。

同时，消费者与电子商务平台经营者之间的信息具有严重的不对称性。为了应对大量用户的注册以及复杂的网络交易，平台服务协议与交易规则都是由平台经营者单方制定，因此，相对于消费者，平台经营者有更多的自主权与优势地位，只能选择接受或不接受的消费者显然处于弱势，因此强调平

---

① 温蕾：《电子商务中的消费者知情权保护探讨》，载《中国流通经济》2015 年第 2 期。

② 程宗璋：《试析网络时代的消费者知情权》，载《青岛科技大学学报（社会科学版）》2003 年第 1 期。

台经营者的持续公示义务，保持信息的持续披露，有利于缓解这种信息不对称的状况，更好地维护消费者的合法权益。

电子商务平台的自律性较差。作为理性经济人，谋取最大的经济利益是其经营目标。网络环境具有虚拟性、跨时空性，平台经营者往往借助电子商务平台的这些特性在其单独制定的平台服务协议和交易规则中，通过直接或间接的方式减轻或免除自己的责任，而变相增加消费者的责任，从而从中牟利。

因此，在电子商务持续发展的今天，电子商务平台经营者履行持续披露义务，是维护消费者知情权的重要体现。我国的《电子商务法》中第三十三条规定“电子商务平台经营者应当在其首页显著位置持续公示平台服务协议和交易规则信息或者上述信息的链接标识，并保证经营者和消费者能够便利、完整地阅览和下载”正是这一义务的体现。

（三）持续公示义务的价值

1. 持续公示义务具有正义价值

第一，当事人独立人格与意志自由受到充分的尊重，法律地位平等。没有平等，正义就没有存在的依据。电子商务平台与经营者和消费者作为平台服务协议的缔约双方，理应享有平等的法律地位，因此，经营者与消费者有按自身需求阅览及下载平台服务协议、交易规则，以及相关信息的权利。

第二，有利于当事人了解权利义务的配置是否相当。不该配置义务而规定义务、不该享有权利而赋予权利、过重的义务，以及肆横的权利都是非正义的。通过这样持续公示的方式，经营者和消费者可以了解其与电子商务平台经营者三者之间的权利义务配置，从而达到正义的目的。

2. 持续公示义务具有安全价值

“安全”一词，从最通俗的意义上讲，就是没有危险，即意味着法律关系主体依法律确认的规则从事活动时，其合法利益不会受到损害。从形式上描述，安全分为两个方面，即静的安全和动的安全。静的安全，也称“静态安全”，是法律对主体本来享有的利益予以保护，不使他人任意侵夺，亦称为所有的安全或享有的安全。动的安全，又称“动态安全”，即主体依照自己的行为取得新利益时，法律对之加以保护，不使其归于无效。电子商务平台经营者以公开的方式保证经营者和消费者能够知晓平台服务协议和交易规则的有关信息，通过经营者与消费者按照公示的平台服务协议和交易规则进行交易，能够保障经营者和消费者的利益，达到安全的目的。

三、小结

持续公示义务是对消费者知情权保护的体现。它可以保证电子商务平台履行持续公示义务，经营者和消费者能够知晓平台服务协议和交易规则的有关信息，消费者对自身行为进行预测，并为相关纠纷的解决提供切实的依据。

【法条】《电子商务法》

第三十四条第一款 电子商务平台经营者修改平台服务协议和交易规则，应当在其首页显著位置公开征求意见，采取合理措施确保有关各方能够及时充分表达意见。修改内容应当至少在实施前七日予以公示。

【案例】随意更改会员机制，“饿了么”被投诉

当事人：“饿了么”网上订餐平台、成先生

案情简介：成先生于2017年9月开通饿了么会员，使用过程中突然发现“饿了么”更改了会员规则。“饿了么”原会员奖励规则是每完成5笔订单，送5元无限制红包。更改后变成了订单满20元送1元奖励金。并且“饿了么”没有通知本人，对于“饿了么”的这个私自修改会员规则的事情，该用户表示权益受到了严重的侵害，因为当初在开通会员时，所同意的条款是没有金额的限制。成先生就此情况向中国电子商务投诉与维权公共服务平台投诉。“饿了么”一方的解释为，该制度已经实施一段时间了，是对之前会员测试的版本的升级，在APP更新时有说明，不过只在会员页面进行了说明，也就是说，用户若不点开会员页面，是无法看到相关声明的。[①]

---

① 案例来源：《“饿了么”随意修改会员制度，近日被用户投诉》。

案例焦点：“饿了么”修改会员规则的行为是否违反了电子商务平台公开征求意见的义务？

一、案例剖析

根据《电子商务法》第三十四条第一款规定：“电子商务平台经营者修改平台服务协议和交易规则，应当在其首页显著位置公开征求意见，采取合理措施确保有关各方能够及时充分表达意见。修改内容应当至少在实施前七日予以公示。”“饿了么”擅自修改与用户之间的会员规则行为属于电子商务平台经营者修改服务协议的情况，依法应在其主页显著位置公开征求意见，采取合理措施确保有关各方能够及时、充分地表达意见，并且对于修改的内容，应当至少在实施前七日予以公示。而“饿了么”平台只在会员页面进行说明，不能保证会员能够及时了解其规则的变动，没有征求会员的意见也没有确保其能充分表达意见，因此，“饿了么”的行为明显违反了《电子商务法》第三十四条第一款的规定。

二、立法解读

（一）公开征求意见义务的含义

公开征求意见义务，是指电子商务平台经营者修改平台服务协议和交易规则时要征集采纳经营者和消费者的意见和要求，保证各方的意见能够充分传达。和平台内经营者等法律主体相比，一些互联网电子商务平台在谈判磋商方面具有明显的优势。为了保护相关法律主体的正当利益，维护市场交易的公平秩序，修改交易规则时，须经合理的程序，通过公开征求意见、公示等方法确保各方能够表达意见。同时，平台规则影响到平台内经营者权益，公开征求意见这一规定体现出公平合理的价值要求。为了保证公平交易，应当新增监管机构对交易规则进行监督和对条款进行审查。平台制定的交易规则，也应属于市场监管的对象，所以应当审查交易规则条款是否公平合理、是否存在不正当行为，以防因平台处于优势地位而出现不公平条款。[①]因此，我国《电子商务法》第三十四条规定："电子商务平台经营者修改平台服务协议和交易规则，应当在其首页显著位置公开征求意见，采取合理措施确保有关各方能够及时充分表达意见。修改内容应当至少在实施前七日予以公示。平台内经营者不接受修改内容，要求退出平台的，电子商务平台经营者不得阻止，并按照修改前的服务协议和交易规则承担相关责任。"

首先，电子商务平台应该做到"在其主页显著位置公开征求意见"，也就是说，电子商务平台的公开征求意见行为必须要尽可能地提醒利益相关方注意，平台主页作为电子商务平台最主要的业务内容展示地，在其显著位置公开征求意见能够达到提醒注意的效果；其次，电子商务平台的公开行为不应该只是一种简单的单方通知行为，而是要达到和利益相关方互动的目的，即电子商务平台应该采取合理的措施保证利益相关方能够及时、充分地对所公开的交易规则表达意见，平台针对利益相关方的意见和要求也应当及时作出反馈，形成双方良好的互动协调机制；最后，电子商务平台修改相关内容的，在正式实施前应给出七天的缓冲期，给予利益相关者了解相关内容的时间与机会，并采取相关的应对措施，对于不接受修改内容并要求退出的平台内经营者，电子商务平台经营者也不得作出禁止或限制其退出的行为。

（二）公开征求意见义务与消费者自主选择权的维护

消费者自主选择权，是指消费者在与经营者进行交易时，有权利自主选择商品或者服务的经营者，自主选择商品品种或者服务方式，自主决定购买或者不购买任何一种商品、接受或者不接受任何一项服务的权利。[②]消费者作为独立的市场主体，清楚自己的需求，其对是否购买或接受所需商品或服务以及对商品和服务的品质、数量、价格等都有权自主地作出判断并自主地选择。据此，消费者的自主选择权可定义为消费者享有的自主选择商品或者服

① 《电子商务法（草案）》二审：平台将承担更多责任与义务。

② 《消费者权益保护法》第九条。

务的权利，其强调的是消费者的自主与独立，不受他人妨碍。消费者行使自主选择权的具体内容可分为四个方面：（1）自主选择经营者；（2）自主选择商品品种或服务方式；（3）自主决定是否购买商品或接受服务；（4）在选择商品或服务时，自主进行比较、鉴别和挑选。消费者对经营者及有关商品或服务的内容，都可以自主选择。在生活中，由于消费需求和愿望的不同，在购买商品或接受服务的过程中，消费者也会提出不同的要求。在不同需求的情况下实现消费行为也就是行使自主选择权的表现。[①]

从本质上说，虽然消费者的自主选择权是在自由、自愿的情况下作出的，但是相对于强大的电子商务平台经营者来说，消费者不可避免地成为弱势群体，可能会在一些明知或不知的情况下作出有违消费者自身意愿的选择行为，那么消费者主观的自愿性就变成了客观胁迫性。[②]

三、小结

平台服务协议和交易规则事关消费者的自主选择权。通过服务协议和交易规则消费者可以确定以什么方式接受服务或购买商品，因此，修改平台服务协议和交易规则意味着之前被消费者确认的方式发生了变化。为了保障消费者的自主选择权，电子商务平台经营者必须以显著的方式提醒消费者注意，才能真正做到维护消费者的合法权益。

【法条】《电子商务法》

第三十五条　电子商务平台经营者不得利用服务协议、交易规则以及技术等手段，对平台内经营者在平台内的交易、交易价格以及与其他经营者的交易等进行不合理限制或者附加不合理条件，或者向平台内经营者收取不合理费用。

---

① 郝晓兰：《试析消费者自主选择权的保护》，载《法制与经济（中旬）》2014 年第 2 期。

② 范培：《我国互联网领域消费者自主选择权保护制度研究》，华东师范大学硕士学位论文，2017 年。

【案例】淘宝店铺私自转让行为不发生法律效力

当事人：李某；姚某某、浙江淘宝网络有限公司

案情简介：2011 年 12 月 29 日，原告李某（乙方）与被告姚某某（甲方）签订《淘宝网店转让合同》。合同主要内容：双方在自愿、平等和协商一致的基础上，订立本网络店铺转让合同。本合同所转让的网络店铺具体情况如下：店铺名称为“淘宝店铺：燕子浦东机场日上免税代购化妆品”；店铺网址为“http：//hazecyy. taobao. com/shop3340413. taobao. com”；经营项目为“当前主营：美容护理”；淘宝会员账号为“chenyinyan”；支付宝账号为“hazecyy@gmail. com”；网店创建时间为“2005. 10”；乙方对该网络店铺情况已充分了解。甲、乙共同商定，店铺的转让总费用为 43700 元，其中包括本网络店铺所有权出让金 3 万元，库存货出让金 12700 元，以及平台内经营者保障计划冻结保证金 1000 元。出让人甲的权利义务：出让人甲必须提供真实的身份证明资料；出让人甲对所提供的店铺的一切资料保证其真实性，且来源合法；出让人甲在店铺转让后，不得以任何方式向店铺所在网络平台找回或者修改会员账号及密码，也不得有转移账号内资金的行为，并保证任何第三方（包括但不限于店铺所在网络平台）不会查封店铺；出让人甲在转让后不得以任何形式干预或者破坏受让人乙的正常交易活动，包括但不限于对客户进行不良宣传等；出让人甲在转让后不得以任何形式利用店铺的资料，包括但不限于账号资料、客户资料、交易信息、商品资料等；出让人甲在转让后不得再将店铺转让给任何第三方。受让人乙的权利义务：受让人乙必须提供真实的身份证明资料；受让人乙在受让后不得违反法律法规进行非法活动，包括但不限于利用该店铺传播非法政治、色情淫秽等信息，非法出售毒品、枪械等违法产品，非法进行信用卡套现等违法行为；受让人乙在受让后不得违反店铺所在网络平台规则。乙方在再次转让该网店时须取得甲方同意，否则不得转让。另外，合同另就双方的其他权利义务进行了约定。

合同签订后，李某向姚某某支付了转让款，并于 2011 年 12 月 30 日通过姚某某获取店铺登入账号及密码，接手经营诉争淘宝店铺至今。

淘宝账号为“chenyinyan”的账户经实名认证，姓名为姚某某。2015 年 8

月 20 日登入该账户，店铺等级显示为一皇冠。

2012 年 2 月，姚某某入职案外人支付宝（中国）网络技术有限公司上海分公司。双方又于 2015 年 2 月 7 日签订劳动合同，有效期：2015 年 2 月 7 日——2018 年 2 月 28 日。

2012 年 5 月 29 日发布的《淘宝规则》载明：会员严重违规扣分（除出售假冒商品外）累计达 48 分的，给予查封账户的处理……有下列情形之一的，视同为不正当谋利行为：卖家为淘宝工作人员的，每次扣 48 分。

2014 年 1 月 10 日修订版的《淘宝服务协议》载明：您的登录名、淘宝昵称和密码不得以任何方式买卖、转让、赠予或继承，除非有法律明确规定或司法裁定，并经淘宝同意，且需提供淘宝要求的合格的文件材料并根据淘宝制定的操作流程办理。

2015 年 2 月，淘宝公司根据《淘宝规则》，以姚某某系淘宝工作人员为由，查封诉争淘宝店铺账户。

裁判结果：上海市闵行区人民法院于 2015 年 10 月 8 日作出（2015）闵民一（民）初字第 10711 号民事判决：一、李某与姚某某于 2011 年 12 月 29 日签订的《淘宝网店转让合同》合法有效；二、浙江淘宝网络有限公司于判决生效之日起 3 日内解除对网址为 http：//hazecyy. taobao. com/shop3340413. taobao. com 淘宝店铺之查封；三、浙江淘宝网络有限公司、姚某某于判决生效之日起 3 日内协助李某变更上述淘宝店铺之后台实名认证信息。一审宣判后，淘宝公司向上海市第一中级人民法院提起上诉。

上海市第一中级人民法院于 2016 年 8 月 3 日作出（2015）沪一中民一（民）终字第 4045 号民事判决：如未经网络平台经营方同意，则该种网络店铺转让之行为不发生法律效力。撤销一审民事判决，驳回李某的全部诉讼请求。

案例焦点：涉案《淘宝转让合同》是否合法有效？

原告李某诉称：被告浙江淘宝网络有限公司（以下简称淘宝公司）关停诉争淘宝店铺侵犯其合法权利，请求法院判令原告与被告姚某某签订的《淘宝网店转让合同》合法有效，姚某某与淘宝公司协助原告变更诉争店铺的后台实名认证信息，停止关停诉争店铺的行为。

被告姚某某辩称：诉争店铺转让后，经营活动、信用累计均与其无关。签订店铺转让协议系其本人意思，其同意原告的诉讼请求。

被告淘宝公司辩称：原告与被告姚某某在签订转让合同时，均系明知《淘宝服务协议》禁止淘宝店铺转让，转让合同侵犯淘宝的网络体系和规则，应属无效。淘宝公司根据《淘宝规则》对涉案账户采取查封措施，并无过错。淘宝公司并非转让合同的相对方，不应承担转让合同项下的义务，亦没有协助过户的义务，其不同意原告的诉讼请求。

法院认为，当事人依法享有自愿订立合同的权利。依法成立的合同，对当事人具有法律约束力，受法律保护。本案中，姚某某通过与淘宝公司签订服务协议并经实名认证，取得系争淘宝店铺之经营权。服务协议内容经双方认可，且不存在违反法律及行政法规强制性规定、损害社会公共利益等情形，故双方间形成合法、有效的合同关系。经营多年后，姚某某通过签署《淘宝网店转让合同》，将系争淘宝店铺转让给李某，尽管双方之间的转让合同还涉及库存货、客户资料等其他内容，但实际上系姚某某将其与淘宝公司间合同关系项下的权利义务一并转让给李某。根据《合同法》之规定，当事人一方将自己在合同中的权利和义务一并转让给第三方的，须经对方当事人的同意。现姚某某与李某未征得淘宝公司同意，私自转让诉争淘宝店铺，该转让行为不发生法律效力。另外，根据双方转让合同的约定及李某的陈述，李某对淘宝公司之服务协议及姚某某不得以任何方式转让其淘宝店铺的登录名、淘宝昵称和密码，亦应当明知，故李某主张《淘宝网店转让合同》合法有效、要求姚某某及淘宝公司协助变更系争淘宝店铺后台实名认证信息，缺乏法律依据，不予支持。淘宝公司作为网络平台经营方查封诉争淘宝店铺，是根据《淘宝规则》规定，针对内部工作人员作出的正常管理行为，并无不当。李某要求淘宝公司解封诉争淘宝店铺之主张，亦缺乏依据，不予支持。

淘宝店铺均存在信用等级，该信用等级与店主的经营能力及信誉息息相关，是平台内经营者网络购物时的重要参考因素。在缺乏必要、有效公示手段的情形下，店主私自转让淘宝店铺，确实会发生经营能力及信誉与信用等级不匹配的状况，给网络交易安全带来不可知、不可控的影响，故淘宝公司之服务协议规定限制淘宝店铺的私自转让，有其合理性。

虽然诉争店铺是网络空间之店铺，但在法律适用与法律评判上，与现实空间并无二致。原审判决强调个案的特殊性，并以行为结果来作为行为本身合法性的评判标准，于法而言，有欠妥当，不予认同。[①]

一、案例剖析

淘宝店铺带有其经营积累的信用等级、商品评价等属性，这些是消费者进行网络购物时判断经营者信誉以及商品质量的重要标准，店主私自转让会导致转让后的店铺经营能力及信誉与原来的信用等级不匹配，会影响不知情的消费者作出判断，还会构成对其他经营者的不正当竞争，影响网络交易秩序。《淘宝服务协议》禁止淘宝店铺转让的规定是对平台内经营者转让行为的限制，但是基于维护平台内交易安全和交易秩序、保护消费者的目的，所以法律承认其限制的合理性。根据《淘宝规则》的规定，淘宝公司作为网络平台经营方有权查封淘宝工作人员的淘宝店铺，属于其对内部工作人员的正常管理行为，也具有合理性。

二、立法解读

《电子商务法》第三十五条规定："电子商务平台经营者不得利用服务协议、交易规则以及技术等手段，对平台内经营者在平台内的交易、交易价格以及与其他经营者的交易等进行不合理限制或者附加不合理条件，或者向平台内经营者收取不合理费用。"

上述案例中电子商务平台经营者对平台经营者转让行为的限制，虽然被认为属于合理限制，但是仍能从中看出《电子商务法》第三十五条的法律意义。

---

① 案例来源：李某诉姚某某、浙江淘宝网络有限公司买卖合同纠纷案，（2015）沪一中民一（民）终字第4045号。

互联网的普及推动了电子商务的迅速发展。目前，大量的交易是在电子商务平台进行的，大量经营者入驻平台，电子商务平台与不特定的众多平台内经营者通过电子通信的方式订立服务协议与交易规则，规范平台内的交易秩序。从效率出发，平台的服务协议与交易规则都是提前准备好的，其中格式条款的大量运用更是网络时代发展的产物，由于电子贸易的特殊性，让原本传统合同中的格式条款被“放大”，甚至构成了合同的主要部分。

格式条款的背后是交易主体之间地位的不平等性，信息优势、资金优势和市场优势使得其中一方可以单方面地确定合同条款。《合同法》中已有相关规定，《消费者权益保护法》也对格式条款作出规定。对经营者来说，消费者处于较为弱势的地位，合同双方的地位实际上是不平等的。为了防止经营者利用自身优势损害消费者的权益，法律对格式条款的内容、效力和解释等都作出限制。同理，面对具有优势地位的电子商务平台，平台内经营者也处于相对弱势的地位，经济法的特性之一就是对具体的经济法律关系进行识别后，再进行权利义务的分配，追求实质上的公平正义。若是平台经营者利用服务协议与交易规则中的格式条款限制平台内经营者的权利、加重其责任，这样的结果是与最初的契约自由和意思自治精神相背离的，所以，经济法也应对平台内经营者进行一定的保护。《电子商务法》第三十五条旨在规范电子商务平台经营者通过服务协议、交易规则或其他由平台主导的技术手段对平台内经营者的交易权利的限制行为。

（一）电子商务平台服务协议与交易规则的特点

1. 虚拟性

传统合同一般是发生在特定的双方当事人之间，在磋商的过程中，就能够从一定程度上了解对方当事人的情况。当交易是以电子商务平台为载体，以电子通信为手段，在网络空间中完成整个意思表示的过程，这时候合同订立过程就具有了网络空间所赋予的虚拟性，合同的双方当事人不再面对面地直接进行交流，互联网的环境使得合同的签订也已电子化、格式化，整个过程完全虚拟，事实上合同相对方只能选择对合同内容全部接受或是全部放弃，自动信息系统的广泛应用，可以独立完成整个订阅过程，也就不存在订立传统合同的当事人双方就合同条款进行协商的步骤。[①] 对电子商务平台经营者所订立的平台服务协议、交易规则，若经营者想要进入该平台，只能无条件地接受。

2. 广泛性

电子商务平台具有公开性，其面对的平台用户是不特定的经营者和消费者，潜在交易对象和服务对象覆盖面广，所以服务协议和交易规则的主体具有广泛性。为了规范平台内的交易秩序，平台经营者必须要制定一个普遍适用的服务协议与交易规则。为了规范平台内经营者的交易行为，保护众多不特定的潜在的消费者，服务协议和交易规则应该具有一般规范作用，能普遍适用于各种交易。

3. 单方性

电子商务的兴起，为大批量和社会化的生产消费提供了便利，应对大量重复的交易和同样的交易需求，由一方事先将交易规则、交易条件等内容固定成具体的合同条文，节省大量中间环节所需要的时间成本和交易成本，显著提高效率。但是在提高效率的同时，服务协议和交易规则也有其自身的缺点。由于服务协议是由平台经营者提前确定的，也就是合同中的权利义务的分配是由提供方决定的。那么平台经营者就极有可能利用这一优势，扩张自身权利、限制平台内经营者的权利、免除自身的责任和加重对方的责任等。

4. 附和性

服务协议和交易规则具有附和性。作为相对人的经营者只能全部接受或者全部拒绝，没有协商的余地。[②] 由于合同订立过程的特殊性，面对这些条款，经营者没有机会与平台进行协商，拒绝其中不公平的条款，只能选择全盘接

---

① 贺琼琼：《电子商务法》，武汉大学出版社 2016 年版。

② 张楚：《电子商务法（第四版）》，中国人民大学出版社 2016 年版。

受或是退出该平台。经营者看似拥有选择权或同意权，实际上只是平台以此为借口使其处于更不利的地位。

5. 规范性

电子商务平台的服务协议与交易规则在目的上具有规范性。电子商务平台需要规范平台内的交易行为，保证平台内的交易能够有序进行。为了保护消费者和其他经营者，电子商务平台可以对平台内经营者的行为进行合理的监督管理。为了规范平台交易秩序，电子商务平台可对经营者的行为作出一些合理的限制。但是，平台经营者不能依靠自身优势对平台内的经营者的正常交易行为进行不合理的限制，不能为了自身利益剥夺经营者的合法权利，甚至实施破坏竞争秩序的行为。电子商务平台经营者对于平台内经营者的管理，必须符合社会公共利益。管理的目的只限于使交易规范化，保护消费者权益。这种管理和限制的限度也只能是合法的、必要的和合理的。平台经营者不能以服务协议和交易规则中的格式条款排除或限制平台内经营者的权利，加重对方的责任，减轻或免除平台的责任。

（二）电子商务平台服务协议与交易规则的内容

《电子商务法》第三十五条列举了经营者不得在服务协议与交易规则中规定的内容。对于经营者在平台内的交易、交易价格，以及与其他经营者的交易等事项，平台经营者不得进行不合理限制、附加不合理条件，或者向平台内经营者收取不合理的费用。

电子商务平台上进行的交易，实际交易主体是具体的经营者和消费者，电子商务平台并不直接参与交易。所以经营者应当享有交易中的一般权利，在交易中享有自主决定权，能够自主地决定交易的具体条件，如交易价格。电子商务平台享有的监督管理权利不代表其具有影响正常交易条件的权利，平台也不能依据自身的优势条件剥夺经营者的自主经营权，平台经营者若做出限制交易、限制交易价格、对交易附加不合理条件、收取不合理费用等行为，则与其监督管理的目的相背离。

双方签订具有管理与被管理条款的合同，就意味着接受管理的一方自愿放弃一些权利，并将一些本应属于自己的权利让渡给合同的另一方，另一方因此被赋予了合同中所明确的监督管理的权利。但是这种权利的让渡是有限度的，应限于平台内经营者可预见的合理范围内，经营者接受平台的管理，愿意受到平台的约束，并不代表将自主经营权、定价权等交易中重要的经济权利也一同让渡。所以，平台经营者不能对平台内的交易价格、交易条件等具体交易事项进行限制。

服务协议和交易规则的签订，一定程度上赋予了平台经营者管理约束平台内经营者行为的权利，这种权利应该只是出于维护交易安全和交易秩序所必需的监督管理，而不是为了其他目的。这种权利的范围应当受到严格的限制，不应该干扰到经营者在合法交易中的合法权利，更不能以监督管理为名，损害经营者、消费者的自主交易权，也不能为了自身利益对交易附加不合理的条件、收取不合理的费用，甚至利用自身优势损害市场正常的竞争秩序。

三、小结

电子商务平台经营者与平台内经营者之间签订的服务协议、交易规则或运用的其他技术手段，应当以维护电子商务平台内的交易安全，建立稳定的交易秩序，保护消费者的合法权益为宗旨。电子商务平台基于此对经营者的限制应当是合法的、必要的和合理的，不能凭借优势地位利用协议规则中的格式条款对经营者的合法交易权利进行不合理的限制，更不能为了自身利益，影响市场竞争秩序，损害平台内经营者和消费者权益。《电子商务法》应当规范各方经营者的行为，保护社会公共利益。

【法条】《电子商务法》

第三十六条　电子商务平台经营者依据平台服务协议和交易规则对平台内经营者违反法律、法规的行为实施警示、暂停或者终止服务等措施的，应当及时公示。

【案例】

当事人：李某某、上海拉某某信息科技有限公司

案情简介：2017 年 3 月 2 日，原告李某某通过被告的网络平台“饿了么”购买“嘟嘟鸡脆皮鸡饭”商户做的一份蜜汁脆皮鸡米饭，实付金额 22 元。原告认为，该商户没有相关资质证照，于是给被告的客服打电话进行投诉，被告未予回应。此后，原告向上海市普陀区市场监督管理局举报，该局调查后认定原告举报属实，责令被告对该商户进行线下处理。原告现起诉到法院，请求判令如其诉请。

在案件审理的过程中，被告仍未提供涉案商户的资质证照和有效联系方法。

法院认为，生产不符合食品安全标准的食品或者销售明知是不符合食品安全标准的食品，消费者除要求赔偿损失外，还可以向生产者或者销售者要求支付价款十倍的赔偿金。在本案中，双方就原告通过被告网络交易平台购买涉案食品的事实陈述一致，本院予以认定。根据相关法律，网络食品交易平台对入网食品经营者应当进行实名登记，入网商户应当依法取得许可证。网络食品交易平台还应当审查入网商户的许可证。由于被告未能提供涉案商户的资质证照和有效联系方法，所以无法核查该商户资质情况。因此，本院认定涉案食品为不符合食品安全标准的食品。被告虽然不是涉案食品的生产者，但应当依法承担相应的责任。现原告要求判令被告退还购物款并支付相应的赔偿金，于法有据，本院予以支持。原告要求判令被告承担维权费用 1000 元，没有事实和法律依据，本院不予支持。据此，依照《食品安全法》第六十二条第一款、第一百三十一条、第一百四十八条之规定，判决如下：

一、被告上海拉某某信息科技有限公司应于本判决生效之日起十日内向原告李某某退还购物款人民币 22 元；

二、被告上海拉某某信息科技有限公司应于本判决生效之日起十日内向原告李某某支付赔偿金人民币 1000 元；

三、对原告李某某其余诉请不予支持。

如果未在本判决指定的期间履行给付金钱义务，应当依照《民事诉讼法》第二百五十三条规定，加倍支付迟延履行期间的债务利息。

本案受理费人民币 50 元，减半收取，计人民币 25 元，由被告上海拉某某信息科技有限公司负担。

案件焦点：平台经营者是否应对平台商户的违法行为进行公示？

一、案例剖析

网络食品交易平台对入网食品经营者应当进行实名登记，入网商户应当依法取得许可证。网络食品交易平台还应当审查入网商户的许可证。在该案中，因为平台经营者未能提供涉案商户的资质证照和有效联系方法，所以无法核查该商户资质情况。因此，本院认定涉案食品为不符合食品安全标准的食品。平台经营者虽然不是涉案食品的生产者，但应当依法承担相应的责任。虽然此案中并未提及《电子商务法》第三十六条所规定的平台公示义务，但是随着电子商务的发展，平台经营者对平台商户的管理义务，从最初的入网资格审查，已经发展到了对其违法行为的公示。

为落实相关规定，百度外卖、美团、饿了么三大外卖平台对北京地区入网餐饮店铺的经营资质开展了全面的自查活动，即在网站建立违规餐饮店铺公示专栏，并对其证照的真实性、合法性作出公开承诺，同时公布的还有首批下线店铺名单，消费者登录三大外卖订餐平台页面，就可以看到三大平台同时在各自网页最上端明显位置发布了“入网餐饮服务提供者的食品经营许可证进行严格的实地审查”的承诺，在“安全承诺”公示旁边是“因食品安全问题下线商户名单”，食药监管部门查处的、消费者投诉举报后核实的、平台自查出来的商户名单都将放入这个栏目，随时更新。这就是《电子商务法》第三十六条所规定的平台经营者对平台内经营者违反法律、法规的行为实施警示、暂停或者终止服务等措施，以及应当及时公示的义务。

二、立法解读

在实际交易过程中，电子商务平台作为交易的第三方，不直接介入买卖双方的交易中，仅为经营者和消费者之间提供一个撮合交易的网络空间，并提供相关服务，具有商品和店铺展示、搜索、广告、支付、物流等功能。[①]电子商务平台经营者一般不承担交易中具体的责任，而是应当依照法律的规定，对平台内经营者的准入、经营和服务行为尽到监管义务。监管内容包括平台内经营者主体的资格和经营行为、平台内发布的商品和服务信息、通过平台销售商品的质量和知识产权等方面。

除了上述监管义务之外，电子商务平台还应当具有将经营者处置信息放在平台上进行公示的权利，包括经营者违反法律法规的行为实施警示、暂停或者终止服务等处置信息。这既是电子商务平台经营者的权利，也是电子商务平台的义务。

一方面，电子商务平台经营者拥有依据平台服务协议和交易规则对平台内经营者违反法律法规的行为实施警示、暂停或者终止服务等措施的权利，电子商务平台的经营者还有权公示这些处置信息，平台内经营者因为行为违反法律法规而被采取警示、暂停或者终止服务等措施的信息并不属于经营者的受到保护的隐私权范围，经营者不得以此来要求平台经营者不得公开上述处置信息。

另一方面，对平台内经营者的处置信息及时公示也是电子商务平台经营者的法定义务。电子商务平台经营者既然提供了一个虚拟的网络空间供平台内经营者与消费者进行交易，平台经营者在其中明显占据有利地位，通过制定并执行交易规则，可以在很大程度上控制风险和责任，所以平台经营者应当对用户负责，特别是对消费者负责。[②]因为电子商务中主体的虚拟性，合同双方主体在交易过程中是以一个“代码”的形式存在，交易双方都不能作出一个关于对方的准确判断，这样就加剧了交易过程中双方信息的不对称性，

---

① 全璞：《电商平台经营者的责任与监管——以电子商务法二审稿为视角》，载《法制博览》2018年第6期。

② 薛虹：《论电子商务第三方交易平台——权力、责任和问责三重奏》，载《上海师范大学学报》2014年第5期。

让电子消费合同中的消费者处于更加不利的地位。消费者不能直接接触到平台内的经营者与商品，仅能通过电子商务平台上展示的信息和其他消费者的评价来作出判断。消费者在电子商务平台上进行交易时，大多数消费者都不会去查看经营者的违法处罚信息，消费者很可能因为对相关处置信息不知情而作出非真实的意思表示，大多数消费者如果知道经营者曾经因为违反法律法规被采取警示、暂停或者终止服务等措施就不会选择与其进行交易。根据《消费者权益保护法》的有关规定，消费者依法享有知情权和自主选择权，消费者有权获取商品和经营者有关的真实信息，自主地决定是否交易、与谁交易和如何交易。这些处置信息都是消费者对经营者作出判断的重要依据。电子商务平台经营者应当及时公示平台内经营者的处置信息，不得包庇隐藏平台内经营者的违法违规行为，损害消费者的合法权益。

三、小结

对于在电子商务平台上进行的交易，因为整个交易过程具有虚拟性，电子商务平台经营者为了保障交易的安全，维护交易的秩序，有权利也有义务依据平台服务协议和交易规则对平台内经营者违反法律法规的行为实施警示、暂停或者终止服务等措施，并且将相关处置信息及时公示，让消费者能够获取经营者真实准确的信息，保护消费者的合法权益。

第四节　电子商务平台自营业务标记义务①

【法条】《电子商务法》

第三十七条　电子商务平台经营者在其平台上开展自营业务的，应当以显著方式区分标记自营业务和平台内经营者开展的业务，不得误导消费者。

① 作者：韩月。

电子商务平台经营者对其标记为自营的业务依法承担商品销售者或者服务提供者的民事责任。

【案例】真的京东自营还是假的京东自营？[①]

当事人：

原告：范某

被告：北京京东叁佰陆拾度电子商务有限公司（以下简称京东电子商务公司）

案情简介：范某于2016年5月13日在京东商城网站分三笔订单，购买四款京东自营的真力时手表，价款总计147759元。购买时网页商品说明显示表镜材质为蓝宝石水晶，收到商品后范某发现商品说明书保修卡上写明：手表材质为蓝宝石水晶玻璃。2016年5月30日，范某将手表送至中工商联珠宝玉石检测中心检测，检测结果为人工合成蓝宝石。范某认为，手表材质事实上是廉价的合成蓝宝石水晶玻璃，而网站宣传为蓝宝石水晶，行为构成欺诈，故将京东电子商务公司诉至北京市朝阳区人民法院，要求退还货款、赔偿检测费，同时依照《消费者权益保护法》主张三倍赔偿。

案例焦点：原告范某认为，京东商城网站（www.jd.com）所有者为京东电子商务公司。其购买的真力时手表为京东自营，手表材质与宣传不符，构成欺诈。

被告京东电子商务公司辩称，双方不存在买卖合同关系，尽管涉案产品属京东自营，但该公司仅提供网络交易平台，未参与买卖行为。京东电子商务公司称该公司已对销售主体资质进行审查，尽到平台义务，并不参与广告信息上传及维护，同时该公司解释将蓝宝石水晶玻璃称为蓝宝石水晶系业内传统叫法，不构成隐瞒虚构事实。

法院判决认为，范某购买的京东自营商品，根据被告提供的电子发票显示销售主体为天津京东海荣贸易有限公司（以下简称京东海荣公司）。京东海荣公司与京东电子商务公司曾签订《平台服务协议》，约定："京东海荣公司

① 案例来源：北京市朝阳人民法院网的相关报道：《自营≠自己经营，法院建议京东整改》。

自愿向京东电子商务公司申请使用网络交易平台，京东电子商务公司仅提供产品信息展示的平台服务，不从事产品交易事宜，不对产品交易事宜负责。”根据该协议，京东电子商务公司仅为网络交易平台的所有者，而不是销售者。范某购买产品的发票均显示已开具，可以认定其已知悉商品销售者是京东海荣公司，而不是京东电子商务公司。京东电子商务公司通过电子发票形式对销售者真实名称、地址和有效联系方式进行了公示，已经履行了《消费者权益保护法》规定的义务，而且范某没有证据证明京东电子商务公司明知或应知销售者利用其平台侵害消费者合法权益。所以，范某应向京东海荣公司索赔，京东电子商务公司并非适格被告。朝阳法院一审裁定驳回范某的起诉。宣判后，双方均未上诉。

一、案例剖析

范某一案发生在《电子商务法》颁布以前，法院依据《消费者权益保护法》规定进行了处理，法院对京东自营业务的分析和责任认定与民众认知常识严重矛盾，因而引发了媒体的广泛关注和学术界的讨论。

法院的判决中回避了“自营业务”这个术语，而是着重分析买卖合同法律关系。从合同关系主体地位入手，通过电子发票和《平台协议》两个证据确定了京东海荣公司是合同的相对方，京东电子商务公司只负责平台服务，并不处于买卖合同中的卖方地位，不是买卖合同法律关系的主体，因而也不是民事诉讼中的适格主体。因此，根据合同相对性原理，当事人范某不能依据买卖合同向京东电子商务公司主张合同欺诈。从民商法角度来讲，这种分析思路没有任何问题。但是本案中，所涉及的法律关系是消费者和经营者之间的法律关系，民商法的合同相对性原理在这里恰恰会导致消费者和经营者之间的实质不公平。

进入20世纪以来，以民法为代表的私法遭遇了前所未有的危机，市场失灵的现象暴露了民商法的局限性。在市场经济条件下，经营者因其强大的经济实力和信息不对称占据了优势地位，消费者的利益总是受到侵害，因而产生了消费者权益保护法。通过在法律上向弱者给予倾斜性保护来矫正这种实质的不平等。在本案，消费者的弱势地位可见一斑，具体表现为消费者缺乏对京东集团和京东电子平台的清晰区别认识。在人们眼中，京东商城、京东集团是一家，普通消费者在购买时按照一般的消费观念和知识理解自营就是平台自己经营，即使发票上的主体是京东海荣公司，普通人在没有专业知识的情况下会以为都是京东集团，是一样的，特别是两家公司都带有“京东”字样。但是，事实上，京东自营的经营者京东海荣公司和京东平台的经营者京东电子商务公司是两个法律主体，也并没有一个依法登记的主体叫“京东集团”。实质上的京东集团旗下包括几十家京东关联公司或子公司，就包括本案所涉及的京东海荣公司和京东电子商务公司，从京东自营购买的产品“具体的销售主体由京东集团根据订单具体情况确定，即根据消费者所在区域、商品库存量等，由京东集团自行决定开发票主体及发货公司主体”。对于这一情况，一般的消费者在购买时乃至购买后是根本不了解的。法院没有注意到这种实际地位上的不平等，采取民商法的理念判定为消费者与经营者之间的纠纷，结果自然与公众的预期背道而驰。

二、立法解读

《电子商务法》历经四次审议，第二章规定的电子平台自营业务这一条也经历了四次修改、调整。在一审草案中，关于自营业务，只规定了电子商务平台以显著方式区分标记自营业务的义务。二审草案在一审草案的基础上增加了第二款关于电子商务平台经营者对自营业务交易依法承担商品销售者或者服务提供者责任的规定。三审草案对二审草案并无太大改变，只是明确了第二款规定的责任是民事责任。而最终版的条文相较于三审草案对第二款做了表述上的改动，将“对其标记为自营业务的商品交易或者服务交易”改为“对其标记为自营的业务”。从条文内容变迁的过程可以看出，《电子商务法》对电子商务平台自营业务的规定更加清晰和明确。我们也可以从中看到立法者对这个问题的态度，即自营平台应当对标记为自营的商品（服务）承担销售者（经营者）的责任。根据民众朴素的价值观，这一规定其实是应有之义，电子商务平台既然标记了自营业务，说明在这一自营业务中平台就是销售者，应当承担一般销售者所应承担的责任。但为什么立法者会专门作这样一个强调宣告呢？这是因为在司法审判中出现了一系列相关案件，就如上文中所介绍的范某诉京东电子商务公司一案，在这些案例中，消费者所购买的商品标注有“自营”字样，但是商品的销售者并不是平台的经营者，此外销售者和经营者之间订立的《平台服务协议》约定有平台不对产品交易事宜负责的内容，据此有的法院驳回了消费者要求电子商务平台承担经营者责任的诉讼请求，有的法院支持了消费者的诉讼请求。因为这种审判中的同案不同判和驳回判决确实伤害了民众的感情，这一问题引起了立法者的关注和重视，因而在本次制定《电子商务法》的过程中，立法者作出本条规定，最终法律关于电子商务平台显著标记自营业务的义务，以及对其自营业务的商品和服务直接承担责任的条款尘埃落定。

结合范某一案和《电子商务法》这一条文，我们探析这里蕴含的法律理论问题。问题主要包括依次递进的三个方面：一、怎样确定一项业务是自营业务；二、举证责任在消费者和电子商务平台经营者之间如何分配；三、发生纠纷后，电子商务平台如何承担责任。

（一）怎样确定一项业务是自营业务

根据《电子商务法》的规定，电子商务平台经营者的自营业务要与非本平台自营业务显著方式区分，不得误导消费者。这就要求京东这类集团要明确某个商品是京东电子商务公司自营，进一步来讲，一旦京东这类电子商务平台在某类商品或者服务上标明了“自营”的标记，就默认是平台自营，平台承担经营者责任，即使这一商品、服务实质上并不是平台自营或者平台与实际经营者之间的协议免除了平台的经营责任也不能对抗消费者的权利。因此，在未来确定自营业务采用“外观主义”，而不采用“实质主义”。只要消费者证明在消费时相关商品或服务网络界面上标注“自营”的字样，就可以认定自营业务，而且这种自营标记是以一般人的注意水平和理解为准的。

（二）举证责任在消费者和电子商务平台经营者之间如何分配

对于举证责任在消费者和平台经营者之间的分配问题，法条并没有特别规定，那么此时采用的举证责任应当是“谁主张，谁举证”，也就是在消费者要求平台承担经营者责任时，消费者应当对其购买的商品或接受的服务是标记为自营业务的事实承担证明责任，并在证明不能时承担败诉的后果。但是，在现实中，消费者在购买平台自营商品或者接受平台自营服务时，并不会专门截屏或者以其他方式留存相关证据，而在纠纷发生后再去寻找证据一方面可能平台会立即删去“自营”字样导致证据灭失，另一方面纠纷发生后的自营字样对证明销售时也具有“自营”字样的证明力大小存在疑问。当然，消费者可以聘请精通网络的技术人才取证，那么取证的费用甚至可能远远高于消费者所主张的惩罚性赔偿的金额，这就在一定程度上打击了消费者维权的积极性，实际上对电子商务交易侵权行为起到了放任的效果。广州市中院电子商务课题组法官的观点认为，在举证责任分配方面，网络交易平台提供者作为交易信息保存方，具有更强的举证能力和更经济的举证成本，应赋予其更多的举证义务。[①] 所以《电子商务法》由消费者承担举证责任的立法做法还有待实践的检验。

（三）发生纠纷后，电子商务平台如何承担责任

在立法解决举证责任分配问题之后，最终的问题摆在了立法者、审判者面前：电子商务平台对其自营商品和服务承担何种责任。从性质上讲，电子商务平台承担的是民事责任；从身份上讲，此时的电子商务平台实质上是电子商务交易的经营者、卖方，承担的自然是产品责任，或者是合同的违约责任，

---

① 广东省广州市中级人民法院电子商务课题组：《“互联网+”语境下之商事审判疑难问题研究》，载《法律适用》2017年第1期。

具体承担何种责任，应当根据原告消费者的诉讼请求来确定。此外，从《消费者权益保护法》和《电子商务法》的关系上来讲，二者并不是相互排斥的。在电子商务交易中，消费者和经营者之间的权利义务在此时仍然得以贯彻和适用，特别是《消费者权益保护法》所规定的在经营者欺诈的情形下。经营者承担惩罚性损害赔偿这一规定，也适用于电子商务平台自营业务下的平台经营者。只要符合《消费者权益保护法》规定的条件，电子商务平台也应当承担惩罚性损害赔偿，与一般的经营者并无二致。

三、小结

概言之，电子商务平台在自营业务中并不会因为其平台的身份和地位在消费者纠纷中而受到优待。法律也不因其平台地位对其课以更重的责任。在自营业务交易中，平台就是一方普通的经营者，受到《消费者权益保护法》《侵权责任法》《合同法》《民法总则》等相关法律的约束。正如美国大法官霍姆斯在《普通法》一书中所强调的那样："法律的生命不在于逻辑，而在于经验。一个时代为人们感受到的需求、主流道德和政治理论、对公共政策的直觉——无论是公开宣布的还是下意识的，甚至是法官与其同仁共有的偏见，在决定关于治理人们的规则方面的作用，都比三段论推理的作用大得多。法律蕴含着一个国家数个世纪发展的故事，我们不能像对待仅仅包含定理和推论的数学教科书一样对待它。要理解法律是什么，我们必须了解它以前是什么，以及它未来会成为什么样子。我们必须交替地参考历史和现有的立法理论。但最困难的工作是要理解，两者在每一个阶段如何结合在一起产生出新东西。"①而《电子商务法》特别地对自营业务作出规定，反映了立法者对现实社会生活中民众、法院的困惑的回应。

---

① ［美］霍姆斯:《普通法》，冉昊、姚中秋译，中国政法大学出版社 2006 年版。

第五节 电子商务平台的责任承担[①]

【法条】《电子商务法》

第三十八条 电子商务平台经营者知道或者应当知道平台内经营者销售的商品或者提供的服务不符合保障人身、财产安全的要求，或者有其他侵害消费者合法权益行为，未采取必要措施的，依法与该平台内经营者承担连带责任。

对关系消费者生命健康的商品或者服务，电子商务平台经营者对平台内经营者的资质资格未尽到审核义务，或者对消费者未尽到安全保障义务，造成消费者损害的，依法承担相应的责任。

【案例一】浙江乐清女乘客被滴滴顺风车司机杀害案[②]

当事人：赵某某、钟某

案情简介：2018 年 8 月 24 日下午，浙江乐清乘客赵姓女孩在搭乘滴滴顺风车从乐清市虹桥镇前往永嘉县时，被司机钟某杀害。她 13 时 30 分左右于浙江乐清飞虹南路坐上车，其间，约 14 时 10 分在给好友的微信中提到“司机开进山里，这里没有一辆车，我有点怕”，约 14 时 15 分在给另一好友的微信中提到“救命、抢救”，随后失联（电话处于关机状态）。

好友在觉察到事情不正常以后，于 15 时 40 分第一次联系滴滴平台，滴滴平台给出答复，相关人员会介入，需等待 1 小时。16 时 22 分，被害人的朋友朱某某到永嘉县上塘派出所报案。16 时 41 分，该所民警利用朱某某手机与滴滴客服沟通，在表明警察身份后希望向滴滴客服了解更多关于赵某某所乘坐的顺风车车主及车辆的相关信息，滴滴客服回复，安全专家会介入，要求

---

① 作者：韩月。

② 案例来源：《痛心！20 岁女孩坐滴滴顺风车遇害，司机已被抓获！》，载 https://mp.weixin.qq.com/s/kyp9pF7896ar6HrogCYbfQ。

继续等回复。17 时 13 分，滴滴客服向该所民警反馈，赵某某在 13 时预约了顺风车，但又于 14 时 10 分取消订单，并未上车。民警质疑上车后还可以在中途取消订单，再次提出要求了解该顺风车司机手机号码或车牌号码以便于联系，未果。民警于 17 时 36 分用接警电话与滴滴平台进行联系，平台客服称需 3—4 小时提供查询结果，民警表示情况紧急后，滴滴公司同意加急处理。18 时 13 分，乐清警方收到滴滴公司发来的车牌及驾驶员信息。

乐清市局立即启动重大案事件处置机制，成立专案组开展全方位寻找调查，于 25 日凌晨 4 时抓获犯罪嫌疑人钟某。据犯罪嫌疑人交代，8 月 24 日 14 时 50 分，犯罪嫌疑人钟某将受害人带至淡溪镇杨林线山路时，对受害人赵某某实施强奸，并用匕首刺其颈部，致使其大量出血，随后将受害人抛在道路护栏外的悬崖下，驾车逃离现场。① 在该车主作案的前一天，有另一名顺风车乘客投诉其"多次要求乘客坐到前排，开到偏僻的地方，下车后司机继续跟随了一段距离"，滴滴客服没有及时针对这一投诉进行调查处置。

案例焦点：作为运输服务提供方的平台，滴滴公司是否应承担责任以及承担何种责任？

【案例二】优步网约车机动车交通事故纠纷案②

当事人：高某某、王某、上海雾某信息技术有限公司

案情简介：2016 年 9 月 15 日，王某驾驶小型客车，沿龙泉路由西向东行驶，因疏于观察前方，碰撞道路护栏，造成车辆受损及本车乘车人高某某、周某某和高某受伤的道路交通事故。事故经肥东县公安局交通警察大队认定，王某负事故的全部责任，高某某、周某某、高某无责任。高某某因治疗支出医疗费 61780.59 元。事故发生时，上海雾某信息技术有限公司通过优步 APP 平台指派王某，王某搭载乘客高某某后，发生了交通事故。后来，高某某等人将王某和上海雾某信息技术公司诉至法院。

案例焦点：对高某某人身损害承担侵权责任的主体认定。

---

① 案情参考温州市公安局 2018 年 8 月 25 日关于乐清"滴滴顺风车"司机杀人案核查情况的通报。

② 案例来源：上海雾某信息技术有限公司与高某某等机动车交通事故责任纠纷上诉案。

一、案例剖析

（一）案例一

本案中，犯罪嫌疑人承担相应的刑事责任毫无争议。值得探讨的并与《电子商务法》有关的问题是，作为电子商务平台的滴滴公司是否应当承担责任和承担何种责任。

根据《侵权责任法》第六条规定，行为人因过错侵害他人民事权益，应当承担侵权责任。在本案中，首先，滴滴公司存在两方面的重大过失，一是在案发前一天，电子商务平台经营者滴滴公司已经接到乘客对该犯罪嫌疑人司机的投诉，但是没有对投诉及时采取相应的措施和处置。二是在情况紧急时，滴滴公司以保护司机隐私为由，面对消费者朋友的介入请求和警方要求提供相关信息时，拒绝且延误提供嫌疑人信息。这种过失主要是滴滴公司的一种不作为行为。需要说明的是，滴滴公司在此种情况下是有作为义务的。根据《网络预约出租汽车经营服务管理暂行办法》第十六条规定，网约车平台公司承担承运人责任，应当保证运营安全，保障乘客合法权益。这种保障消费者安全在情况紧急时立即提供车辆及司机有关信息的义务即来源于这一行政法规的规定。因此，有作为义务而不作为的行为显然符合侵权责任法要求的侵害行为构成要件。其次，滴滴公司的危害行为造成了严重的损害后果，即赵某某被杀害。再次，如果滴滴公司在前一天对司机钟某采取了处置措施，如暂停营业、在平台对外公布受到投诉等，第二天的事故就不会发生，因此，第一方面的过失行为与损害结果之间具有因果关系。对于第二方面的过失与损害结果之间是否具有因果关系，根据警方披露的信息难以确定。这是因为我们并不清楚被害人朋友朱某某联系滴滴客服和警方要求提供信息的时间是早于被害人死亡还是晚于被害人死亡，如果晚于，那么意味着即使滴滴公司及时提供了信息也无法阻止被害人的死亡，那么就不具有因果关系。因此，第二方面的因果关系判断仍需要更多的事实和证据证明。最后，很明显滴滴公司至少对第一方面的不作为的危害行为具有过失。所以，滴滴公司构成第六条的过错侵权责任。

（二）案例二

在本案中，上海雾某信息技术有限公司认为，优步 APP 平台上的司机和高某某为新型的合作关系，优步 APP 软件提供信息服务，由乘客和司机自由匹配，并非由优步 APP 平台直接提供车辆和司机，为客户提供网约车服务的模式。平台和王某之间不存在劳务关系，亦无须对王某的侵权行为承担责任。二审法院认为，上海雾某信息技术有限公司作为承运人，对王某所有的机动车运行在事实上具有支配管理的权利，且从该机动车的运行中获得了利益，其应当作为机动车事故的责任主体承担责任。而依据上海雾某信息技术有限公司与王某之间的雇佣关系，该公司承担责任的方式应按照《最高人民法院关于审理人身损害赔偿案件适用法律若干问题的解释》第九条之规定，即作为雇主承担替代性赔偿责任。[①]

二、立法解读

《电子商务法》第三十八条第二款的问题，其实在《电子商务法》颁布之前就已经有法院的案例和判决类似的案件。例如，在案例二中法院判决网约车平台经营者上海雾某信息技术有限公司承担替代性责任，远远比《电子商务法》之前讨论的连带责任、补充责任更严格。因为在案例二的法院判决中，法院认为：首先，在高某某和优步平台经营者之间已经形成了网络交易平台服务合同关系；其次，王某提供劳务并接受上海雾某信息技术有限公司管理，上海雾某信息技术有限公司与王某之间形成的是雇佣关系，而不是收取佣金的合作关系，那么平台经营者应当承担替代性责任。《电子商务法》不论是一审稿、二审稿、三审稿规定的连带责任，还是四审稿变成了补充责任，都要比

---

① 案例来源：安徽省合肥市中级人民法院判决书："上海雾某信息技术有限公司与高某某等机动车交通事故责任纠纷上诉案"，（2017）皖 01 民终 3982 号。

法院判决的替代性责任要轻，但是最终出台的法律规定为“相应的责任”。对此，全国人民代表大会宪法和法律委员会 2018 年 8 月 31 日关于《中华人民共和国电子商务法（草案四次审议稿）》修改意见的报告中提到，这是因为“一些常务委员和列席会议的同志提出，实践中，电子商务平台经营者未履行资质资格审核义务和对消费者的安全保障义务的情况比较复杂，可根据实际情形依法认定其应承担的责任。宪法和法律委员会经研究，建议将草案四次审议稿第三十七条第二款中的依法承担相应的补充责任修改为依法承担相应的责任”。①

在分组审议《电子商务法（草案）》时，有代表委员谈及了“乐清滴滴顺风车”事件，有观点指出，滴滴顺风车悲剧与平台以保护司机隐私为由，延误提供嫌疑人信息有关。②在一定程度上，可以说乐清女乘客被害案对这一条款最终由补充责任转变为相应责任起到了不可忽视的作用。这也恰恰表明立法在这一方面是留有空间的，更多具体的规则其实还有待法院在今后的司法审判中进行个案分析和总结，这也给法院对本条进行司法解释留下了期待和任务。

三、小结

《电子商务法》第三十八条第二款应该算得上是本次立法中争议最大的一条，很多观点认为，立法在这一块并不清晰，存在较大的分歧，分歧就在于平台经营者承担的是连带责任、补充责任还是替代责任。而对监管者来说，实施《电子商务法》的第三十八条也有困惑之处。正如国家市场监督管理总局网监司网规处处长白谨毅所说：“如何界定电子商务平台经营者没有履行保障义务与审核义务，这个审核义务是属于原工商主体的准入部门的，原来是行政审查和实质审查，这个很难自证。在这个时候，从监管者和平台的角度

---

① 全国人民代表大会宪法和法律委员会关于《中华人民共和国电子商务法（草案四次审议稿）》修改意见的报告。

② 澎湃新闻：《电商法草案分组审议：从顺风车杀人案谈嫌疑人信息是否算隐私》。

来看，如何平衡这个事情，可能也是未来执行的一个难题，需要社会各界一个认知统一和深入的过程。”①

第六节　建立健全信用评价体制义务②

【法条】《电子商务法》

第三十九条　电子商务平台经营者应当建立健全信用评价制度，公示信用评价规则，为消费者提供对平台内销售的商品或者提供的服务进行评价的途径。

电子商务平台经营者不得删除消费者对其平台内销售的商品或者提供的服务的评价。

【案例一】武汉一位大学生购物打差评收“寿衣”③

当事人：武汉一位女大学生与淘宝外贸商家

案情简介：2012年5月11日，一名武汉女大学生在网上发帖称，自己对在淘宝网上购买的一条外贸裙不满意，在与卖家沟通无果的情况下，给了差评，此后，她莫名其妙地收到一件小孩儿的“寿衣”。发帖者认为，虽然没有直接证据表明“寿衣”为上述卖家所寄，但此事疑为卖家报复。事后，她向淘宝网投诉，并向当地110报警。5月14日，淘宝网称，经过技术鉴定，寿衣确为上述卖家寄出，这一行为已违反了有关“恶意骚扰”的规定，从即日起对该卖家实行包括店铺搜索屏蔽在内的多种限制处罚，为期12天。此外，淘宝网认为，买家的评价内容属于客观阐述，其并不是所谓的“职业差评师”。

案件焦点：电子商务平台消费者进行评价后，如何维护个人权益？

---

① 《电子商务法出台，弹性规定给司法解释留有空间》，载《法制日报》，2018年9月6日。

② 作者：史梦宇。

③ 改编自 http://zqb.cyol.com/html/2012-05/17/nw.D110000zgqnb_20120517_1-12.htm，最后访问日期：2017年12月11日。

【案例二】淘宝卖家不满差评诉消费者至法院索要精神损害赔偿[①]

当事人：杭州大二学生李某与淘宝网站服务商家

案情简介：杭州某高校大二学生李某因给了淘宝某卖家“差评”，被卖家以“侵犯名誉权”告上法院，要求抹去“差评”和“不当评论”，恢复自己100%的信誉度，并索赔约5万元。

为帮朋友推销酒水，李某在淘宝上找到可制作网站的林某“店铺”，“我把模板、资料发给她，她满口答应，说300元足够了”。李某说，过了几天，林某将网站截图发来，但文字无法全部显示，他要求修改，林某表示要添加网页链接需另收费。“按她的要求需要1000多元。做到一半要加钱，摆明了是想敲诈。”林某则表示，李某起初只要求做简易网站，自己也曾告知李某有加价的可能，并拒绝了李某退款的要求。

在淘宝网调解下，林某最终同意退还225元，淘宝方面按惯例补偿李某25元，并要求林某把所制网站系统交给李某。但林某拒绝为李某提供安装调试，李某给了林某店铺一个“差评”，并留言“卖家根本不会做网站，还敢接单，事后不按约定还要加价，在合作中的言语交流表现得极不耐烦，对这次交易我真的无话可说”。

林某称，自己视信用和名誉为生命，却被李某上述留言诽谤。林某还称，李某给的“差评”和“严重不当评论”导致自己“店铺”的信用度由100%降到97.62%。而得到这个差评后1个多月，“店铺”销量为零。她遂以“侵犯名誉权”将李某告上杭州上城区法院，要求赔偿“差评”后失去客源导致的经济损失7000余元、精神损失费4.2万元。对林某的起诉，李某表示：“她的理由根本不成立，她网店一年才30来笔生意，本来就不固定。”

此类“差评官司”在全国尚属首例。主审法官表示，网上购物买家投诉卖家的不少，但卖家为信用度把给“差评”的买家告上法庭还是第一次，本案原告、被告存在一定的误会，“差评”只要不涉及诽谤、侮辱性言辞，就不

---

① 改编自 http://tech.qq.com/a/20100120/000181.htm，最后访问日期：2017年12月11日。

构成侵犯名誉权。

案例焦点：电子商务平台消费者进行评价后，个人权益的维护以及消费者的差评是否对卖家的名誉构成诋毁？

【案例三】外卖打差评竟遭卖家人身攻击[①]

当事人：长沙余女士与烧烤外卖商家

案情简介：2017 年 9 月 12 日晚上，因为几个好友来余女士所开的麻将馆打牌，她通过一家订餐平台在附近一家烧烤店点了烧烤。好友吃过烧烤后，提出部分食品并没烤熟，味道也很一般。第二天上午，余女士在订餐平台对商家进行评价时点了差评，并且写了一些抱怨的评语。余女士点了差评后曾接到过几个电话，对方询问她有关评论的详情，但她并未在意，对方也未要求她撤回差评。当天晚上 8 点左右，余女士来到自家麻将馆内看守，随后却发生了意想不到的一幕。

七八个人拿着棍子，拖着余女士问是否是其给出的差评。撕扯之间，余女士的呼喊引起了正在楼上休息的丈夫的注意，随后，余女士的丈夫跑下来，双方矛盾升级，余女士的丈夫遭到对方殴打。余女士丈夫入院后因为脑挫裂伤、脑干损伤立即被转入 ICU，医生曾下达病危通知书，好在经过抢救后，现在生命体征暂时平稳。事发后，辖区派出所民警立即赶到了现场，不过，伤人者并未来医院看望、协商，对方店铺老板娘只是委托民警暂垫了 8000 元的医疗费用。对于余女士在订餐平台给商家打差评而引发的冲突事件，该平台已派人介入调查。

经过调查了解，该烧烤店老板承认因为生意竞争激烈，而余女士的差评对店铺生意有较大影响，从而派人上前理论导致发生冲突。

案件焦点：电子商务平台消费者进行评价后，如何维护个人权益？

---

① 改编自 http://news.sina.com.cn/sf/news/ajjj/2017-09-18/doc-ifykymue6809355.shtml，最后访问日期：2017 年 12 月 11 日。

一、案例剖析

（一）案例一

案例一中的女大学生被卖家寄“寿衣”属于卖家的恶意报复行为，有侵犯消费者的人身权之嫌。这里涉及信用评价体制中评价者的人身权益保护问题。差评对一个卖家名誉的影响固然重要，但无论是好评还是差评，都是消费者在购买了卖家的商品并通过亲身体验后将个人感受以文字或图片形式分享给其他消费者，为他人选择商品提供参考，这也是信用评价体制建立的目的之一，卖家应当尊重消费者的体验结果。再者，即使卖家不同意消费者所给出的差评，也应当通过信用评价体制的救济办法进行协商解决，而不是通过这种寄“寿衣”的方式给消费者造成精神损害。通过这个案例可知，信用评价体制在建立时一定要对消费者权益的保护考虑周全，以免消费者对差评产生畏惧心理，从而降低信用评价体制的有效性。

（二）案例二

案例二是淘宝卖家认为消费者差评理由不客观，有职业差评师之嫌，怀疑其故意为之，因而将消费者诉讼至法院进行索赔。在分析本案时，首先分析打出差评的消费者是否为职业差评师。在案情简介中我们可以看到，消费者李某起初与提供网站服务的卖家林某就合作达成一致，但并没有对网站制作服务的具体事项进行约定，这也使李某误以为林某可以以 300 元左右的价格完成此次网站制作。但后期林某认为李某对所要制作的网站要求较高，因而提出加价要求，双方协商不成后，林某拒绝了李某的退款要求，李某因此对林某的店铺作出差评的评价。目前，网络上的职业差评师一般不会就商品或服务与卖家交涉过多，而是直接故意作出差评处理，从李某的行为我们很难看出其有故意损害卖家声誉的主观因素，而是就个人在林某提供服务期间的体验感受作出评价，是合理的信用评价流程。故而李某不属于职业差评师。这样一来，林某所称李某的差评给其造成了精神损失是不成立的。然后我们分析林某店铺的损失，林某称其店铺在差评后一个月没有订单，而没有证据证明差评与店铺的订单有直接的因果关系，退一步，即使差评导致了林某的店铺订单减少，也是因为其他消费者考虑到店铺的信用程度作出的选择，并非李某造谣诽谤而使其他消费者对林某的服务产生误解，所以，李某对林某所称的损失不应当承担责任。

这一案例体现出信用评价体制在建立时应当注意评价的客观、真实与合理性，在保护消费者合法权益的同时，也要注意防止类似“职业差评师”这样故意损害卖家声誉的行为。

（三）案例三

案例三的性质与案例一类似，都是电商服务提供者因不满消费者作出的消极评价而对消费者进行人身攻击。但本案更为严重，外卖商家对打出差评的消费者余女士竟然进行了人身伤害，且造成了严重后果。本案涉及电子商务平台消费者完成评价后个人权益的维护，外卖商家因差评对消费者故意伤害，显然是需要负刑事责任的。在信用评价体制上，《电子商务法》也应当考虑对消费者的人身保护，如涉及消费者联系方式、家庭住址等个人隐私不能被随便调取，以及出现对消费者不利影响的事件时，消费者应当如何寻求救济。

二、立法解读

近几年，我国互联网产业呈现蓬勃的发展态势，网民数量不断增长，互联网与经济社会深度融合的基础更加坚实。根据数据显示，截至 2017 年 6 月 30 日，我国网民数量规模已达 7.51 亿人，半年度增幅 2.72%，互联网普及率（互联网用户数除以总人口数）达到 54.3%，较 2016 年年底提升 1.1 个百分点，庞大的用户基础为网络购物等网络消费的高速增长提供了强劲动力。[①] 网络购物具有时间、地点的便捷性，并且种类齐全，可任由消费者自行选择，同时

---

① 改编自 http://www.chyxx.com/industry/201711/585230.html，最后访问日期：2017 年 12 月 11 日。

在价格上也相对实体店有着较大的优惠，因而受到消费者的青睐。但随着网络购物的不断普及和发展，消费者从最初追求方便快捷逐渐转向追求商品或服务的质量，这也催生了网络平台的评价机制。然而由于我国法律并没有对网络平台的评价机制进行规定，网络平台又因为自身利益的关系，并不能完美地充当"监管者"，这也导致许多因网络购物的评价而产生的纠纷。

针对这个问题，《电子商务法》第三十九条专门作出规定："电子商务平台经营者应当建立健全信用评价制度，公示信用评价规则，为消费者提供对平台内销售的商品或者提供的服务进行评价的途径。电子商务平台经营者不得删除消费者对其平台内销售的商品或者提供的服务的评价。"本条前款规定了信用评价体制的义务及义务人，第二款不允许经营者删除消费者评价的规定则是表明了信用评价体制的公开透明性。

本部分将对网络购物平台的信用评价制度进行介绍并提出一些建立健全信用评价机制的建议。

（一）网络购物平台信用评价制度的概念

eBay 的创始人曾说："eBay 的成功之处不在于其先进的技术或者其创建的全新市场平台，而是建立了人与人之间前所未有的信任。"1997 年，eBay 首次采用了以星数为代表的信用评价指数，通过这样的信用评价鼓励好的交易行为，并且成效颇深，eBay 因此得到了迅速发展。国内包括淘宝在内的网络交易平台也引入了这样的信用评价体系。[①]

关于网络购物平台的信用评价机制，《电子商务法》并没有给出明确的定义，有学者认为，网络交易信用评价的目的是根据买卖双方提供的产品质量、服务质量等进行衡量[②]；还有学者认为，信用评价体系是在解决电子商务信任交易方面的问题起决定作用的工具[③]。笔者认为，网络购物平台的信用评价机

---

① 杨淑君：《从网购诚信走向网购信用——浅析淘宝网信用评价机制》，载《重庆邮电大学学报（社会科学版）》2013 年第 9 期。

② 张雪峰、王洁：《网络交易信用评价机制评价与改善》，载《科技信息》2013 年第 36 期。

③ 曹洪：《完善 C2C 网络交易信用评价体系的探讨》，载《电子商务》2012 年第 3 期。

制是以增进买卖双方的信任基础，通过买卖双方提供对产品或服务的质量或体验评价来保护消费者合法权益并促进网上交易的手段。

（二）网络购物平台信用评价制度的意义

1. 保护消费者合法权益

电子商务是一种新型的交易方式，被定义为借助于计算机、通信设备，以及相关技术进行商务活动以及基于商务目的的实体之间的信息交换[①]。它打破了传统面对面的交易方式，不具备现实中的相互了解与真实接触，这种交易发生在虚拟环境中，交易双方的行为在网络上表现为数字流的形式，不确定性和风险程度比传统交易方式要大。如果没有信用评价机制，消费者在网上购物时，只能凭借卖家单方提供的对产品类型、质量、功能等性质的描述来判断是否购买商品。现实社会中的交易往往是多次的，由于多次交易可能性的存在，交易方就必须在本次交易中为下次交易作准备，其必须以诚信的态度来获取对方下一次的交易机会，[②] 因此，现实社会中的交易，除了交易双方可以对产品各方面进行评价和交流之外，还因为多次交易可能性的存在，给了卖家诚信提供商品或服务信息的压力。所以，消费者所购买的产品或服务在很大程度上能够保证真实。但网络交易不同于现实社会中的交易，网络交易中单次交易的可能性很大，卖家在没有多次交易的压力下，为了获取消费者单次交易的机会，很有可能会夸大产品或服务的质量与功能，以此来吸引消费者购买或体验，这样卖家对产品或服务的描述的可信度就大大降低，甚至会出现欺诈消费者的情形。并且在网络交易中，交易双方可能并不是专门从事商品买卖活动的商人，故卖家若在交易过程中使用欺诈行为，在交易结束后隐姓埋名或更换另一账号继续从事欺诈活动的话，消费者的合法权益就很难得到保障。[③]

---

① 彭丽芳、陈中、李琪:《网络交易中信息评价方法研究》，载《南开管理评论》2007 年第 2 期。

② 彭丽芳、陈中、李琪:《网络交易中信息评价方法研究》，载《南开管理评论》2007 年第 2 期。

③ 彭丽芳、陈中、李琪:《网络交易中信息评价方法研究》，载《南开管理评论》2007 年第 2 期。

而信息评价机制正是为买家在购买卖家的商品或服务后提供了一个评价的平台，消费者在浏览卖家展出的商品或服务时，可以同时看到其他买家对该商品或服务的使用或体验评价，这样来帮助他们更全面地了解该商品或者服务的信息，也是保证消费者知情权的体现。消费者在比较卖家陈述的商品或服务信息和买家的使用或体验评价后，所作出的是否购买该商品或服务的决定是更为谨慎的，可以在一定程度上减少因消费者与卖家对商品或服务描述误解而产生的纠纷情况，消费者的合法权益也就因此得到了很大程度的保护。

2. 促进电子商务的发展

上文中提到网络交易与现实社会中的交易最大的风险差距，就是买卖双方的信任基础。随着互联网的迅速普及，网络交易已经成为人们生活中必不可少的一部分。传统市场上的信息不对称问题在虚拟市场上被进一步放大，而随时处于动态变化中的网络交易使传统的征信和企业信用评级无法解决虚拟世界的信息不对称问题，这种信息不对称产生的信任危机严重阻碍了网络交易的进行。[①] 网络信用评价通过提供买卖双方以往的交易经历的评分衡量双方的信用水平，在一定程度上缓解了信息的不对称，增加了不诚信的道德风险和机会成本，增强了交易双方的信任。也就是说，信用评价机制可以帮助买卖双方建立良好的信用基础，降低网络交易的风险，从而极大地促进网络交易的进行，电子商务也可以因此得到快速的发展。

（三）目前信用评价机制存在的问题

1. 信用评价机制的运行计算等技术方面不够细致 [②]

比如，当前淘宝平台对一次成功交易评价的选项只有好、中、差三级，不能够精准全面地反映买家对所购买的商品或服务的评价，对其他消费者的

① 杨淑君：《从网购诚信走向网购信用——浅析淘宝网信用评价机制》，载《重庆邮电大学学报（社会科学版）》2013 年第 9 期。

② 曹洪：《完善 C2C 网络交易信用评价体系的探讨》，载《电子商务》2012 年第 3 期。

参考作用意义不大。另外，对淘宝卖家的信用评分是对所有买家评价的分数进行平均计算得出的，这种只将交易次数考虑在内，没有把交易额作为权重的评分机制，对交易金额相差较大的交易给予相同的评分有失公允；[①]除了应考量交易额因素之外，还应当将交易的时间因素纳入评分范围内。由于卖家信息的不透明，其经过长期的历史交易评价所得到的信用并不能完全担保未来商品或服务的质量与功能。如果简单地将历史交易与近期交易的信用评分简单累加，该信用评分将不能很好地指引消费者对卖家信用作出更谨慎的评价。

2. 信用评价机制基于交易产生的买家评分，具有单一性

首先，这种单一的评价机制具有很大的操作漏洞，容易使最终的信用评价失真。为使店铺信用评分增高，卖家常采取虚假交易换取虚假评价的手段。目前来说，最典型的方法就是电商雇佣刷单行为。这样的刷单行为不仅给消费者提供了不真实的信用评价信息，还衍生了刷单产业利益链，损害了电子商务市场的公平竞争秩序。

其次，为了减少低信用评分，卖家可能采取报复手段损害消费者合法权益。这种单一的信用评价机制诱发的信用评分的至上风气会引诱卖家为减少差评而作出一些不理智的举动。上文列举的案例一中卖家为了消除差评而给买家寄“寿衣”，这是对消费者的精神报复，案例三更是对消费者严重的人身报复。这些都侵害了消费者的正常生活秩序。

最后，单一的信用评价机制不利于中小规模的卖家和新卖家的发展。一个交易市场只有不断地进行更新换代才能保持持续繁荣发展，而现有的信用评价体系营造了一个唯信用值至上的交易市场，新进入的卖家难以在短期内收获大量好评，在缺乏资金支持的情况下，新卖家很难维持经营。在现实社会中，为减少大企业因规模资金原料等优势形成的垄断，政府常推出新政策扶持中小企业的发展，而电子商务平台中并没有这一政策导向，这种单一的

---

① 曹洪:《完善 C2C 网络交易信用评价体系的探讨》，载《电子商务》2012 年第 3 期。

信用评价机制更是不利于帮助中小企业吸引大众的购买力。①

（四）对我国《电子商务法》所规定的平台经营者建立健全信用评价制度的建议

1. 平台经营者作为第三方介入当前买卖双方互评的单一信用评价体制

我国《电子商务法》第三十九条规定电子商务平台经营者应当建立健全信用评价制度、公示信用评价规则，为消费者提供对平台内经营者销售的商品或者提供的服务进行评价的途径，是将给电子商务的平台经营者赋予信用评价制度建立健全的义务，因此建议平台经营者作为第三方介入目前买卖双方互评的单一评价体系，将平台掌握的卖家信息进行一定程度的公示并且建立一个信息丰富的评价标准，对卖家也进行信用评价，这样可以增加消费者对卖家的了解，有利于消费者合理消费，减少纠纷。将平台经营者的评价也作为卖家总体信用评分的一部分权重，也有利于抑制刷单产业的扩张，促进电子商务领域积极健康的发展。

2. 平台经营者应当完善信用评价的评分机制

正如上文所提到的目前信用评价的技术方面还不够完善，平台经营者应当细化评价的具体内容②，引导买家从不同角度作出更为合理的评价，从而增加信用评价信息的有效性，提高信用评价机制的价值。

3. 平台经营者应建立健全因信用评价产生纠纷的解决机制

上文案例二是卖家对消费者的信用评分不满而通过正常渠道提起的诉讼，虽然其诉求被驳回，但也正说明我国目前存在因信用评分产生纠纷后的解决渠道匮乏、效率低下等问题。平台经营者既然建立了信用评价机制，就有义务对其产生的纠纷进行最大程度的解决。因此，平台经营者应当负责建立健

---

① 曹洪：《完善 C2C 网络交易信用评价体系的探讨》，载《电子商务》2012 年第 3 期。

② 具体细化方案可参考彭丽芳、陈中、李琪：《网络交易中信息评价方法研究》，载《南开管理评论》2007 年第 2 期。

全因信用评价产生纠纷的解决机制。

4. 国家应当赋予平台经营者信用评价的半官方性质并建立健全对平台经营者的监管机制

《电子商务法》认为，信用评价机制的建立健全义务应当由平台经营者承担，应当在电子商务运行过程中承认平台经营者的半官方性质，如将平台纳入央行的个人诚信平台，这可以增加卖家在销售过程中的不诚信成本，有利于保护消费者的合法权益和促进电子商务的健康发展。但由于平台经营者也有吸引卖家到自己的平台进行销售的利益关联，并不能确保其可以公平公正地对卖家进行合理评价。因此，为了保障信用评价机制的公平公正，国家相关机关应当对平台经营者进行有效的监督管理。这样的权利与制衡结构有利于更好地引导信用评价体系朝着积极方面发展。

三、小结

近几年，国家多次召开会议针对电子商务领域的热点问题进行讨论，体现了电子商务领域的重要性。信用评价机制更是保障电子商务和谐、健康、积极发展的有力工具，要从根本上改善网络交易信用评价机制，我们还有很长的一段路要走。要坚持从多角度、多方面去分析和思考，紧跟网络时代的发展，与时俱进，拓展思路，保障电子商务市场的繁荣发展。

第七节　多方式显示搜索结果义务[①]

【法条】《电子商务法》

第四十条　电子商务平台经营者应当根据商品或者服务的价格、销量、信用等以多种方式向消费者显示商品或者服务的搜索结果；对于竞价排名的商

---

① 作者：朱茜。

品或者服务，应当显著标明“广告”。

【案例一】竞价排名买患者，魏则西事件引发众怒[①]

当事人：魏则西、武警北京总队第二医院、百度公司

案情简介：魏则西事件是2016年在网上引发全社会广泛关注的一则医疗相关事件。魏则西是一名21岁的大学生，就读于西安电子科技大学，不幸患有癌症，于2016年4月12日病逝。在魏则西去世前，他曾在知乎网站上撰写自己的治疗经过。为了治疗癌症，挽救自己的生命，魏则西曾努力地进行网络搜索和查询，以寻找合适的医院及治疗方法。在进行百度搜索的过程中，武警北京总队第二医院及其生物免疫疗法在搜索结果中排名领先，魏则西因此而选择了武警北京总队第二医院，并采用该院的生物免疫法进行治疗。魏则西本以为找到了救治自己的良方，看到了一线生机，却没想到导致了病情耽误，多方打听才被告知生物免疫疗法是在美国早已被淘汰的方法。在魏则西撰写的治疗过程里，他质疑了百度竞价排名的医疗信息有误导之嫌。该事件被曝出以后，引起了全社会的广泛关注，对医院及百度公司藐视生命、谋财害命的声讨络绎不绝，竞价排名机制存在的问题也成为舆论的焦点，引起了各方广泛的讨论。

2016年5月2日，国家网信办会同国家工商总局、国家卫生计生委和北京市有关部门成立联合调查组进驻百度公司，集中围绕百度搜索在“魏则西事件”中存在的问题、搜索竞价排名机制存在的缺陷进行了调查取证。调查组认为，百度搜索相关关键词竞价排名结果客观上对魏则西选择就医产生了影响，百度竞价排名机制存在付费竞价权重过高、商业推广标识不清等问题，影响了搜索结果的公正性和客观性，容易误导网民，必须立即整改。

调查组对百度公司提出了以下整改要求：

一、立即全面清理整顿医疗类等事关人民群众生命健康安全的商业推广服务。即日起，对医疗、药品、保健品等相关商业推广活动进行全面清理整顿，对违规信息一经发现立即下线，对未获得主管部门批准资质的医疗机构不得

---

① 中国网信网：国家网信办联合调查组公布进驻百度调查结果。

进行商业推广。

二、改变竞价排名机制，不能仅以给钱多少作为排位标准。立即调整相关技术系统，在2016年5月31日前，提出以信誉度为主要权重的排名算法并落实到位；对商业推广信息逐条加注醒目标识，并予以风险提示；严格限制商业推广信息比例，每页面不得超过30%。

三、建立、完善先行赔付等网民权益保障机制。畅通网民监督举报渠道，提高对网民举报的受理、处置效率；对违法违规信息及侵害网民权益行为，一经发现立即终止服务；建立、完善相关机制，对网民因受商业推广信息误导而造成的损失予以先行赔付。

搜索引擎是网民获取信息的重要渠道，具有很强的引导作用。国家网信办将于近期在全国开展搜索服务专项治理，加快出台《互联网信息搜索服务管理规定》，促进搜索服务管理的法治化、规范化；会同相关部门严厉打击网上传播医疗、药品、保健品等事关人民群众生命健康安全的虚假信息、虚假广告等违法违规行为。国家工商总局将加快出台《互联网广告管理暂行办法》，进一步规范互联网广告市场秩序。

案例焦点：案例焦点，即百度搜索在“魏则西事件”中存在的问题、搜索竞价排名机制存在的缺陷。也就是说，通过百度搜索相关关键词时出现的竞价排名结果，在客观上是否对魏则西的就医选择产生了影响，百度竞价排名机制是否存在付费竞价权重过高、商业推广标识不清等问题，影响了搜索结果的公正性和客观性，从而误导消费者。①

【案例二】竞价排名引发的商标侵权案②

当事人：台山港某电器有限公司、谷某公司、广州某某电器厂

案情简介：本案为诉讼案件，原告为台山港某电器有限公司，被告为广州某某电器厂和谷某公司。案涉中文商标“绿岛风”的独占使用权为原告享有，而在被告谷某公司开办的搜索引擎中输入“绿岛风”关键字后，在页面上方

① 孙道萃：《虚假广告犯罪的网络化演变与立法修正思路》，载《法治研究》2018年第2期。

② 案例来源：广东省广州市白云区人民法院（2008）云法民三初字第3号民事判决书。

出现“赞助商链接”，点开该链接出现的是“绿岛风—某某电器厂”等字样，再次点击后则直接链接到被告某某电器厂主页。某某电器厂与原告销售同类商品。由此，原告认为，某某电器厂和谷某公司侵犯了其商标专用权，并将某某电器厂和谷某公司诉至法院，要求停止商标侵权行为并赔偿损失。被告谷某公司则认为，搜索关键字是由推广企业或商家通过竞价排名服务自行决定的，被告无法控制海量的关键词选择，且最终的搜索结果仅仅通过网站链接呈现，并非直接指向商品或服务本身。该案法院最终判定被告行为已构成对原告注册商标的商标侵权行为，并承担相应的赔偿责任。

案例焦点：案例焦点在于被告某某电器厂通过竞价排名机制，以“绿岛风”作为搜索关键词，并以“绿岛风—某某电器厂”等字样将两者联系在一起的形式出现在搜索结果中，是否属于将商标用于广告宣传的行为，进而判断该行为是否属于商标法意义上的商标侵权。

一、案例剖析

（一）案例一

在第一个案例中，通过百度搜索相关关键词竞价排名所呈现的结果，在客观上对魏则西的后续行为产生了重要影响，使其选择了武警北京总队第二医院，并采用该院的生物免疫法进行治疗，从而造成了病情的耽误以至于遗憾离世。不仅如此，百度竞价排名机制确实存在付费竞价权重过高、商业推广标识不清等问题，影响了搜索结果的公正性和客观性，从而误导消费者，[①]最终酿成悲剧。在互联网高速发展的今天，网络搜索无疑已成为人们生活中不可或缺的应用。然而，现实中部分搜索结果缺乏公正性及客观性，违反了社会道德和行业规范，误导了公众的判断。因此，搜索结果的质量引起了社会公众日益广泛的重视。搜索结果的不公正严重损害了消费者的合法权益和社会公共利益，应当对其予以规制。

---

① 孙道萃：《虚假广告犯罪的网络化演变与立法修正思路》，载《政治研究》2018年第2期。

（二）案例二

在案例二中，被告谷某公司的业务范围包括向企业或商家提供关键词广告，这种服务可以让消费者更加快捷地找到这些企业或商家的网站，并找到他们的商品或服务，以此促进消费者对他们商品或服务的购买。根据《广告法》的规定，本法所称广告，是指商品经营者或者服务提供者承担费用，通过一定媒介和形式直接或间接地介绍自己所推销的商品或者所提供的服务的商业广告。可见，本案中谷某公司通过关键词搜索竞价排名的方式给某某电器厂提供关键词广告的行为，虽然在形式上与传统广告不同，但是其实质上仍然是一种通过特定媒介“广而告之”的广告行为。①

在本案中，被告某某电器厂作为生产与原告同类产品的企业，使用“绿岛风”关键词，并将“绿岛风”和“某某电器厂”联系在一起，具有明显“搭便车”的目的，按照消费者的一般注意程度，被告的行为很容易使得消费者对“绿岛风”的来源产生混淆。因此，被告某某电器厂以“绿岛风”作为关键词，通过关键词搜索竞价排名的方式，将“绿岛风”与自身企业及企业网站联系在一起，同时出现在搜索结果中，实质上属于将商标用于广告宣传的行为，侵犯了原告台山港某电器有限公司的商标专用权。

二、立法解读

（一）公正搜索

“魏则西事件”引发了社会对公正搜索和竞价排名的广泛关注。竞价排名是随着搜索引擎的发展而兴起的，是搜索引擎服务商向客户提供的以关键词付费高低为标准对购买同一关键词的客户的网站链接在搜索结果中给予先后排序的一种商业模式。②竞价排名是一种盈利模式，被许多搜索引擎服务商所

① 陈勇：《搜索引擎商标侵权典型案例简评》，载《工商行政管理》2011 年第 19 期。

② 宋亚辉：《竞价排名服务中的网络关键词审查义务研究》，载《法学家》2013 年第 4 期。

采用，然而，这种利用人工操作对自然排名进行干预的方式，有以牺牲公众的利益为代价而谋取个人利益之嫌，其搜索结果的客观性及公正性始终备受诟病。

搜索结果不公正侵犯社会公共利益。电子商务平台是在人们日常生活中发挥重要作用的公共平台，承担着巨大的社会责任。电子商务平台搜索功能的存在使得消费者在短时间内从数以万计的各色商品中找到符合心意的商品成为可能，其承载着消费者对搜索结果的客观性、公正性和准确性的期望。然而，电子商务平台作为一个企业，盈利性是其本质特征，取得利润是经营者对平台进行经营的主要目的，电子商务平台经营者很可能会为了自身利益罔顾社会公共利益。电子商务平台经营者不根据商品或者服务的价格、销量、信用高低等方式向消费者显示商品或者服务的搜索结果，而是以付费高低作为主要标准来决定商家的排序，这与消费者想要寻找到物美价廉的商品或服务的期望相悖，并使得消费者很难购买到满意的商品或服务。这种做法也同电子商务平台所肩负的社会责任相矛盾。由于公共利益缺乏天生的代表者与维护者，在该种商业模式下，公共利益更容易被忽视，甚至造成难以弥补的损害。

搜索结果不公正损害消费者合法权益。消费者在购物时之所以会选择使用搜索功能，是因为消费者在面对电子商务平台中海量的商品和服务信息时难免头疼，必须要通过关键字搜索的方式来寻找自己所需要的商品或服务，而客观、公正的搜索结果则可以让消费者可以花费更少的时间来找到自己更加心仪的商品和服务。然而，电商平台竞价排名机制存在着很大的缺陷，该缺陷主要在于最终搜索结果排序缺乏公正性与客观性，一些质次价高的商品或服务因为其商家付费较高而使其排名反而领先于其他更加符合消费者需求的商品或服务。[①]消费者区分能力不强，普遍会认为排序较高的商品质量更好，商家信誉更优，而且排序较高的商品本身就容易获取到公众更多的注意力。因此，这种竞价排名的方式显示出来的搜索结果极易误导消费者，促使

① 陈果:《网络搜索竞价排名的法律规制研究》，西南政法大学硕士学位论文，2012年。

消费者作出错误的购物决策，实质性地限制或剥夺了消费者的知情权。更可怕的是，如果将付费的不良商家及其瑕疵产品或缺陷产品提高排序，等于是增加了消费者选择该产品的可能性、人身安全和财产安全遭受侵害的危险性，甚至可能会对消费者的人身安全和财产安全造成严重的侵害。

搜索结果不公正影响电子商务自身的良性发展，并危害互联网金融的竞争秩序。参与竞价排名的商品或服务的内在信誉质量与其外在排序不匹配将对消费者的认知造成障碍，使得消费者对电子商务平台信息的真实性与可靠性产生怀疑，降低电子商务平台搜索的可信度，进而影响电子商务交易的良性发展。[①] 不仅如此，在竞价排名模式下，付费商家通过金钱交易的形式，获得了更优的排序，因此取得了更高的曝光度和更多的交易机会，而没有付费的商家则被排在付费商家的后面，使得消费者很少注意到其提供的商品和服务，因此减少甚至剥夺了其交易机会。这种表面上看似合理的行为，实质上却是通过不公平的经济标准对未付费商家歧视的行为。这不仅对未付费商家不公平，还将对整个互联网金融秩序产生严重影响。商家若无须通过提高产品和服务的质量，而只需支付一定数量的金钱便可获得领先排位、消费者印象中更可靠的形象及更多的交易机会，那么通过创新与诚实经营而在市场胜出的公平和自由竞争理念将受到冲击，最终极易形成损害消费者福利和市场竞争的限制竞争效应，整个互联网经济的市场公平和自由的竞争秩序被极度扭曲。[②]

根据《电子商务法》第四十条规定，电子商务平台经营者应当根据商品或者服务的价格、销量、信用等以多种方式向消费者显示商品或者服务的搜索结果。这说明不再以付费多少作为唯一排序标准，以免对消费者造成误导，更加注重消费者权益的保护，促进消费者福利，有利于维护互联网竞争秩序。

---

① 梁远高:《论搜索引擎竞价排名的性质及法律规制——从“魏则西事件”谈起》，载《社会治理法治前沿年刊》(2016年)。

② 钟文财:《搜索引擎歧视行为的反垄断法规制》，西南政法大学硕士学位论文，2016年。

（二）竞价排名标明广告

根据《电子商务法》第四十条规定，对于竞价排名的商品或者服务，应当显著标明“广告”。这样一来，有利于消费者更好地区分出竞价排名的商品和其他商品，以便消费者作出更加理性的购物决策。竞价排名应当显著标明广告这一规定，涉及了竞价排名的法律属性问题，即竞价排名属于商业广告，还是仅仅是一种技术服务，该问题在实践中一直存在争议，《广告法》对此没有明确规定，各个法院的认定结果也不统一，非常不利于消费者合法权益的保护。

根据《广告法》第二条规定，广告是指商品经营者或者服务提供者承担费用，通过一定媒介和形式直接或者间接地介绍自己所推销的商品或者所提供的服务的商业广告。根据该规定，可归纳出商业广告的一般特征，即明确的广告主、商品经营者或服务提供者需要承担一定费用、以一定的媒介和形式为平台、以推广或者宣传为目的。因此，竞价排名是否构成商业广告，应当逐一分析以上四个要件。

首先，竞价排名具有明确的广告主，即参与竞价排名的商品经营者或服务提供者。

其次，在竞价排名过程中，需要参与竞价排名的商品经营者或服务提供者向电子商务平台经营者支付一定的费用，同时，电子商务平台经营者也会为其提供相应的较高排序，商品经营者或服务提供者向平台经营者支付的费用越高，相应的排序也就越好。

再次，竞价排名以一定的媒介和形式为平台。当今社会，互联网无疑是主流的大众传播媒介，竞价排名这种盈利模式就是伴随着互联网的发展而逐渐兴起的。互联网就相当于竞价排名广告的媒介，搭建起了消费者与商品经营者、服务提供者之间的桥梁。①

最后，竞价排名实质上是对商品或服务的推广或者宣传。对企业而言，

---

① 徐敬宏、吴敏：《论搜索引擎竞价排名的广告属性及其法律规制》，载《学习与实践》2015年第8期。

参与竞价排名，取得优势排位，都是为了吸引消费者的目光，从而推广和宣传该企业的产品或服务，促成交易。由此可见，这种竞价排名的方式实质上起到了很好的广告宣传的作用。

据此可知，竞价排名符合商业广告的形式特征和实质内容。目前，在司法实践中，将竞价排名判定为商业广告的案例十分稀少，大部分法院或者执法机构都并未承认竞价排名的广告属性。《电子商务法》第四十条的规定明晰了竞价排名的法律属性，无疑是立法上的一大进步，不仅为司法实践提供了明确的指引，也更有利于消费者合法权益的保护。

三、小结

搜索结果的不公正会对社会公共利益、消费者权益、竞争秩序等多个方面造成多层次的损害，不利于电子商务本身的良性发展，因此必须受到法律的合理规制。《电子商务法》第四十条明文规定，电子商务平台经营者应当根据商品或者服务的价格、销量、信用高低等多种方式向消费者显示商品或者服务的搜索结果，不再以付费多少作为唯一排序标准，而是公正、客观地呈现最为相关、最能满足需要的商品或服务，避免误导消费者，维护消费者的合法权益，规范电子商务平台经营者的经营活动，从而维护竞争秩序和公共利益。不仅如此，《电子商务法》第四十条还规定，对于竞价排名的商品或者服务，应当显著标明“广告”，该条规定回应了此前实践中对竞价排名法律属性的各种争议，明晰了竞价排名的法律属性，不仅为司法实践提供了明确的指引，也有利于消费者权利的保护，使得消费者在通过电子商务平台进行购物的过程中，可以更快地识别出商业广告的内容，以便作出正确的购物决策，更好地维护消费者合法权益。

第五章　合同订立和履行中的消费者权益保护

第一节　电子合同当事人[①]

【法条】《电子商务法》

第四十八条　电子商务当事人使用自动信息系统订立或者履行合同的行为对使用该系统的当事人具有法律效力。

在电子商务中推定当事人具有相应的民事行为能力。但是，有相反证据足以推翻的除外。

【案例】孩子偷用家长账号网购引发风波[②]

当事人：许某、某淘宝商家

案情简介：某日，许某家中未成年的儿子在许某不知情的情况下，偷偷以许某的淘宝账号购买了一台价值一万余元的电视机。到货后许某始知，不认可其子以自己账号购买电视机的行为，气愤之下拒绝接受该电视机。而淘宝商家认为许某应当接货付款。双方争执不下，所以淘宝商家将许某诉至法院。

案例焦点：许某认为：首先，自己没有购买意愿，也未进行下单操作，购买电视机是儿子的行为，所以合同并非在自己与商家之间成立，而是在其子

① 作者：朱姣。

② 案例来源：韩菁：《未成年人“淘宝”合同是否有效》，载 http://www.chinacourt.org/article/detail/2014/11/id/1490134.shtml。

与商家之间成立；其次，虽其子与商家之间达成该台电视机交易的合意，但其子并不具有完全民事行为能力，在没有得到自己事后追认的情况下，合同无效。而商家认为，在交易中下单账号是经过系统验证的，确为许某所有，自己所能知晓的交易对方当事人也仅限于账号主体，到底是谁在下单自己无从知晓，只能照单发货，既然货物本身没有质量问题，作为该淘宝账号所有人，许某应当接收。

一、案例剖析

该案中双方当事人的争议中心点在于：与淘宝商家订立合同的行为应该归于谁。商家认为自己是与淘宝账号所代表的主体交易，合同行为应归结于对账号享有利益的人，即许某本人；而许某认为自己并不具备订立合同的意愿也并未作出订立合同的意思表示，行为应归于实际使用人，即未成年儿子。

电子合同当事人应以电子账号为准还是以实际使用人为准这一问题是电子交易中特有的问题。在实体交易中，双方当事人都能明确地识别对方身份，不存在账号所有人与使用人不相对应的情况，所以我国《合同法》中并没有对合同当事人身份进行直接规定。因此，对于该案的争议，若要通过传统合同法解决，可以考虑无权代理或冒名合同的思路。

无权代理，根据《合同法》第四十八条的规定，行为人没有代理权、超越代理权或者代理权终止后以被代理人名义订立的合同，未经被代理人追认，对被代理人不发生效力，由行为人承担责任。冒名合同，则是行为人冒用他人名义与相对人订立的合同。二者之间的区别，在于冒名合同行为人欲将订立合同的法律后果归于自身，而无权代理仍属代理范畴，无权代理人欲将法律后果归于被代理人。

该案中，许某之子使用许某账号购买电视机，即以许某名义订立合同。其有让许某付款收货的意图，而非自己付款，换言之，许某之子是让许某来承担合同权利义务。所以许某之子的行为应当是无权代理，而非冒名订立合同。许某收到货物后不追认其子的代理行为，则对许某不发生效力，应由其子承担责任。

确定由谁承担行为责任之后，便涉及一个广为争议的话题：不完全民事行为能力人的电子交易合同是否有效。根据我国《民法》及《合同法》的相关规定，正如许某所称，其子为不完全民事行为能力人，订立的标的额达万元的合同与其年龄、智力不相符合，未得到许某的追认，合同无效。但仍有学者以我国台湾地区的“电信法”第九条[①]立法观点为借鉴，认为在电子交易中可不区分合同当事人的民事行为能力，即使不具有完全民事行为能力，但是当事人订立合同的行为也应认定有效。[②]

二、立法解读

在电子交易中，当账号所代表的主体与实际使用的主体为同一主体时，并没有界定合同当事人究竟为谁的必要，只有在账号所有人与实际使用人不一致的情况下，才可能会存在确定当事人的纠纷。尽管使用传统的《合同法》处理上例也能得出合理的结果，但放在电子商务的大环境中，这样的处理方式仍不尽如人意。传统的《合同法》只能在具体的案件中逐个分析是否符合无权代理、冒名合同或其他情形的要件，而不能得出普适性意义的结论。电子合同当事人应以电子账号为准还是以实际使用人为准的普遍问题仍未得到解决。同时，不完全民事行为能力人所缔结的电子交易合同是否确定有效力，也仍处于争议中。

《电子商务法》第四十八条对此作出规定：“电子商务当事人使用自动信息系统订立或者履行合同的行为对使用该系统的当事人具有法律效力。在电子

---

① 台湾地区“电信法”第九条：“无行为能力人或限制行为能力人使用电信之行为，对于电信事业，视为有行为能力人。但因使用电信发生之其他行为，不在此限。”笔者与持有此观点的学者存在法律理解上的分歧，笔者认为，根据上注台湾地区该条文表述，不区分当事人民事行为能力的立法态度仅仅对电信事业本身产生效力，而无关于使用电信发生的其他行为，如使用电信缔结合同。

② 潘伟华：《论电子合同当事人的行为能力》，载《安徽警官职业学院学报》2005年第3期。

商务中推定当事人具有相应的民事行为能力。但是，有相反证据足以推翻的除外。”该条款对上述两个问题都表达了立法态度，我们对其分款进行具体讨论。

（一）第四十八条第一款

“电子商务当事人使用自动信息系统订立或者履行合同的行为对使用该系统的当事人具有法律效力。”

一方面，该条款明确了在自动信息系统中订立的电子合同的法律效力。在电子商务的语境下，可以理解为电子交易双方当事人在电子信息系统中意思表示受法律保护，缔结的合同对双方具有法律约束力。诚然，根据我国《合同法》第十条、第十一条的规定，当事人订立合同，有书面形式、口头形式和其他形式。书面形式是指合同书、信件和数据电文（包括电报、电传、传真、电子数据交换和电子邮件）等可以有形地表现所载内容的形式。即使《电子商务法》中没有对电子合同的法律效力作出肯定，交易双方当事人在电子信息系统中的合同行为亦有法律效力。但在《电子商务法》中明确地认可电子合同的法律效力，无疑是促进电子合同的广泛应用和电子商务行业繁荣发展这一立法态度的体现。

另一方面，该条款最突出的立法作用，是使在上文提到的电子合同当事人应以账号所有人为准还是实际使用人为准的问题得到了清晰的回答。将合同当事人确定为“使用该系统的当事人”，即以实际使用人为合同当事人。如此规定反映出《电子商务法》立法时在消费者利益与经营者利益之间的取舍。

具体而言，我们假设以账号所有人为合同当事人。首先，电子商务经营者没有条件实际接触和了解交易相对人，其识别对方身份的能力也有限，只能根据交易相对人的电子账号进行识别、审查、订立合同等操作。因而对经营者而言，出现纠纷时，最直接便捷的方式就是以账号所代表主体为合同当事人寻求争议的解决。其次，由于消费者注册电子账户一般都会经过电子商务平台审查甚至实名认证的程序，对经营者而言与账号主体交易风险可控。因而以账号所有人为合同当事人的立法假设是将经营者利益放在首位的。

当然，对消费者而言，如果立法者以账号所有人为合同当事人，账号所有人和实际使用人的利益都有可能会受到损害。譬如，电子账号被盗用时仍将法律后果归结于账号所有人，则是对账号所有人的保护缺失。再如，实际使用人与经营者发生合同纠纷，由于当事人以账号所有人为准，实际使用人的利益得不到保护，等等。

反过来，《电子商务法》以实际使用人为合同当事人的立法态度则是将消费者利益置于立法保护的重点。账号所有人不必为实际使用人的交易行为承担合同义务，实际使用人也能以合同当事人的身份主张合同权利。当然，这对经营者来说不太友好，它意味着电子商务经营者要承担更多因账号所有人与使用人主体不同一而产生的风险，在经营者利益因合同相对人而受到损害时，也不便于要求真正的合同相对人承担责任。这导致经营者在电子交易中不得不更加审慎地核实交易相对人的基本情况，以避免发生不必要的交易纠纷。

（二）第四十八条第二款

"在电子商务中推定当事人具有相应的民事行为能力。但是，有相反证据足以推翻的除外。"

该条款确立了电子商务中当事人民事行为能力推定规则，同时也较为隐晦地回答了是否不区分当事人的民事行为能力，将不完全民事行为能力人签订的电子交易合同直接确定有效的问题。

1. 民事行为能力推定规则

假设《电子商务法》中没有确立民事行为能力推定规则，按照我国《民事诉讼法》第六十四条第一款"当事人对自己提出的主张，有责任提供证据"的规定，当电子商务经营者与消费者因对方的民事行为能力发生纠纷时，要证明合同效力，则应由肯定合同效力的一方当事人举证证明对方在电子商务活动中具有相应的民事行为能力。

通常来讲，电子商务经营者只有经过严格的审查、备案程序才能登录电子商务平台从事电子交易业务，消费者一般也能轻而易举地查询到经营者的相关企业信息，所以由消费者举证证明经营者的民事行为能力并不算难事。但是很明显，在远程的、无现实接触的电子交易中，经营者要证明合同相对人的民事行为能力的举证难度较大。尤其是在前款将合同当事人确定为账号实际使用人的情况下，经营者事先根本无从知晓合同相对人究竟为何人，要证明其具有民事行为能力更是难上加难。

而《电子商务法》中推定当事人具有相应的民事行为能力，即在诉讼中，由否认该电子合同的效力的一方来承担相应的举证责任。并且还要求否认合同效力的一方所举之证“足以推翻”推定。同时，由于举证责任转向否认合同效力的一方，举证不能的不利后果也将由否认合同效力的当事人承担。这样的举证责任分配大大减轻了经营者的诉讼负担，甚至有维护经营者之嫌。从这个角度来看，民事行为能力的推定规则确实便利了经营者的诉讼过程，也具有维护合同有效性、鼓励和促进交易的现实意义，却也难免引起争议。

2. 区分合同当事人的民事行为能力

在不完全民事行为能力人缔结的电子交易合同是否确定有效的问题上，该条款侧面反映出了立法者的态度。既然确立了民事行为能力推定规则，也就意味着在电子合同纠纷的诉讼中，当事人的民事行为能力仍旧有着确认合同效力的重要性，即《电子商务法》认为当事人的民事行为能力在电子合同中仍有区分的必要。那么遵循现行民法制度，无民事行为能力人与限制民事行为能力人缔结的电子合同效力应依照《民法总则》第十九条、第二十条、第二十一条、第二十二条规定[①]具体分析其效力。

这样的立法处理符合消费者利益保护的要求，也符合传统民法理论建构

---

① 第十九条:〔限制民事行为能力的未成年人〕八周岁以上的未成年人为限制民事行为能力人，实施民事法律行为由其法定代理人代理或者经其法定代理人同意、追认，但是可以独立实施纯获利益的民事法律行为或者与其年龄、智力相适应的民事法律行为。

第二十条:〔无民事行为能力的未成年人〕不满八周岁的未成年人为无民事行为能力人，由其法定代理人代理实施民事法律行为。

第二十一条:〔无民事行为能力的成年人〕不能辨认自己行为的成年人为无民事行为能力人，由其法定代理人代理实施民事法律行为。八周岁以上的未成年人不能辨认自己行为的，适用前款规定。

第二十二条:〔限制民事行为能力的成年人〕不能完全辨认自己行为的成年人为限制民事行为能力人，实施民事法律行为由其法定代理人代理或者经其法定代理人同意、追认，但是可以独立实施纯获利益的民事法律行为或者与其智力、精神健康状况相适应的民事法律行为。

起来的社会秩序。但是，它使得经营者的交易风险大大提高，甚至不具有完全民事行为能力的交易相对人的欺诈性隐瞒也可能会使经营者承担一部分不利后果，这种情形使经营者在交易过程中不得不更加谨慎对待与自己交易的消费者。

三、小结

《电子商务法》第四十八条确定了电子合同当事人以实际使用人为准，及当事人民事行为能力推定规则，顺便隐含地处理了不完全民事行为能力人所缔结的电子合同效力的问题。在考虑到经营者诉讼过程的举证压力和促进交易的立法目的的同时，能够在一定程度上保护消费者，另外也反映出对经营者利益的维护态度。而它在实践中能发挥多大的作用，我们拭目以待。

第二节　合同成立条件[①]

【法条】《电子商务法》

第四十九条　电子商务经营者发布的商品或者服务信息符合要约条件的，用户选择该商品或者服务并提交订单成功，合同成立。当事人另有约定的，从其约定。

电子商务经营者不得以格式条款等方式约定消费者支付价款后合同不成立；格式条款等含有该内容的，其内容无效。

【案例】网购下单后合同成立了吗？[②]

当事人：姚某、北京某越信息技术有限公司

案情简介：某日，北京某越信息技术有限公司（以下简称某越公司）旗下

---

① 作者：朱姣。

② 案例来源：中国裁判文书网。

的电商平台网站出现系统标价错误，科牌智能扫地机所示价格仅为市场价的十分之一。姚某以此低价下单购买 2 台。某越公司以库存不足为由拒绝发货并退还货款。后姚某要求某越公司履行合同，而某越公司认为合同并未成立。双方成讼。

案例焦点：在诉讼过程中，某越公司认为下单和付款是消费者的单方行为，在商品“下架”之前，某越公司不可能阻止消费者下单；且根据网站《使用条件》“只有我们向您发出发货确认的电子邮件或短信，方构成我们对您的订单的确认，我们和您之间的订购合同才成立”（普通字体载明），认为消费者下单仅为要约，若无网站确认则合同未成立。姚某未对某越公司的网站《使用条件》提出异议，但认为自己下单付款双方即合同成立，某越公司应当履行；退一步讲，如果合同不成立，则某越公司应当承担缔约过失责任。

一、案例剖析

该案当事人一方是通过电商平台购物的消费者（用户），一方是电商平台的经营者。二者之间的纠纷既反映了消费者在电子交易中的权益保护问题，也反映了互联网时代的电子商务合同成立问题。确切地说，是关于合同成立的条件与时点的问题。

该案中的争议焦点有两点：第一，姚某与某越公司之间的合同是否已经成立；第二，某越公司是否应向姚某赔偿损失。笔者也将围绕这两个焦点来剖析该案例。

（一）合同成立问题

电子交易过程中包含四个环节：首先，经营者在电商平台对所提供商品或服务的相关信息作出明确具体的描述；其次，消费者经过甄别与挑选确定交易对象、标的、数量等合同内容，进行下单和付款的操作；再次，经营者收到订单后确认并发出商品或提供服务；最后，消费者接受商品或服务。显而易见，经营者的“描述行为”、消费者的“下单”行为、经营者的“确认发货”行为、消费者“接受”行为成为四个关键时点，其中哪一个能构成合同的成立呢？

根据我国《合同法》第二十五条规定，承诺生效时合同成立。合同何时成立，取决于承诺生效的时点。承诺生效即意味着双方订立合同合意的形成。需要注意的是，消费者与电商平台经营者之间的买卖合同法律关系本质上是属于民法范畴。民法属于私法领域，具有自治性，其规范大部分属于任意规范，可为当事人意志排除及变更。[①] 在交易过程中应尊重双方的意思自治，在非强制性规范中，约定优先于法律规定。

该案中，某越公司网站公示的《使用条件》中载明“只有我们向您发出发货确认的电子邮件或短信，方构成我们对您的订单的确认，我们和您之间的订购合同才成立”，含义即某越公司的“确认发货”行为才是承诺，平台提供的对商品或服务的描述仅作要约邀请，消费者下单行为则属于向某越公司发出的要约。换言之，公司取消消费者的订单并不算违约，因为合同尚未成立。

姚某作为完全理性的交易相对人，在下单时知悉某越公司提出的该条款，并且未提出异议。即其同意某越公司有关合同成立条件的条款，双方就“某越公司做出确认行为合同才成立”这一事项达成合意。

由于某越公司事实上并未向姚某发送确认发货的邮件或短信，甚至作出相反的意思表示，双方合同未成立。

（二）损失赔偿问题

某越公司是否负有赔偿责任的问题可以转化为其是否存在缔约过失责任的问题。我国《合同法》第四十二条规定：“当事人在订立合同过程中有下列情形之一，给对方造成损失的，应当承担损害赔偿责任：（一）假借订立合同，恶意进行磋商；（二）故意隐瞒与订立合同有关的重要事实或者提供虚假情况；（三）有其他违背诚实信用原则的行为。”可知，缔约过失责任产生的原因是一方的过失使合同不能订立，从而使另一方遭受信赖利益的损失，过失方应

---

① 朱庆育：《私法自治与民法规范：凯尔森规范理论的修正性运用》，载《中外法学》2012 年第 24 卷第 3 期。

承担赔偿责任。[①]

此案中，合同不能成立的原因在于某越公司系统标价错误及商品库存不足。而某越公司作为高知名度的电商服务平台所有人，有能力掌握库存动态、查知系统错误并加以修正。然而其并未及时更改错漏，导致与姚某之间的合同不能订立，其行为存在过失，应当承担缔约过失责任，向姚某赔偿损失。

二、立法解读

上述例子可以拓展出一个已被争议许久的话题：若交易双方对合同成立条件无约定，电子合同又自何时成立呢？

在以往的争论中主要观点有两个：观点一认为，经营者对商品或服务的描述为要约邀请，消费者下单为要约，经营者承诺后合同即告成立；观点二则将经营者的描述视作要约，消费者下单构成承诺，合同自消费者提交订单之时成立。

考虑到电商交易的远程性与易变性，若采用观点一来确定电子合同成立的条件，可以预见它将会导致许多电商经营者钻空子侵犯消费者权益的问题。譬如，假设上述例子中某越公司主观状态为恶意，即故意以极低标价吸引消费者下单，实现促销广告等目的后变更价格，恶意取消合同的情形。若以经营者的承诺作为合同成立的条件，则不利于保护消费者利益，更不利于实现交易，反而是为某些电商经营者的不正当行为保驾护航。反之，若以观点二来确定电子合同的成立条件，则能够在一定程度上避免类似的情况。

《电子商务法》第四十九条规定："电子商务经营者发布的商品或者服务信息符合要约条件的，用户选择该商品或者服务并提交订单成功，合同成立。当事人另有约定的，从其约定。电子商务经营者不得以格式条款等方式约定消费者支付价款后合同不成立；格式条款等含有该内容的，其内容无效。"

相关条文中有三个重点需要注意：一是合同成立时点，二是当事人约定优先，三是对格式条款的约束。我们将围绕这三点进行研讨。

---

① 王利明：《合同法》，中国人民大学出版社 2015 年版。

（一）合同成立时点

传统合同领域，合同成立的时点在于承诺生效。我国对承诺生效的时间采取到达主义，即承诺的意思表达一旦到达要约人支配的范围内，承诺生效，合同成立。[①] 而在电子商务领域，由于互联网的瞬时性，合同当事人的承诺几乎一经作出即生效。换言之，电子交易中，合同成立的时点几乎等同于承诺作出的时点。

《电子商务法》在合同成立时点的规定中有两个要求：（1）电子商务经营者发布的信息需符合要约条件，（2）合同成立时点是“用户选择商品或服务并提交订单成功”。这之间，“信息需符合要约条件”相当于“提交订单即合同成立”的前提条件，我们细化后进一步分析。

1. 信息符合要约条件

根据《合同法》第十四条规定，要约是希望和他人订立合同的意思表示，该意思表示应当符合下列规定：（一）内容具体确定；（二）表明经受要约人承诺，要约人即受该意思表示约束。

电子商务经营者提供的信息在一般情况下都能够符合合同法对要约的规定。网络购物不同于实体购物，消费者在选购的过程中难以依据个人真实体验作出抉择，因而理性的消费者会更加注重经营者的单方描述与第三方评价以便判断。模糊的、片面的产品描述往往增加消费者的疑虑，致使交易可能性降低。所以，经营者为吸引消费者的注意并使其放心下单，预先提供的商品或服务的信息内容都较为全面、具体、确定。另外，依据电子商务行业的交易习惯，经营者上架商品、提供其具体信息即可表示其具有缔结合同的目的，而无须特别声明。

2. 用户选择并提交订单成功

《电子商务法》对电子合同成立条件的规定中最大的亮点：明确了合同

---

① 崔建远：《合同法（第四版）》，法律出版社 2007 年版。

成立的具体时点。合同成立的具体时点：用户选择该商品或者服务并提交订单成功。

草案二审稿曾将承诺作出的主体确定为“当事人”，电子交易当事人包括电子商务经营者与用户双方。从双方当事人的地位来看，经营者不是选择商品或服务的一方，而是作为被选择的主体。因此，二审稿所言的当事人是用户。《电子商务法》最终将主体确定为“用户”，与二审稿相比其更为严谨。

将“提交订单”作为消费者的承诺行为，体现出立法欲将缔结合同的最终决定权完全地交到消费者手中的态度，但“成功”二字又为经营者留下了一道护身符。若只将“提交订单”作为合同生效之时点，就意味着消费者的行为是判断合同是否订立的唯一因素。一则，能够规避不法经营者恶意取消订单等情形，有利于维护消费者的信赖利益与自由意志；二则，经营者提供的信息被法律定性为要约，为了使合同内容明确、避免可能产生的后续纠纷，经营者不能再故意胡乱标价或是放任系统操作漏洞的存在，而不得不在商品描述环节尽可能地向消费者提供更加清晰、准确、完善的信息。如此，《电子商务法》在保护消费者利益之外，可能取得规范经营秩序的意外效果。但加上“成功”二字立法用意则变得模糊：何为提交成功？这是否要求消费者不仅要提交订单，还要订单信息在电子系统中顺利地到达经营者一方？如此看似公正，实则为经营者通过信息技术手段干预消费者提交订单的行为预留了空间。

（二）当事人约定优先

我国《合同法》中大多数条款都是任意性规范，即当事人约定优先于法律规定，以保障当事人的意思自治。《电子商务法》亦遵循传统合同法的思路，在合同成立条件处设置了当事人约定优先的条款。这看似能更大限度地尊重电子交易当事人的意思自由，实则电商经营者开了一道以“约定”规避前款规定的缝。

电子商务经营者与消费者之间的交易关系与其他买卖关系有差异。一方面，由于电子交易平台的程序固定性，往往双方当事人的“约定”都是由经营者制定约定内容，消费者选择同意与否，而没有当面交易中双方协商的过程。另一方面，双方地位严重不对等，导致消费者在经营者面前的话语权十分微弱，难以变更经营者制定的各项规则，在交易中很难维护自身的意思自由。所以，电子商务交易中的“当事人约定”，往往就表现为电子商务经营者及平台经营者的用户协议。

经营者提出的用户协议本质上是一种格式条款，问题在于，实践中它对消费者而言相当于“准入门槛”，一旦消费者选择不同意，便意味着无法进入该交易市场；而一旦消费者选择同意，也就相当于双方达成合意，以用户协议排除法律的适用。因此，在前款“提交订单即合同成立”的规定之后设置“当事人约定优先”条款，使经营者能够以此合法地排除消费者订立合同的最终决定权，使前款保护消费者权益的效果大打折扣。在用户协议之类格式条款得到很好的限制之前，法律不应当为经营者开这道缝。

（三）对格式条款的约束

《电子商务法》第四十九条第二款规定：“电子商务经营者不得以格式条款等方式约定消费者支付价款后合同不成立；格式条款等含有该内容的，其内容无效。”经营者若以格式条款限制合同成立的时点，那么对这种格式条款的约束算得上真心实意地为用户着想。但格式条款也是当事人另行约定的方式，第四十九条前款才规定当事人约定优先，后款就紧跟着言明格式条款无效。这可以说立法为规避前文笔者提到的风险，特地将格式条款从当事人约定中剔除，是立法谨慎的表现；也可以说，立法未处理好两条文内在的冲突关系。所谓仁者见仁，智者见智。

三、小结

总体上说，《电子商务法》第四十九条规定为电子交易合同何时成立的争论一槌定音。但同时，约定优先条款也为该条规定在现实中的应用埋下隐患。笔者认为，在制约经营者格式条款的相关配套规定详尽完备的情况下或许可留用约定优先条款，但是在电子商务发展的现状下，这也可能导致消费者的权利再一次被经营者把控。

第三节　消费者更正权[①]

【法条】《电子商务法》

第五十条　电子商务经营者应当清晰、全面、明确地告知用户订立合同的步骤、注意事项、下载方法等事项，并保证用户能够便利、完整地阅览和下载。

电子商务经营者应当保证用户在提交订单前可以更正输入错误。

【案例】兜兜转转的商品

当事人：格格、淘宝网店

案情简介：格格前一天晚上于淘宝平台的个人网店购买商品后，次日早晨检查时发现填写错了收货地址，立即询问店家的客服能否在订单已提交的情况下更改地址，客服承诺可以。格格向客服提供新地址后，几天后收到来自快递的信息才发现商品仍寄往了原地址，而不是她与客服沟通后的新地址。格格因此再次向商家提出将商品转寄到新地址。在商家的要求下，她垫付了转寄费，但是自己的商品三天后仍未显示转寄。与商家多次催促无果，只好自行联系快递公司并将商品转寄到新地址。

格格认为，自己虽然已经提交订单，但是及时与商家沟通并得到对方同意，地址已经更正。商品最终发到错误的地址应该由商家承担责任。因此转寄费不应该由她支付。同时格格认为，在自己已经支付转寄费、商家承诺转寄的情况下，商品却仍未转寄到新地址，她可以以未收到货为由，申请退款。

案例焦点：消费者的更正权；电子错误

① 作者：张智婷。

一、案例剖析

（一）本例中消费者不享有更正权

根据《电子商务法》第九条第一款规定："本法所称电子商务经营者，是指通过互联网等信息网络从事销售商品或者提供服务的经营活动的自然人、法人和非法人组织，包括电子商务平台经营者、平台内电子商务经营者。"消费者进行消费的网店依托于某电商平台，属于平台内经营者，包括在《电子商务法》所规定的"电子商务经营者"范围内。消费者与该网店的交易行为受《电子商务法》的调整。

根据《电子商务法》第五十条第二款规定："电子商务经营者应当保证用户在提交订单前可以更正输入错误。"这就在法律上明确规定了消费者的更正权。需要注意的是，这里的更正权仅仅是"提交订单前"的更正权。

根据《合同法》第十一条规定："书面形式是指合同书、信件和数据电文（包括电报、电传、传真、电子数据交换和电子邮件）等可以有形地表现所载内容的形式。"这意味着电子商务中的电子合同受《合同法》的调整。因此消费者"提交订单"这一行为相当于发出了消费者的承诺，意味着双方的合同成立。而《电子商务法》第五十条所保护的仅仅是合同成立之前，消费者不因技术问题而被剥夺更改商品种类、数量等的权利。

在本案例中，消费者已经提交了订单，因此并不能享有第五十条第二款所规定的更正权。因此根据现有的法律，消费者应承担转寄费用。但是根据《合同法》规定，消费者因过失将合同地址写错，是否可以视为重大误解，并因此撤销该合同呢?

（二）合同可撤销

依据《消费者权益保护法》第十六条第二款的规定："经营者和消费者有约定的，应当按照约定履行义务，但双方的约定不得违背法律、法规的规定。"经营者必须履行法定的义务和约定的义务。当商家已经承诺为消费者转寄商品后，商家就应当履行自己的承诺。商家在承诺转寄后，商品连续几天仍未转寄，应视为商家违约，同时也违背了诚信原则。消费者可以要求解除合同，申请退款。这其中的退款应不仅包括消费者购买商品的价款，还应包括消费者所支付的转寄费和商家的违约金。

消费者与电子商务经营者的争议解决规定在第六十条、第六十一条中有所体现。在消费者要求退款未果时，根据第六十条的规定，电子商务争议可以通过协商和解，请求消费者组织 、行业协会或者其他依法成立的调解组织调解，向有关部门投诉，提请仲裁机构仲裁，或者向人民法院提起诉讼等方式解决。在消费者与商家协商未果的情况下，可以选择相关的省级消协、杭州互联网法院等争议处理机构介入。根据第六十一条规定，消费者在电子商务平台购买商品或者接受服务，与平台内经营者发生争议时，电子商务平台经营者应当积极协助消费者维护合法权益。消费者也可以要求电商平台介入，维护自己的合法权益。

二、立法解读

第五十条规定在《电子商务法》的第三章“电子商务合同的订立与履行”，规定的内容是经营者订立合同告知义务和消费者更正权。电子商务平台经营者也有义务告知用户相关信息，这规定在《电子商务法》的第三十三条：“电子商务平台经营者应当在其首页显著位置持续公示平台服务协议和交易规则信息或者上述信息的链接标识，并保证经营者和消费者能够便利、完整地阅览和下载。”

本条规定的仅是“提交订单前”，这时的输入错误多指所选数量、种类错误。因此本条的要求，旨在保证消费者提交订单前可以修改自己选择商品的错误。

但在现实生活产生的纠纷多如本案例中所提的，消费者在提交订单以后发现了输入错误。由于“点击合同”的便利性，一些如邮寄地址等事先输入好的信息往往容易被忽略。《电子商务法》旨在“保障电子商务各方主体的合法权益，规范电子商务行为，维护市场秩序，促进电子商务持续健康发展”，过于倾斜性地保护消费者利益可能会打击经营者的积极性，因此在订单提交后，商家没有法定义务为消费者更改其收货地址。在通信发达的现代社会，消费者通过快递单号与快递员联系也可以直接与快递公司联系。而商家是否有义务在这个过程中协助消费者呢?

根据电子合同和电子错误的国际规定，消费者在及时发现错误并通知商家的情况下，是可以撤销其错误的效力的。

（一）电子合同

电子合同，目前并没有一个统一的定义，它通常只是被视为合同的一种新形式，因而归属于传统的合同概念。有学者将电子合同的定义区分为广义和狭义两种，“广义的电子合同，是指经电子手段、光学手段，或其他类似手段拟定的约定当事人之间权利与义务的契约形式”①，并将狭义的电子合同限定于以电子数据交换（EDI）方式拟定的合同。本文采用的定义如下，“电子合同是平等主体之间以数据电文的形式达成的设立、变更、终止民事权利义务关系的协议”。②

电子合同与传统合同的根本区别就在于，订立合同的方式是数据电文。这也决定了，电子合同在合同形式、订立过程及其成立与生效这三个方面不同于传统合同。因为电子合同的订立过程是以“非面对面方式”为主，在C2C平台上依赖于互联网智能的电子“代理人”，具有自动性。在这个过程中出现的“电子错误”也需要特别的规制。尽管电子合同在本质上不是书面形式，但电子合同的成立和生效方面采用“功能等同”原则，以适用传统的合同法。在合同成立方面，则适用确认收讫规则，以减少合同成立的不确定性。

---

① 蒋志培:《网络与电子商务法》(修订本)，法律出版社2002年版。

② 张楚:《电子商务法教程》，首都经济贸易大学出版社2017年版。

（二）电子错误

签订电子合同时产生的电子错误“是指在电子合同订立过程中，双方当事人因使用信息系统而产生的错误或者变异。‘错误’是指电子合同当事人一方由于自己的疏忽而提交了不正确的信息……‘变异’是指由于信息系统的错误而将一方当事人的意思自动地加以变化的情形。”[①] 在本案例中，消费者事先已填写好邮寄地址，在确认订单时因疏忽大意而提交订单，就是一种电子错误。这不同于传统合同订立时所发生的意思表示错误，这种情况下不真实的意思表示，原则上应允许当事人撤销。

国际上如美国《统一电子交易法》、加拿大《统一电子商务法》、联合国贸易法委员会《国际合同中用电子通信公约》都对此作了规定，在满足一定条件的前提下，消费者与卖方的电子“代理人”交易过程中的电子错误的效力是可以撤销的。在本案例中，网店店主所依托的淘宝电商平台采用智能化交易系统来使商家履行合同。这种自动化交易所采用的交易系统也被称为电子“代理人”。消费者及时通知商家因自己的原因造成该数据电文错误，并表明本人不愿受该错误意思表示的约束，这种情况下，消费者是可以撤销其错误的意思表示的。

这种意思表示错误的情况在不同形式的电子合同中的适用有所不同。在EDI交易环境下，通常认为如果一方当事人由于自己的失误违反了协议或操作规程，合同成立后，应该由他自己承担责任。即使合同因重大误解而最终被撤销，也应当是由有过错的一方承担责任。但在点击合同的情况下，适用有些许不同。

这里又涉及另一个概念，即点击合同。点击合同，是指由商品或服务的提供人通过计算机程序预先设定合同条款的全部或一部分，以规定其与相对人之间的法律关系，相对人必须点击“同意”才能订立合同。

有学者认为，点击合同的承诺撤销问题应不同于传统合同的撤销。这种

---

① 张楚:《电子商务法教程》，首都经济贸易大学出版社2017年版。

点击十分短暂，意思表示不真实的情况更容易发生。因此，应当允许消费者在短暂的期限内，如一天内决定是否撤销承诺。[①]

三、小结

点击合同的规定相对来讲是比较合理的，即允许消费者在意思表示不真实时，在短暂的期限内决定是否撤销承诺。这既没有使网络经营者承担过大的风险，又保护了消费者的利益。因为在电子消费的过程中，消费者承担着更大的风险。对电子商务经营者来说，其可能受到影响的利益仅仅是经济利益，但对于消费者来说，一次错误的购买，影响的不仅是经济利益，损失的不仅是财产，还有生存、生命安全与健康等利益。这种利益形态的差异要求《电子商务法》在规定的过程中将其予以考虑。因此，《电子商务法》的这一条仅规定了用户"提交订单前"的更正权是远远不够的，还应当在消费者提交订单以后的一定时间内保证消费者的更正权，这样才能平衡消费者与电子商务经营者在电子交易环境下由于技术的不对等性所产生的差异。

第四节　交付环节[②]

【法条】《电子商务法》

第五十一条　合同标的为交付商品并采用快递物流方式交付的，收货人签收时间为交付时间。合同标的为提供服务的，生成的电子凭证或者实物凭证中载明的时间为交付时间；前述凭证没有载明时间或者载明时间与实际提供服务时间不一致的，实际提供服务的时间为交付时间。

合同标的为采用在线传输方式交付的，合同标的进入对方当事人指定的

① 王利明：《合同法研究》（第一卷），中国人民大学出版社2002年版。

② 作者：张智婷。

特定系统并且能够检索识别的时间为交付时间。

合同当事人对交付方式、交付时间另有约定的，从其约定。

【案例】“常驻”的快递

当事人：消费者、淘宝网店

案情简介：消费者在淘宝平台内一电子商务经营者处购买商品后，迟迟未收到货。查看商品信息后，订单上商品显示已发货，但是在网上查验快递单号时，却没有此快递的物流信息。消费者认为商家根本就没有发货，在多次催促经营者后，消费者才收到了快递信息。在收快递时由于手机没在身边，没有接到快递员的电话。事后再联系快递员时，快递员通知其快递已由学校收发室代收，消费者需到收发室自行取快递。事后消费者就忘记自己的快递被签收一事，十几天后才忆及此事到收发室取快递。由于时间过长，商品已经自动付款，商品订单状态已完成。但是消费者在拆封后对于收到的商品并不满意，想要退货。商家以消费者已经签收，无理由退货期间已过为由，不予理睬。

但消费者认为，商家无故虚假发货，造成自己没有及时收到货，应当承担一定的违约责任。事后自己并未选择由收发室代收。商品是快递人员擅自决定放到收发室的，而且签收后自己也并未再次得到任何提醒，快递公司具有过错，真正的交付时间应算作自己到收发室签收快递的时间。快递公司应当为自己的损失承担责任。

案例焦点：延迟发货的交付时间确定；物流公司义务

一、案例剖析

本案例中涉及了两个合同，一个是商家与消费者签订的买卖合同，另一个是商家与快递公司签订的运输合同，这两个合同均受《合同法》与《电子商务法》规制。消费者就商家延迟发货这一行为，可以请求店家进行违约赔偿。《电子商务法》第二十条规定了电子商务经营者交付时限，“电子商务经营者应当按照承诺或者与消费者约定的方式、时限向消费者交付商品或者服务，并承担商品运输中的风险和责任。但是，消费者另行选择快递物流服务提供者的除外。”因此，在商家延迟发货的情况下，消费者可以就店家的违约行为请求赔偿。淘宝平台也规定了延迟发货规则，卖家超过买家付款后的四十八小时而未发货，或者在另行约定发货时间而未发货，即属于商家延迟发货。根据淘宝平台自身的规定，商家的交货时间应以快递公司系统内记录的时间为准，而不是以商家在订单信息处所填的虚假快递信息为准。① 因此，本案例中，商家属于延迟发货，是一种违约行为。

二、立法解读

第五十一条规定了交付方式和交付时间。该法条区分了三种合同标的：交付商品、提供服务和在线提供数字产品。其交付时间分别为收货人签收时间，电子或实物凭证所载明的时间和数字产品到达消费者特定系统并且为消费者所能检索到的时间。交付时间是合同履行中会涉及的问题。对交付时间的规定影响着各方主体的风险承担，也影响着消费者实际购物权益。

（一）交付的确定

何时算作“交付”？根据《合同法》第一百四十一条规定，标的物需要运输的，出卖人应当将标的物交付给第一承运人以运交给买受人。在双方没有约定的情况下，《合同法》第六十一条规定：“合同生效后，当事人就质量、价款或者报酬、履行地点等内容没有约定或者约定不明确的，可以协议补充；不能达成补充协议的，按照合同有关条款或者交易习惯确定。”这是对约定不明的合同进行的补救。也就是说一般的买卖合同，在货物需要运输的情况下，以出卖人将标的物交付给第一承运人以运交给买受人视为交付已经完成。

在本案例中，快递员没有将快递交给消费者而是交由收发室代为签收，算交付完成吗？问题首先在于，快递员是否可以在第一次联系收货人未成功

---

① 载 https：//rule.tmall.com/tdetail-345.htm：spm=a2177.7731966.0.0.3bd7bdc1QTaJNH&tag=self，最后访问日期：2017 年 12 月 13 日。

时，就擅自将商品交给收发室代收。根据《合同法》第三百零九条的规定，货物运输到达后，承运人知道收货人的，应当及时通知收货人，收货人应当及时提货。承运人具有通知义务，在第一天电话未接通的情况下就不再通知，没有履行自己的通知义务。

（二）快递公司的义务

快递公司不仅具有通知义务，同时也具有将货物交付收货人的义务。收货人，是指因运输合同托运人指定，取得可能受领运输物权利的人，托运人可指定自己为收货人，但收货人也可以是托运人以外的第三人。[1] 本案例中，消费者即运输合同中的收货人。

《电子商务法》第五十二条，也规定了快递物流服务提供者交付商品的方式。电子商务当事人可以约定采用快递物流方式交付商品。快递物流服务提供者为电子商务提供快递物流服务，应当遵守法律、行政法规，并应当符合承诺的服务规范和时限；在交付商品时，应当提示收货人当面查验，经当面查验无异议的，收货人应当签收。快递物流服务提供者在提供快递物流服务的同时，可以接受电子商务经营者的委托提供代收货款服务。快递员交付货物时应当经收货人当面查验无异议。根据《合同法》第三百零八条规定，在承运人将货物交付收货人之前，托运人可以要求承运人中止运输、返还货物、变更到达地或者将货物交给其他收货人，但应当赔偿承运人因此受到的损失。这个规定说明承运人应当将货物交给托运人指定的收货人，若交由错误的收货人，承运人应当承担相应的违约责任。本案例中，快递员在未经消费者同意的情况下，仅仅因为第一次联系消费者手机未接通就擅自将快递交给收发室代收，如果最后消费者并未能收到货物，快递公司应当因此承担责任。

快递员在联系收货人未果的情况下将商品放到收发室代收，虽然不符合法律规定，但是在现实生活中，这种情况却很常见。快递员在收货人不能及时收货的情况下，通常都会放到收发室、蜂巢货柜等代收点。出于效率考虑，

① 邱聪智:《新订债法各论》(中)，中国人民大学出版社 2002 年版。

在快递过多、过重的情况下，快递员需要尽快处理已经积压的快递。但在快递员没有将快递直接交付给收货人的这种情况下，就会出现快递服务公司违约的事情，商品的安全得不到保证。

（三）风险

在《合同法》中，风险是一个具有特殊意义的概念，它“是指在买卖合同订立以后，标的物发生意外毁损灭失，由合同的哪一方当事人承担该项损失以及相关不利后果的一项制度”。[①]因此，电子商务经营者的风险承担是相对于消费者而言的。在电子商务经营者和消费者没有特别约定的情况下，如果因物流公司的问题而导致商品毁损或灭失，商家要承担相应的风险和责任。在本案例中，收发室代收不能算作商品已经交付，这个阶段如果商品发生任何的毁损或灭失，该风险需要由商家承担而不是由消费者承担。

但是本案例中，消费者十几天仍未取快递，也有过错。根据《合同法》第三百零九条和第三百一十条的规定，收货人有及时受领货物和检验货物的义务。《合同法》第三百一十条规定：“收货人提货时应当按照约定的期限检验货物。对检验货物的期限没有约定或者约定不明确，依照本法第六十一条的规定仍不能确定的，应当在合理期限内检验货物。收货人在约定的期限或者合理期限内对货物的数量、毁损等未提出异议的，视为承运人已经按照运输单证的记载交付的初步证据。”这个合理期限的确定依据不同的情况确定，如果在这个合理期限内异议，则可以表明承运人完成了交付。[②]根据《合同法》第三百零九条规定，收货人逾期提货的，应当向承运人支付保管费等费用。《合同法》第三百零九条也规定了收货人及时提货的义务。因此在本案例中，消费者没有及时取货，对于因此而造成的后果需要自行承担。

（四）其他问题

在实践中，交付时间的确定还存在一些其他问题。在《消费者权益保护

---

① 王利明：《合同法研究》（第一卷），中国人民大学出版社 2002 年版。

② 王利明：《合同法研究》（第三卷），中国人民大学出版社 2012 年版。

法中》，两次涉及何为“收货人签收时间”。《消费者权益保护法》第二十四条规定：“经营者提供的商品或者服务不符合质量要求的，消费者可以依照国家规定、当事人约定退货，或者要求经营者履行更换、修理等义务。没有国家规定和当事人约定的，消费者可以自收到商品之日起七日内退货；七日后符合法定解除合同条件的，消费者可以及时退货，不符合法定解除合同条件的，可以要求经营者履行更换、修理等义务。依照前款规定进行退货、更换、修理的，经营者应当承担运输等必要费用。”这里对退货期限规定的起算时间，就是消费者“收到商品”之日。根据《消费者权益保护法》第二十五条规定，经营者采用网络、电视、电话、邮购等方式销售商品，消费者有权自收到商品之日起七日内退货，且无须说明理由。这里涉及的无理由退货的时间也是“收到商品之日”。

三、小结

在《消费者权益保护》法修订之前，1993 年发布的法律条文内容中并没有对交付时间明确规定，这就导致在涉及经营者质量保证等义务的，商家以自己发货时间为起算基点，辩称期限已过而拒绝履行义务。因此新的《消费者权益保护法》对交付时间具体规定为“收到商品之日”有很重要的实践意义。全面保护消费者的合法权益，以实质正义的理念维护市场的信用，这一观念在《电子商务法》中也得到了贯彻。

第五节 物流环节①

【法条】《电子商务法》

第五十二条 电子商务当事人可以约定采用快递物流方式交付商品。

---

① 作者：陈平巧。

快递物流服务提供者为电子商务提供快递物流服务，应当遵守法律、行政法规，并应当符合承诺的服务规范和时限。快递物流服务提供者在交付商品时，应当提示收货人当面查验；交由他人代收的，应当经收货人同意。

快递物流服务提供者应当按照规定使用环保包装材料，实现包装材料的减量化和再利用。

快递物流服务提供者在提供快递物流服务的同时，可以接受电子商务经营者的委托提供代收货款服务。

【案例】快递被谁收了

当事人： 李某、宁波北仑某物流有限公司大碶分公司

案情简介： 2013 年 9 月 13 日，消费者李某通过网络购买了一张桌子，由宁波北仑某物流有限公司大碶分公司提供物流服务，按快件上的收件地址将桌子送到消费者李某处。快件上的收件地址是消费者开办的一家商店，由于当时消费者李某并不在店内，未经消费者签收，物流服务提供者就将快件放至消费者店内便自行离开了。消费者于 2013 年 9 月 14 日打开快件包装后，发现所购商品桌子有破损，并且查到快递的面单是快递公司冒用消费者之名签收的，并非经消费者本人验收确认后签收。消费者李某和快递公司遂起冲突，李某要求快递公司依桌子价格 120 元赔偿其损失无果后，经消费者协会的介入，快递公司赔偿了消费者的货款全额 120 元。[①]

除此之外，由于电子商务迅猛发展，网购数量激增，所以快递业发展迅猛且快递数量猛增。为了提高投递效率，解决快递投递的最后一公里的问题，以蜂巢智能柜、菜鸟驿站为代表的快递代收服务形式在高校与社区盛行。2017 年 9 月北京某高校在校生王同学在开学之初，于淘宝平台的某店商处购买生活用品，将收货地址填写为学校所在地，数日之后王同学查物流信息显示，自己所购货物已被驿站代收，请王同学凭取货号到驿站取货。王同学对此十分气愤，自己并未选择代收服务，并且自己未收到货物，货物就显示签收，淘宝卖家催促自己确认收货并评价，在此情形下自己根本无法在收货前查验

① 案例来源：中国消费者协会。

货物是否完好，是否符合约定的质量标准。拿到货物后，王同学发现货物有毁损，联系淘宝卖家，卖家表示货物签收时其并未声称存在问题，因此无法确定此毁损是否由卖家造成，多次协商之下，淘宝卖家同意给王同学重发货物，但极力提醒其一定要先验货后收货。王同学的经历并不是个例，在社区和高校，无论收货人是否事先选择代收服务，快递被投递至驿站和智能柜由其代收，收货人凭取货号取货的做法盛行。

案件焦点：

1. 电子商务交易中未经消费者同意，物流服务提供者代签代收行为是否有效？

2. 电子商务交易中物流服务提供者的义务是什么？

3. 电子商务交易中物流服务提供者违反义务应负何种责任？

一、案例剖析

快递投递的典型模式之一是快递员送货上门，由收件人本人或其代收人查验确认后签收，快递服务经营者按此流程提供快递服务，符合业务规范与法律规定，运输合同义务得以充分履行。在实际运行过程中，当快递公司投递至收件人地址处时，若收件人未能当面签收，未经收件人同意，快递公司便代为签收的现象普遍存在，且多为“驿站”或“智能柜”模式。此种未经同意便代为签收的做法往往是纠纷的源头所在。

处理此类纠纷的常见做法是消费者协会介入，居中调解。根据《合同法》《快递服务国家标准》《快递市场管理办法》等规定，应由快递公司承担责任。

首先，收件人与快递公司之间存在合同关系，虽然在合同中未明确约定快递服务人员不能代为签收，但是根据《合同法》第六十一条规定：“合同生效后，当事人就质量、价款或者报酬、履行地点等内容没有约定或者约定不明确的，可以协议补充；不能达成补充协议的，按照合同有关条款或者交易习惯确定。”即若合同中未明确规定时，合同的条款依交易习惯确定；《快递服务国家标准》中的国家标准即为此处的交易习惯。根据《快递服务国家标准》

规定，快递服务人员将快件交给收件人时，应有义务告知收件人当面验收快件；若收件人本人无法签收时，可与收件人（寄件人）沟通允许后，采用代收方式，快递服务人员也应告知代收人的代收责任；验收无异议后，验收人应确认签收。因此，快递服务人员未经收件人同意就代为签收的做法违约，快递公司应承担违约责任。依据《合同法》第一百零七条关于违约责任的规定“当事人一方不履行合同义务或者履行合同义务不符合约定的，应当承担继续履行、采取补救措施或者赔偿损失等违约责任”。本案中，继续履行和补救措施的责任方式并不可取，快递服务提供者应当承担赔偿损失的违约责任。

其次，2013 年 3 月 1 日《快递市场管理办法》颁布生效后，快递服务提供者应通知收件人查验收货的义务，从国家标准行业惯例上升为部门规章的规定，上升为法定义务，由此加大了对收件人权利的保护。《快递市场管理办法》第十七条第一款规定：“经营快递业务的企业投递快件（邮件），应当告知收件人当面验收。快件（邮件）外包装完好的，由收件人签字确认。投递的快件（邮件）注明为易碎品及外包装出现明显破损的，企业应当告知收件人先验收内件再签收。企业与寄件人另有约定的除外。”快递公司径直签收的行为违反规章的规定，显然应该承担法律责任。

最后，《电子商务法》颁布后，依据《电子商务法》第五十二条第二款的规定：“快递物流服务提供者为电子商务提供快递物流服务，应当遵守法律、行政法规，并应当符合承诺的服务规范和时限。快递物流服务提供者在交付商品时，应当提示收货人当面查验；交由他人代收的，应当经收货人同意。”在此，《电子商务法》是将以前国家标准、部门规章中的内容纳入其中，以法律这一项较高位阶的规范性文件的形式来规定快递公司负有提示收货人当面查验的义务，通过强制性的规范进一步加大了对取件人（多为消费者）的保护。未提示收货人查验货物，径直签收的行为，违反《电子商务法》的规定，快递公司应当承担相应的法律责任。据此可知，快递服务提供者在提供物流服务时，需注意提醒收件人当面查验货物，查验无疑义后再由收件人确认签收，切勿代收件人签收，以免产生争议，引发纠纷。

二、立法解读

为解决物流运输纠纷，维护电子商务交易中消费者的合法权益，《电子商务法》第五十二条对物流环节物流服务提供者的义务作出明确规定，其中最为重要，直接关涉消费者利益的为第五十二条的第二款“快递物流服务提供者为电子商务提供快递物流服务，应当遵守法律、行政法规，并应当符合承诺的服务规范和时限。快递物流服务提供者在交付商品时，应当提示收货人当面查验；交由他人代收的，应当经收货人同意”。

新出台的《电子商务法》之所以对物流服务提供者交货义务作出如此明确的规定是出于以下几方面的考量。电子商务交易具有远程性、技术性，电子商务交易中的消费者对商品了解甚少。消费者对商品的了解只能基于卖方提供的图片、文字描述等信息。相较于传统交易，电子商务中更易出现货物质量争议。

在电子商务交易中，货物由卖方亲自签收更具有重要的法律意义。这是因为电子商务交易中缔结的合同多以运输方式履行。快递无异议的签收，即代表买方全面履行了货物的给付义务。若货物存在质量问题，消费者欲请求商家承担违约责任便会有所阻碍。所以，《电子商务法》特以明文规定物流服务提供者应当面交货，并提示收货人查验的义务。下文将先对物流服务提供者的代签行为的法律效力进行分析，并进而对电子商务交易中物流服务提供者的权利义务与责任进行较为全面的介绍。

（一）代签代收行为的效力

若物流服务提供者在未取得收件人同意的情况下，由自己代为签收或他人代为签收的行为通常并无法律效力，属于无权代理，由此给消费者造成损失，应当由其承担相应的赔偿责任。

代签行为的法律性质为民事代理。代理行为的有效，需行为人事先经被代理人授权其为代理行为，或者被代理人事后追认无权代理人的代理行为。

若无事先授权且被代理人事后拒绝追认，则该代理行为不对被代理人发生法律效力。由行为人对相对人承担责任。[①] 在本案中，快递员未经收件人同意代其签收，是典型的无权代理行为，并且收件人在事后也并不认可快递员的代签，因此此种签收行为无效，视为收件人并未签收。无论是《快递市场管理办法》[②] 还是刚颁布出台的《电子商务法》都是直接从法律上禁止快递服务提供者对收件人所为的无权代理行为，即这种快递服务提供者不得未经收件人同意就代其签收，快递服务提供者应提醒、告知收件人当面查验收货。

但对于此款强制性规定不宜一概解释为效力性、强制性规定。若一概认为其无效，也不利于对收件人的利益保护。多数情况下，货物并无毁损，当事人之间并无争议产生，收件人通常愿意事后追认快递服务提供者的代签行为。所以，违反后行为并不是无效的，是效力待定，可由当事人的意思介入，若拒绝追认则为无效，反之则有效。将快递服务提供者提示当面验收的义务法定化，实际上是《电子商务法》立法加大对消费者保护的立法价值理念的体现。

（二）物流服务提供者的义务

物流服务提供者与寄件人签订物流服务合同，由物流服务组织提供物流服务，将快件按照约定在承诺的限期内运至收件人，由收件人签收。目前，此种合同不是《合同法》明文规定的合同，即为无名合同。合同权利义务的确定主要来源于当事人约定、《快递服务国家标准》及《合同法》的一般规定、

---

① 《中华人民共和国民法总则》（主席令第66号），2017年10月1日生效，现行有效。第一百七十一条规定“【无权代理】行为人没有代理权、超越代理权或者代理权终止后，仍然实施代理行为，未经被代理人追认的，对被代理人不发生效力。

相对人可以催告被代理人自收到通知之日起一个月内予以追认。被代理人未作表示的，视为拒绝追认。行为人实施的行为被追认前，善意相对人有撤销的权利。撤销应当以通知的方式作出。

行为人实施的行为未被追认的，善意相对人有权请求行为人履行债务或者就其受到的损害请求行为人赔偿，但是赔偿的范围不得超过被代理人追认时相对人所能获得的利益。

相对人知道或者应当知道行为人无权代理的，相对人和行为人按照各自的过错承担责任。”

② 《快递市场管理办法》（交通运输部令2013年第1号），2013年3月1日生效，现行有效。

最相类似的有名合同即运输合同的相关规定。依据法律和惯例，快递服务组织主要负有以下义务。

1. 包装、分拣义务

根据《快递服务国家标准》规定，快递服务提供者负有以快递物品的收件地址、快件种类、服务时限等依据进行包装、分拣的义务。此外，在分拣的过程中快递服务人员应该文明分拣、不应野蛮操作，并且应当将快件准确分拣到位，避免出现错分滞留现象。近年来，由于快递数量的激增，快递服务乱象迭出，快递员隔空抛物，随意踢快件、扔快件的现象频发，经常造成快件的毁损。

2. 安全运输义务

快递服务提供者需安排合理的运输路线和运输方式，以确保快件安全送达。这是快递服务提供者最主要的义务之一，这决定了快递服务合同的合同目的能否实现。根据《快递服务国家标准》规定，在快件的装载和卸货环节中，应妥当装卸，确保快件不受损害，核对快件的数量和质量；如需转运，应严格按照中转时限转发；按照规定的路线进行运输，若出现特殊情况，致使原规定的路线不适用时，可根据实际情况调整计划。快递服务提供者应尽善良管理人的注意义务，采取有效措施确保快件的安全。

3. 及时妥当投递义务

首先，快递服务组织投递快件应不超过向用户承诺的服务时限，否则即为迟延履行。当发现延迟履行的情况时，寄件人可要求其承担违约的损害赔偿责任。若因迟延致使合同目的不能实现，导致根本违约的，寄件人可以主张解除合同，要求快递服务提供者承担损害赔偿责任。根据《快递服务国家标准》的规定，国内快递若为同城快件，时限为 3 个日历天，若为省内异地和省际快件为 7 个日历天。其次，快递服务组织对快件的投递至少应提供两次免费投递，若投递两次未能投递的快件，收件人仍需要快递服务组织投递的，快递服务组织可收取额外的费用，但应事先告知收件人收费标准。

4. 提示验货签收义务

根据《快递服务国家标准》《快递市场管理办法》的规定，快递服务提供者投递快件，应当告知收件人当面验收。快件外包装完好的，由收件人签字确认。投递的快件注明为易碎品及外包装出现明显破损的，应当告知收件人先验收内件再签收，快递服务提供者与寄件人另有约定的除外。对于网络购物、代收货款以及与用户有特殊约定的其他快件，企业应当与寄件人在合同中明确投递验收的权利义务，并提供符合约定的验收服务，验收无异议后，由收件人签字确认。快递服务提供者提示收件人检验收取货物的义务是快递服务提供者的重要义务之一，它直接影响收件人与寄件人之间买卖合同的顺利履行。但在现实生活中，快递经营者出于投递效率等因素的考量，常常未经收件人同意即代为签收，这常常是争端所在。

（三）物流服务提供者的责任

1. 责任依据

不同于邮寄服务合同适用《邮政法》，快递服务合同适用《合同法》《侵权责任法》等民事法律规范。快递服务提供者提供的快递服务，与邮政企业提供普遍邮政服务性质并不相同。邮政企业提供的邮政服务要确保每一个地区的用户都能在合理的价格限度范围内享受满意的邮递服务，因此，邮递企业受强制缔约义务的限制，是公用性服务；而快递服务提供者经营的是竞争性的业务。故二者在适用法律上有所区别。根据《邮政法》第四十五条和第五十九条的规定，邮件的损失若有保价则按照保价额与邮件全部价值的比例对邮件的实际损失进行赔偿，若无保价，最高赔偿额则不得超过所收取资费的 3 倍；与此不同，快件的损失赔偿应依据民事法律规定来确定。

2. 责任性质与类型

物流服务提供者因其在提供物流服务过程中的不当行为，多数情况下是承担违约责任，一定情形下，也可能承担侵权责任。

①违约责任类型[①]

快件丢失及短少。快件丢失及短少，是指在寄递过程中快件全部丢失或快件内件部分丢失的情形。在快递服务合同中，经营快递业务的企业应当尽到合理的注意义务，保证快件的数量、重量与快递运单等书面形式的记载相符合，如违反则应承担相应的违约责任。快件丢失，快递企业原则上陷入履行不能，寄件人可依据《合同法》第九十四条要求解除合同并主张损害赔偿；快件短少则分情况对待，若短少部分不影响整个快递服务合同的履行，则合同继续履行，寄件人可就短少部分主张损害赔偿，若由于部分短少致使合同目的不能实现，寄件人同样可以主张解除合同与损害赔偿。

快件毁损。快件毁损，是指快件在寄递过程中，快件全部或部分价值损失的情形。依据《快递服务国家标准》的规定，完全毁损参照快件丢失赔偿标准；部分损毁，按照快件丢失赔偿额度的相同比例进行赔偿。

快件迟延。快件迟延，是指快件首次投递的时间超出快递服务合同约定的快递服务履行期限的情形。时效性是快递服务合同的基本特征之一，一旦经营快递业务的企业未能在约定的时限内投递快件，即构成对合同的迟延履行。依据迟延履行是否会影响合同目的实现，处理方式分为两种情况。处理方式同快件短少的处理方式。

②侵权责任类型[②]

精神损害赔偿。若因快递的毁损、丢失、迟延给收件人造成了严重的精神损害，收件人可以请求侵权损害赔偿。此种情形多是快件为具有人格象征意义的特定纪念品，快递企业的不当运输行为致其毁损或灭失[③]，给收件人造成了严重的精神损害。

---

① 郑佳宁:《快递服务合同违约损害赔偿的理论剖析与审视》，载《北京社会科学》2017 年第 9 期。

② 胡加强 、苏雨彤:《快递损害赔偿法律问题探析》，载《中国海洋大学学报》2017 年第 4 期。

③《最高人民法院关于确定民事侵权精神损害赔偿责任若干问题的解释》第四条规定，具有人格象征意义的特定纪念物品，因侵权行为而永久性灭失或者毁损，物品所有人以侵权为由，向人民法院起诉请求赔偿精神损害的，人民法院应当依法予以受理。

人身侵权。《快递服务国家标准》明确要求快递服务应具有安全性。若因快件存在安全隐患给收件人造成了人身伤亡或其他人身损害的，收件人有权依据《侵权责任法》要求其承担侵权损害赔偿。

财产侵权。若快递服务企业投递快件造成了快件以外的收件人其他财产损害的，收件人同样有权依据《侵权责任法》提起侵权之诉。除此之外，若收件人已经取得了快件的所有权，因快递服务企业的运输投递行为造成快件的缺失、毁损，收件人可依其所有权受损主张侵权损害赔偿。

③责任承担主体

合同的效力仅约束双方当事人，违约损害赔偿请求仅能由合同双方当事人发起，第三人不享有对该合同项下的违约损害赔偿请求权，合同也不对任何第三人发生强制性效力。然而，随着市场经济的发展，合同逐渐突破了相对性原则，出现了第三人利益合同。第三人利益合同，是指双方当事人为合同外第三人设立权利和义务，约定由一方当事人向合同外第三人履行某种义务，使得第三人直接取得请求权义务人履行义务的权益。快递服务合同的双方为寄件人与收件人，因合同中规定将快件送至收件人处，由收件人签收确认。快递服务合同约定由快递服务企业向合同第三方收件人履行义务，构成典型的第三人利益合同。

关于第三人利益合同的责任承担问题，根据《合同法》第六十四条规定，当事人约定由债务人向第三人履行债务的，债务人未向第三人履行债务或者履行债务不符合约定的，应当向债权人承担违约责任。当快递服务企业因履行义务不符合约定承担违约责任时，基于合同的相对性应当向寄件人而非收件人承担责任。收件人则是依据其与寄件人之间的买卖合同向寄件人主张违约责任。有学者主张应该直接赋予收件人主张违约损害赔偿的权利，其论据在于电子商务交易中收件人对快递服务合同的签订起着至关重要的作用。同时我国《快递服务国家标准》于附录A.1中明确规定："快件赔付的对象应为寄件人或寄件人指定的受益人"，承认了第三人享有给付请求权、给付受领权、债权保护请求权。此外，还有学者主张应当赋予收件人限制性的请求权，即只有当寄件人不行使或怠于行使基于快递服务合同产生的请求权时，收件人作为第三人才享有独立的请求权。

笔者认为，无须赋予收件人独立的请求权，因为在实际的电子商务交易中，一旦收件人收取货物不符合约定，履行有瑕疵，收件人都可以直接向寄件人主张买卖合同项下的违约责任，并且此种维权方式行之有效。寄件人能及时采取措施承担其违约责任，常见的措施有减少价款或重发货物。此外，快递服务合同是寄件人与快递服务企业签订的合同。通常情况下，寄件人一般与快递企业有长期合作，由寄件人向快递企业主张违约责任更符合经济效益同时也更有利于权利的实现。

④责任承担的范围

快递服务合同关于责任的承担范围普遍存在限额赔偿格式条款。限额赔偿格式条款，是指快递服务组织事先在快递单中拟定限制快递服务组织损害赔偿责任的条款，待寄件人在快递单上签字确认即生效。快递单中列明的限额赔偿条款，主要包括保价条款和未保价物品的最高限额赔偿条款两种。以下对二者的效力进行探讨。

保价条款。保价条款，是指寄件方除缴纳快件寄递费用外，根据快件的声明价值，按约定比例缴纳一定的保价费，快递服务组织在保价限额内，根据快件的实际损失进行赔偿的格式条款。

保价条款的合理性。有学者认为保价条款无效，原因如下：其一，违背公平原则，寄件人需额外支付费用才能享受保价服务；其二，此条款的设立没有法律依据，《邮政法》第四十七条第一款有关普通邮政的保价赔偿制度，而《邮政法》明确规定此条款仅适用于邮政普遍业务，快件的损失赔偿应由民事法律调整。实际上，若依据公平原则，保价条款的存在是合理的。因为当前的快递服务费通常为 10 元到 20 元不等，快递企业完成一次快递的合同，需完成包装、分拣、运输、投递等烦琐的工作。并且在收受快递时由于信息不对称，快递企业无法明确知道快件的价值，一旦发生毁损即让快递企业承担全额赔偿的责任，显然苛责过重，不符合公平原则。保价条款是对寄件人和承运人利益保护的平衡。

保价条款的效力。保价条款作为格式条款，其生效规则遵循《合同法》关于格式条款的一般规定。提供格式条款的一方应当遵循公平原则以确定当事人之间的权利和义务，并采取合理的方式提请对方注意免除或者限制责任的条款，按照对方的要求对条款予以说明。主要有三种形式表明快递企业尽到了提示说明义务。一是快递服务组织应在合同订立之前对该条款进行解释；二是快递服务组织的工作人员以口头方式详尽阐述"保价条款"的相关细则并询问寄件人是否选择保价，即可视为以明示方式提请寄件人注意"保价条款"，保价条款对收件人生效；三是快递服务组织以醒目的书面方式提醒寄件人注意"保价条款"的相关规定，可视为以适当方式提醒寄件人，保价条款生效。

未保价的最高赔偿限额。最高赔偿限额条款，是指在快递服务合同中规定违约损害赔偿的最高赔偿额度，并以此为标准确定最终的损害赔偿额，即使实际损失超过了该限度，仍以该限度为最高赔偿额度。未保价赔偿限额是当前各快递公司普遍使用的以限定自身赔偿责任的做法，但其是否有效在司法实践中法院认定情况不一。

限额确定方式。目前主要有两种确定限额的方式。一是约定赔偿限额的具体计算方法，主要是以快递服务费用为基准，对因快件毁损、短少、灭失等情况引发的违约损害，赔偿一定倍数的快递服务费；二是以通常情况下某快件的正常价值为基准，直接确定损害赔偿的最高限额。例如，圆通在快递服务合同中约定，当快件发生短少、毁损和灭失的，物品快件的最高赔偿限额为每票 300 元，文件快件的最高赔偿限额为每票 100 元。

赔偿限额条款效力。关于最高赔偿限额是否有效的问题在司法实践中认定不一，但在认定其是否有效时，法院均是从以下角度进行考量判断的。

公平原则。首先，快递服务费用低廉，让快递公司承担全额的赔偿责任，权利和义务不相当，并且邮递费用和快件价值相差甚远，快递公司很难对损失做到准确预判，承担经营风险过重；其次，寄件人了解快件的真实价值。当在邮寄快件时，若经快递公司对限额赔付及报价条款进行充分的提示说明后，寄件人能够选择保价条款来保障快件毁损后自己能够得到充分的赔偿，若未选择则视为其愿意承担毁损灭失后只能得到有限额度赔偿的风险；最后，若最高赔偿限额条款无效则会否定保价条款的价值，使得未支付额外保价费用的寄件人的损失反而能够得到更加充分的填补。以上述三方面为论据，法院认为最高赔偿限额符合公平原则，应认定为有效。此外，法院认为，限制性赔偿条款是快递公司单方面制定未保价快递限制性损害赔偿条款，免除其赔偿责任，排除了寄件人的索赔权利，违背公平原则，因此此条款无效。

可预见性规则。《合同法》第一百一十三条规定了违约赔偿的可预见性规则，即合同一方当事人因违约承担的损害赔偿责任的范围不应该超过其在订立合同时预见或者应当预见的损失。快递公司每天接受大量的快件，若寄件人不选择保价服务，不主动申明快件的价值，快递公司难以判断快件毁损、灭失给寄件人带来的损失。因此，事先约定未保价的赔偿最高额符合《合同法》的可预见性规则。

格式条款。最高额赔偿条款为格式条款，它没有免除快递公司的责任，且加重了寄件人的责任。决定最高额赔偿条款的效力的关键在于快递公司是否尽到了必要的提示说明义务。在司法实践中，大部分法院根据快递详情单和快递服务合同进行判断，认为快递公司若在快递详情单或快递服务合同中针对限制性损害赔偿条款做出标红、放大、加粗、描黑处理即为履行了说明义务[①]。但是，有的法院则是要求快递公司提供充分证据证明自己履行了提示说明义务，并不关注快递单醒目的书面方式。

以上分析论断均是基于快递公司因一般过失导致的快件毁损、灭失。若快递公司存在故意或者重大过失则限额赔偿格式条款不生效力，快递公司应该承担全额赔偿的违约责任或者侵权责任；此外，若是因快件迟延、内件不符而发生违约，则并不限于损害赔偿这一种责任赔偿方式，可以采取继续履行、

① 赵秀梅、陈吉洋：《未保价快递限制性损害赔偿问题研究》，载《法律适用》2017 年第 23 期。

采取补救措施、向卖家追责等责任形式。

三、小结

在电子商务交易中，物流服务提供者依其物流合同在为交易提供物流服务时承担以下合同义务：包装、分拣义务，安全运输义务，及时妥当投递义务，提示验货签收义务。其中关于及时妥当投递与提示验货签收的义务，《电子商务法》对其进行了明确规定，以解决电子商务交易中屡显争议的物流服务者未经同意代为签收的纠纷。《电子商务法》规定物流服务提供者在投递交付货物时，应提示当事人当面查验，若由他们代签应经当事人同意。交易现实中，若物流服务提供者违背其法律义务，未经同意擅自代为签收的，其签收行为无效，由此给当事人造成损害的应该承担相应的损害赔偿责任。

第六节　电子支付服务[①]

【法条】《电子商务法》

第五十三条　电子商务当事人可以约定采用电子支付方式支付价款。

电子支付服务提供者为电子商务提供电子支付服务，应当遵守国家规定，告知用户电子支付服务的功能、使用方法、注意事项、相关风险和收费标准等事项，不得附加不合理交易条件。电子支付服务提供者应当确保电子支付指令的完整性、一致性、可跟踪稽核和不可篡改。

电子支付服务提供者应当向用户免费提供对账服务以及最近三年的交易记录。

第五十五条　用户在发出支付指令前，应当核对支付指令所包含的金额、收款人等完整信息。

---

① 作者：吕琳。

支付指令发生错误的，电子支付服务提供者应当及时查找原因，并采取相关措施予以纠正。造成用户损失的，电子支付服务提供者应当承担赔偿责任，但能够证明支付错误非自身原因造成的除外。

第五十七条 用户应当妥善保管交易密码、电子签名数据等安全工具。用户发现安全工具遗失、被盗用或者未经授权的支付的，应当及时通知电子支付服务提供者。

未经授权的支付造成的损失，由电子支付服务提供者承担；电子支付服务提供者能够证明未经授权的支付是因用户的过错造成的，不承担责任。

电子支付服务提供者发现支付指令未经授权，或者收到用户支付指令未经授权的通知时，应当立即采取措施防止损失扩大。电子支付服务提供者未及时采取措施导致损失扩大的，对损失扩大部分承担责任。

【案例】支付宝购物货款离奇转入他人账户，谁来负责？[①]

当事人：张某、支付宝（中国）网络技术有限公司（以下简称支付宝公司）、浙江淘宝网络有限公司（以下简称淘宝公司）

案情简介：2014 年 7 月 3 日，张某以淘宝“报喜鸟 8888”的身份在淘宝网上购买照相机，交易额为 27500 元。因支付宝最高的交易额为 20000 元，张某关闭了 27500 元的交易，经与卖家协商分多笔交易付款，由于支付宝未将货款转入卖方而转入他人账户，导致卖方不给张某发货，张某遂起诉要求支付宝公司和淘宝公司退还打入支付宝账户的购物款 19925 元和 204 元。

武威市凉州区人民法院于 2014 年 7 月 10 日受理了该案，于 2014 年 8 月 28 日公开开庭进行了审理，原告张某与被告支付宝公司、淘宝公司的委托代理人陈某到庭参加了诉讼。

案例焦点：张某诉称：2014 年 7 月 3 日，原告以淘宝“报喜鸟 8888”的身份在淘宝网上进行交易，进入支付宝付款，点击快捷支付时提示大额付款推荐使用网上银行付款，即按提示登录到网上银行付款，收款方商户名称：支付宝（中国）网络科技有限公司。付款后淘宝网提示等待买家付款中，后原

---

① 案例来源：武威市凉州区人民法院（2014）凉民初字第 2986 号判决书。

告又到中国建设银行查询，银行答复款已打到支付宝。后经查询，原告打入支付宝的款被转入一个尾号为3829的工商银行卡，此账号不是本次交易卖方的账户。原告认为，其在淘宝网购物的本次交易，付款到支付宝属于网络交易，购物款打入支付宝账户，两个被告作为本次交易平台的提供方和第三方资金管理方，未尽到安全管理义务，不能将原告购物款按时提交卖方，导致卖方不予发货，故起诉要求两个被告退还原告从淘宝网打入支付宝账户的购物款19925元和204元。

支付宝公司辩称：原告诉请要求两个被告退还购物款，原告的款项是通过快捷支付和转账到银行卡将资金直接转入第三方孟某的银行账户，两个被告并未获得该资金；通过原告支付宝账户明细显示，原告在未实际发生交易的情况下，通过转账到银行卡将资金直接转入第三方孟某的银行账户，而支付宝公司在协议中作了明确的风险告知，买家自行承担风险责任，原告19925元和204元的交易未成交，故原告的诉请无事实和法律依据，请求法院驳回原告的诉请。

经法院查明，张某按照淘宝网的提示，通过网上银行向支付宝公司打款204元和19925元。同日这两笔款通过支付宝又转入中国工商银行孟某尾号为3829的账户内，支付宝公司两次收取服务费27元。

支付宝公司和淘宝公司之间没有业务关系。淘宝网只提供交易平台，支付宝是淘宝公司针对网上交易而推出的安全付款服务，其运作的实质是以支付宝为信用中介，在买家确认收到商品前，由支付宝替买卖双方暂时保款的一种增值服务。支付宝是专为解决网上安全支付问题，买家确定购物后，先将货款汇到支付宝，支付宝确认收款后通知卖家发货，买家收货并确认满意后，支付宝打款给卖家完成交易，交易过程中，支付宝作为诚信中立的第三方机构，起担保交易的作用，保障货款安全及买卖双方的利益。

因此，本案的争议焦点集中于以下两点：1. 本案中的交易金额究竟是通过网上银行转账服务还是通过支付宝公司第三方支付服务进行支付？转账到第三方孟某银行账户给原告张某造成的损失由谁承担？ 2. 支付宝用户服务协议中的风险告知的责任条款是否生效，能否适用于该案？

一、案例剖析

（一）支付服务的定义

关于电子支付的法律定义，需要追溯到2005年中国人民银行《电子支付指引（第一号）》，其第二条规定："电子支付是指单位、个人（以下简称客户）直接或授权他人通过电子终端发出支付指令，实现货币支付与资金转移的行为。电子支付的类型按电子支付指令发起方式分为网上支付、电话支付、移动支付、销售点终端交易、自动柜员机交易和其他电子支付。境内银行业金融机构（以下简称银行）开展电子支付业务，适用本指引。"但根据该条第三款我们可知《电子支付指引》适用于银行业金融机构的支付行为。

根据2016年7月1日实施的《非银行支付机构网络支付业务管理办法》第二条规定，本办法所称网络支付业务，是指收款人或付款人通过计算机、移动终端等电子设备，依托公共网络信息系统远程发起支付指令，且付款人电子设备不与收款人特定专属设备交互，由支付机构为收付款人提供货币资金转移服务的活动。

因此，在我国现行支付体制下，对银行业金融机构电子支付和非金融机构电子支付即第三方支付采用的是各自单独监管的模式。两者最关键的差别在于支付机构的属性不同。我国法律规定，提供电子支付服务的主体有中国人民银行清算中心、商业银行和获得许可的非金融机构。在电子商务交易中，最普及的电子支付方式即由获得许可的非金融机构提供的第三方支付服务和商业银行提供的支付服务。

虽然上述两部法律各自采用"电子支付"和"网络支付"的称谓，且适用于不同属性的支付机构，但笔者认为，从这两部法律中可以归纳出我国现行立法体制下"电子支付"这一概念的基本法律属性：1. 采用电子终端处理和促进支付指令的完成；2. 依托公共网络信息系统或专用网络；3. 货币资金的转移。

（二）支付工具与第三方支付服务

在电子商务的交易过程中，银行业金融机构电子支付方式主要表现在银行间的账户划拨，即我们常用的网上银行转账。A 向 B 支付价款，可以直接将自己账户上的相应金额划拨到 B 账户上，通过银行这一中间环节，变成了银行间的账户划拨的结算工具。在电子商务活动中，交易与电子支付紧密结合，通过商业银行这一金融机构的电子支付服务，债权人和债务人之间的现金支付关系变为支付结算关系。用户使用银行的支付工具，因账户不同而分为两种情况，即买卖双方皆在同一家银行开户和买卖双方在不同银行开户。

交易流程和模式如下图所示：

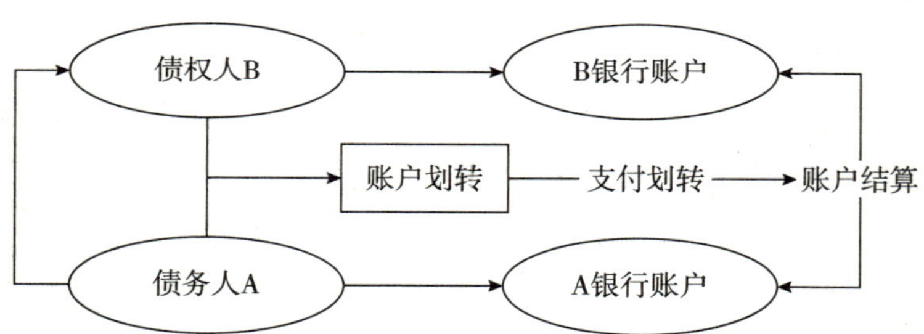

图 3-1 同一银行内账户划转

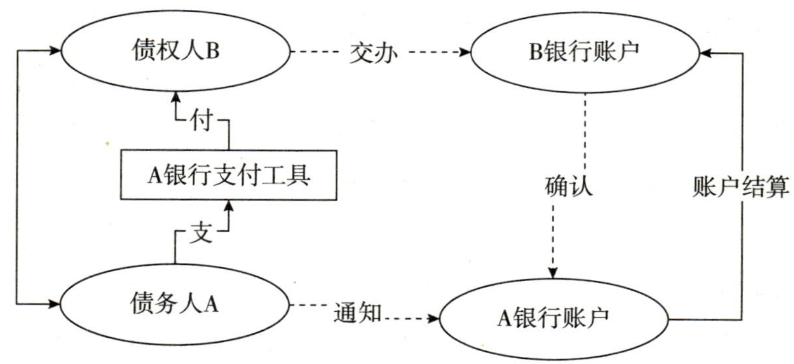

图 3-2 跨行账户划转

第三方支付服务由一些信用度高、有充足资本金的支持并且得到中国人民银行许可的非金融机构提供，如支付宝公司、财付通公司等。在电子商务的交易过程中，买方购买商品后，使用第三方平台提供的账户支付价款，由第三方平台再将价款转至买家的账户。从第三方支付服务的特点来看，笔者作以下分类：

第一，根据第三方支付平台是否独立于交易平台，第三方支付平台可以分为独立的第三方支付平台和非独立的第三方支付平台，前者为独立公司，如快钱、易宝支付，后者诞生之初就与合作电商平台绑定，专门为其提供支付服务，如支付宝、京东支付，这些平台提供支付中介服务的同时还承担买卖担保信用中介的作用。随着第三方支付的飞速发展，这些非独立的第三方支付平台也突破与合作电商的固定合作模式，为越来越多的非合作电商平台下的电子商务交易提供支付服务。

第二，从资金流向而言，第三方支付可以分为虚拟户余额支付和绑定银行卡支付，虚拟户余额支付需要用户注册账号并在该虚拟账户中充值，通过虚拟账户之间的余额转账完成付款，绑定银行卡支付只用到了第三方支付平台的通道作用，用户通过与第三方支付账号绑定的银行卡，用银行内余额进行支付而完成付款。

第三，从第三方支付平台承担的职责而言，分为银行网关型和信用担保型。银行网关型的第三方支付平台通过与各大银行签约，提供集成统一的银行支付网关[①]，用户通过第三方支付平台提供的集成银行支付网关与网上银行关联进行支付。信用担保型第三方支付平台除了提供银行支付网关外，还与特定的电子商务网站合作，为其交易提供信用担保服务。以支付宝与淘宝网为例，支付宝为淘宝网内的买卖交易提供信用担保服务，买家付款至支付宝时卖家发货，买家确认收货时将款项打到卖家账户。

① 蒋志培：《网络与电子商务法》，法律出版社 2001 年版。

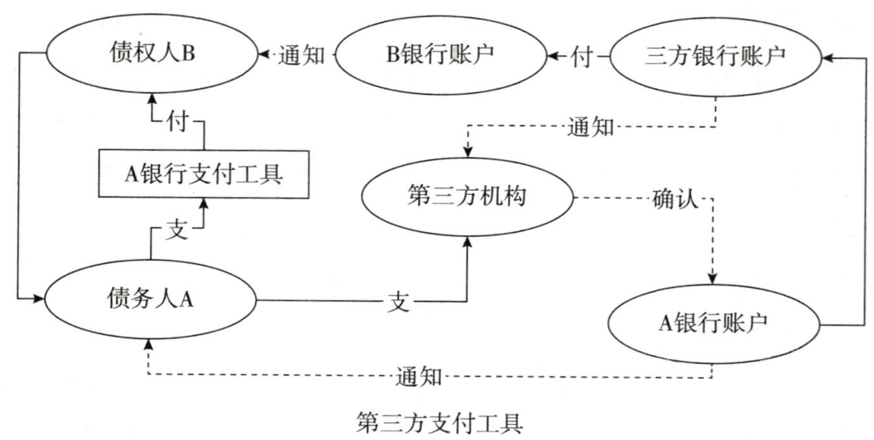

图 3–3　第三方支付平台支付服务

本案中的交易金额究竟是通过网上银行转账服务还是通过支付宝公司第三方支付服务进行支付？转账到第三方孟某银行账户给原告张某造成的损失由谁承担？这是本案的其中一个争议焦点。该问题关系本案中电子支付服务的定性，如果原告张某把购买价款转账给支付宝公司，其采用的支付方式为第三方支付；如果原告张某把购买价款通过银行转账的方式直接转到第三方孟某的银行账户，即属于使用银行支付工具进行网上银行转账，这属于金融机构提供的电子支付服务。两种支付服务涉及不同属性的服务机构，我国现行法律框架下归属不同法律监管，其服务机构准入制度、业务规则等有很多不同之处。

本案中，原告张某点击快捷支付时，网页提示大额付款推荐使用网上银行付款，张某即按照提示登录到网上银行付款，收款方商户名称为：支付宝（中国）网络科技有限公司。从其行为表现来看，本次支付既涉及网上银行的使用，又涉及第三方支付平台支付宝，表现复杂。

根据上文分类，笔者认为，原告张某既使用了支付宝公司提供的与网上银行相联结的集成型支付网关，通过其网上银行与支付宝进行支付，支付宝公司在此承担通道作用，同时也使用了支付宝公司提供的信用担保服务。对支付方式的定性，核心在于，第三方支付平台支付宝作为网上银行快捷支付的收款方，并对原告张某收取了服务费，虽然只是通道作用，但该支付行为也属于第三方支付服务。作为第三方支付服务提供者，支付宝就应按照原告张某的支付指令进行支付，同时承担支付指令核对和支付资金安全管理的义务。因此，本案中交易价款被转入第三方孟某银行账户而非支付宝公司的收款账户的情况，只要原告张某未利用网上银行直接执行将交易价款转账到孟某银行账户的支付指令，支付宝公司都应对其违背安全管理义务给用户造成的损失承担赔偿责任。

（三）第三方电子支付服务法律关系分析

电子商务交易，涉及第三方支付平台、买家、卖家三方法律关系主体，同时也涉及买家、卖家、第三方支付平台等多个主体银行账户之间的资金结算关系，法律关系比较复杂。以支付宝为淘宝网的交易提供支付服务为例，第三方支付的具体流程为：1. 买卖双方在支付宝平台注册平台账户，此为交易前提；2. 买卖双方通过淘宝网进行交易，交易达成后买方用自己支付宝账户内的余额向第三方支付价款，如果买方支付宝账户内无充足余额，发出指令从与支付宝绑定银行卡中支取款项进行付款；3. 买方的钱转入第三方支付平台开立的银行账户或者虚拟户内，该款项暂时冻结；4. 支付宝通知卖方发货，买方对货物验收后确认收货；5. 买方发出确认收货指令后，款项即转入卖方的支付宝账户。从上述过程中我们可以看出，买卖双方通过淘宝网达成买卖合同，此为主合同，淘宝网与买卖双方各自达成居间服务合同，支付宝与买方、卖方之间是支付服务合同关系，第三方平台与银行之间达成合作关系，合作合同包括资金存管合同，执行支付指令的代划扣款合同等。

综上所述，我们发现，在电子支付服务的过程中，主要的法律主体即电子支付服务提供者和电子商务交易双方。电子支付服务提供者为买卖双方提供电子支付服务，同时收取服务费，从这个角度而言，电子支付服务提供者（包括商业银行和第三方支付平台）都属于《消费者权益保护法》中经营者的范畴，同时，在因生活需要而购买产品或服务所进行的电子商务交易中，采用电子支付方式进行支付的买方属于电子支付服务的消费者，他们都应受《消费者权益保护法》规制。买方和电子商务服务提供者之间的服务合同还受到《合同法》规制，双方也应遵守《电子商务法》中相关条款。

（四）电子支付服务与格式条款

格式条款又称“标准条款”，是指当事人为了重复使用而预先拟定、并在订立合同时未与对方协商的条款，如保险合同、网站用户注册协议、服务协议等都是格式合同。在实践中，格式合同往往由经营者事先拟定，合同相对方并未能参与合同条款的协商和拟定。同时，很多格式条款经过经营者聘请的专业团队反复修改和润色，条款结构表述复杂，用词严谨专业，很容易限制和排除合同相对方的主要权利，增加其义务。因此，从维护实质正义、保障公平交易的角度出发，《合同法》《消费者权益保护法》都对格式条款进行了限制。主要体现在以下几个方面，一、提示和说明义务：对于免除或者限制其责任的条款，提供格式条款方有提示、说明的义务，应当提醒对方注意，并按照对方的要求予以说明；二、格式条款无效：免除提供格式条款一方当事人主要义务、排除对方当事人主要权利的格式条款无效；三、格式条款解释：对格式条款理解发生争议的，应按通常理解予以解释。对格式条款有两种以上解释的，应当以不利于提供格式条款一方的解释为准。《电子商务法》中对格式条款也进行了一定限制，其中规定，电子支付服务提供者应告知用户电子支付服务的功能、使用方法、注意事项、相关风险和收费标准等事项，不得附加不合理的交易条件。

二、立法解读

在第三方支付的服务过程中，很多类型的风险会导致用户支付失败及遭受损失，包括信用风险、金融犯罪风险、资金安全风险、系统性风险等，如果不分原因把一切支付失败的责任都加在用户身上，无疑是不合理和不公平的。但是以往对电子支付服务提供者，没有专门的法律进行规制，消费者只能寻求《合同法》或者《消费者权益保护法》来保护权益。但是在具有专业性、复杂性、垄断性质的支付服务下，消费者利益受到侵害的方式也呈现出专业性、复杂性、多元化的趋势，这些传统法律难以很好地保护消费者利益。因此，《电子商务法》中明确电子支付服务提供者的义务和责任，可以更好地保护消费者。《电子商务法》中的相关规定，明确电子支付服务提供者的信息告知、支付指令准确、支付信息提供等义务，同时设置了电子支付消费者错误支付、非授权支付等行为的损害赔偿责任。这一系列的法条，通过对电子支付服务提供者设置一系列的义务和责任，保障了用户的权益。

三、小结

在本案中，被告支付宝公司辩称，关于本次交易，支付宝公司在协议中作了明确的风险告知，买家应自行承担风险责任。在被告提供的支付服务协议中，有“乙方（支付宝）依照甲方指令进行操作的一切风险及转账失败的责任由甲方承担”条款。该协议系被告支付宝公司拟定的一份格式合同，对于格式合同中有关责任免除的条款，依据《合同法》第四十条的规定，提供格式条款一方免除其责任、加重对方责任、排除对方主要权利的该条款无效。故被告支付宝公司“免除自己责任、加重对方责任、排除对方主要权利”的条款无效。

同时，该条款也符合《电子商务法》中的“附加不合理的交易条件”的情况。电子支付服务属于高科技领域，其服务具有专业性、复杂性和垄断性，用户在使用电子支付服务时，往往只能依据电子支付服务提供者的指令和提示进行操作，难以辨别操作中存在的风险和彻底理解这些指令和提示，电子支付服务提供者相对于用户天然处于优势地位。因此，应该加强支付服务提供者的监管，包括自律监管和他律监管。“乙方（支付宝）依照甲方指令进行操作的一切风险及转账失败的责任由甲方承担”这样的条款就属于不合理的交易条件。因此该免责条款无效，支付宝公司需要承担赔偿损失的责任。

第六章　争议解决和法律责任中的消费者权益保护

第一节　质量担保机制的建立[1]

【法条】《电子商务法》

第五十八条第一款　国家鼓励电子商务平台经营者建立有利于电子商务发展和消费者权益保护的商品、服务质量担保机制。

【案例】刘先生与礼品专卖店纠纷[2]

当事人：刘先生、礼品专卖店

案情简介：刘先生通过某网站购买了一家礼品专营店销售的24K金玫瑰花3枝。商品介绍显示金玫瑰表面采用纯度99.9%金箔制作，非镀金，假一赔百。但在收到货物后，刘先生发现玫瑰花与商家介绍不符，经专业鉴定“不含金属成分，为塑料制品”。因此，刘先生上诉至法院。

案例焦点：购买商品若存在质量问题，消费者是否可据此依法要求退换货？

一、案例剖析

本案争议在于：购买商品若存在质量问题，消费者是否可依法要求退货、

---

① 作者：邹游。

② 改编自 http：//www.takefoto.cn/viewnews-712474.html，最后访问日期：2017年12月5日。

换货？

根据《消费者权益保护法》第二十三条规定，经营者应当保证在正常使用商品或者接受服务的情况下其提供的商品或者服务应当具有的质量、性能、用途和有效期限。第二十四条规定："经营者提供的商品或者服务不符合质量要求的，消费者可以依照国家规定、当事人约定退货，或者要求经营者履行更换、修理等义务。没有国家规定和当事人约定的，消费者可以自收到商品之日起七日内退货；七日后符合法定解除合同条件的，消费者可以及时退货，不符合法定解除合同条件的，可以要求经营者履行更换、修理等义务。依照前款规定进行退货、更换、修理的，经营者应当承担运输等必要费用。"消费者在退货期间要求经营者退款是其合法权益，应当得到保障。由此可见，通过质量担保机制，消费者可以放心地进行购物，并且在发生纠纷后，能妥善维护自己的权益。

二、立法解读

（一）质量担保机制概述

随着社会的进步、经济的发展、社会化大生产的现象出现，社会生产呈现组织化、规模化的趋势。它表现在生产资料和劳动力在企业中进行集中的有组织规模化生产；专业化分工的不断发展，各种产品生产之间协作更加密切。因此，每个人的专业分工越来越细，对自己的领域深入了解，每个人在完成自己工作赚取报酬后，再在市场上购买自己所不能生产的商品和服务。因此，我们每个人都是消费者。但我们对其他领域却可能知之甚少，如果发生了货不对板，服务不合格的情况，我们往往要花费大量的人力、物力和时间等高成本才能挽回自己的损失，救济自己的权利。有时，甚至还无法使自己的合法权利得到保障。

而《电子商务法》第五十八条第一款所规定的质量担保机制，作为一种对原合同的担保机制，能克服经营者的私利性，强化经营者的合同责任，促进纠纷快速圆满地解决。尤其是在买卖双方都无法见面的电子商务平台，二者的信息不对称性更强，需要质量担保机制为消费者权益保驾护航。鉴于此，为了完善我国的市场经济体制，维护消费者合法权益，质量担保机制的建立可谓是必不可少的一环。

（二）质量担保机制的法理基础

1. 合同义务的法律规定

合同是合同当事人意思自治的实现，本应当完全由双方当事人的自由意志签订，国家不加干预。但随着经济生活的发展，经营者与消费者之间由于经济实力、信息不对称以及维权成本等因素，双方的地位已越来越不平等，具有优势地位的一方往往利用其优势地位而侵害另一方的利益。在此背景下，国家开始对合同双方的权利义务进行干预，以立法的方式，通过权利义务的倾斜性分配，平衡合同双方的不平等地位。法律应当维护公共秩序、善良风俗，实现社会公平正义的需要，因此，质量担保机制的存在有其合理性和必要性。

2. 私人自利性的克服

传统法律往往强调事后救济，当事人一方利益受到损害时，由其对另一方通过提起诉讼的方式弥补受损利益。但私人基于自身经济利益、时间成本等因素的考量，对于微小利益的损失，往往选择放弃维护权利。与此同时，经营者却因此获取很多利益。因而为弱势一方提供更方便快捷的维权手段，以维护受损失的潜在多数人（消费者）的社会公共利益，也是应当考虑的因素。

3. 社会危害的预先控制

经营者产品因日益广阔的销售网络覆盖全国各地。尤其是我国电子商务平台的快速发展，给予经营者突破地理范围的局限，与全国各地的消费者签订合同将产品与服务销往全国各地。电子商务平台的日益壮大、物流配送覆盖领域的日益完善，更加使得假冒伪劣或瑕疵、缺陷商品在全国范围内流通。与其在造成严重损害后，花费大量的人力物力进行弥补，还不如事前控制。事前控制可谓是最经济、最有效的方式。

（三）质量担保机制的法律制度

1. 法定质量担保机制

我国在《合同法》中规定了质量担保机制。我国《合同法》在总则部分第六十条、第六十一条和第六十二条规定了合同履约的一般性义务，在买卖合同部分第一百五十三条、第一百五十四条和第一百六十八条规定了卖方的质量担保义务，对明示担保义务和模式担保义务都作出规定。如果经营者提供了有关商品或服务的说明，或者合同以样品展示的，那么经营者的商品或服务应说明和样品相一致。如果在没有约定或约定不明的情况下，则按照国家标准、行业标准履行；如果没有国家标准、行业标准的，则按照通常标准或者符合合同目的的特定标准履行。

我国在《消费者权益保护法》中规定了质量担保机制。《消费者权益保护法》是消费者权益保护的一般法，根据该法规定：一方面，消费者拥有安全权、知情权、公平交易权等权利，以符合相应合同约定或符合相应标准获得商品或服务；另一方面，经营者负有按照法律法规、约定履行义务，保障消费者人身、财产安全，以及及时召回缺陷商品或服务的义务。让经营者承担义务可以保护消费者的权利。《消费者权益保护法》第二十四条的“三包”制度，即质量担保责任的一种。

我国在《产品质量法》《食品安全法》中规定了质量担保机制。作为《消费者权益保护法》的特别法，《产品质量法》与《食品安全法》都针对产品和食品进行了更细致的规定。其中，最特别的就是召回制度，针对已经流入市场的，危及消费者人身、财产安全的缺陷产品，由经营者主动或有关部门责令进行召回。

2. 意定质量担保机制

意定质量担保机制，是指经营者与消费者约定的，或电子商务平台与经营者约定的，优于现行质量担保制度规定标准的担保机制。意定质量担保机制往往是针对商品或服务的提升，通过更好的担保，为消费者提供更高标准的商品或服务，以吸引顾客。根据我国现行法律，为了促使合同能够得到全面按约履行，合同的当事人双方可采取保证、抵押、质押和定金的方式，担保合同的全面履行。

三、小结

根据《电子商务法》第五十八条第一款的规定，国家鼓励电子商务平台经营者建立有利于电子商务发展和消费者权益保护的商品或者服务质量担保机制。即表明国家鼓励电子商务平台凭借其平台主导地位，提高经营者的商品或服务质量，促进经营者间的良性竞争，使消费者更好地在电子商务平台上享受购物。在网络交易中，由于网络的阻隔，消费者不能与经营者面对面交流，当面见到商品或服务。因此，质量担保机制的建立，能为消费者提供保护，增强其网购过程中的安全感，使消费者能放心购物。

【法条】《电子商务法》

第五十八条第二款 电子商务平台经营者与平台内经营者协议设立消费者权益保证金的，双方应当就消费者权益保证金的提取数额、管理、使用和退还办法等作出明确约定。

【案例】李先生与皇家匠家具有限公司纠纷[①]

当事人：李先生、皇家匠家具有限公司、天猫平台

案情简介：李先生在天猫一家叫作“皇家匠家具有限公司”店铺买书桌，卖家声称是100%全实木胡桃木的，收到书桌后发现是假货，然后就在天猫的平台上进行投诉。李先生上传了图片，天猫平台处理期限为10—12天。在此期间李先生给天猫客服打了多次电话，天猫客服回复说，他们是有专门处理投诉的，让耐心等待，到时候会有专门的人员联系。一直到天猫的投诉维权期限到期，李先生都没有收到任何天猫客服的电话。

案例焦点：在经营者、电子商务平台未能及时解决纠纷时，消费者需要通

---

① 案例来源：中国消费者协会。

过怎样的手段维护自己的合法权益。

一、案例剖析

本案中，李先生于电子商务平台——天猫上购买了书桌，后来发现是假货，希望能找到商家维护其合法权益。根据《消费者权益保护法》第五十五条规定，经营者提供商品或者服务有欺诈行为的，应当按照消费者的要求增加赔偿其受到的损失，增加赔偿的金额为消费者购买商品的价款或者接受服务的费用的三倍；增加赔偿的金额不足五百元的，为五百元。法律另有规定的，依照其规定。李先生可根据本规定，向经营者请求三倍索赔。

二、立法解读

（一）消费者权益保证金概述

《电子商务法》第五十八条第二款所规定的消费者权益保证金，是为了保障网络交易中消费者合法权益的服务体系，经营者向电子商品平台缴纳的保证金。以淘宝网为例，在经营者缴纳保证金后，会获得“商品如实描述”的标记，这也是加入消费者保障服务的必选项。而“7天无理由退换货”“假一赔三”“虚拟物品闪电发货”等都是其中的服务之一，由卖家自行选择加入。发布手机类目、宠物类目和鞋类目等宝贝时，如果没有提交消费者权益保证金只能发布“二手”或“闲置”商品，必须提交消费者权益保证金才可以发布全新商品。

如果经营者加入“消费者保障服务”（以下简称消保卖家），将会拥有以下优势：

1. 在您的商品上加上特殊标记，并有独立的筛选功能，让您的商品可以被买家马上找到；

2. 拥有相关服务标记的商品，可信度高，买家更容易接受；

3. 为提高交易质量，淘宝网单品单店推荐活动只针对消保卖家开放；

4. 淘宝网橱窗推荐位规则针对消保卖家有更多奖励；

5. 淘宝网抵价券促销活动只针对消保卖家开放；

6. 淘宝网其他服务优惠活动会优先针对消保卖家开放。

（二）消费者权益保证金的法理基础

1. 平台与入驻经营者的互利共赢

以淘宝为例，在淘宝成立之初，淘宝打着“免费”和“为中小卖家服务”的旗号，降低了做生意的准入门槛，让很多中小卖家实现了创业的梦想，但也为服务和品质埋下了隐患。直到现在，仍然有很多人将“淘宝货”与“假货”“低档货”画等号。淘宝里的入驻商家参差不齐，一直充斥着各种假货与劣质商品。这些商品的存在不仅消费着人们对平台的信任，也伤害着做正品生意的卖家权益。

保证金一方面可以约束经营者提供合法高标准的商品或服务，也帮助提升买家购物决策，在商品店铺的搜索排序上也有一定优势。另一方面也利于电子商务平台在市场上的信誉。两者相辅相成，形成良性循环。

2. 消费者福利的提升

保证金的缴纳会使一部分潜在商家不再入驻电子商务平台，对电子商务平台来说是种损失。但电子商务平台如果对入驻商家所售卖商品作出严格要求，可以促使假货不再在平台上流通。而对经营者一方义务的加重，对消费者来说也是福利的提升。在面对经营者强大优势的情形下，保证金制度下的“商品如实描述”标记，将会提高消费者对商家的信心，使消费者在平台上放心地购物，同时也利于提升消费者对售后保障的信心，更是一种对其权利的保障。

（三）消费者权益保证金的规制

消费者权益保证金固然有其益处，但保证金的条款由电子商务平台制定，其规定有可能会侵害入驻商家的合法权益。因此，《电子商务法》也规定，“对消费者权益保证金的提取数额、管理、使用和退还办法作出明确约定”。该保证金的收取也应当符合相应的保障消费者权益的程度，不苛求经营者。同时，保证金的管理、使用应当明示，以确保保证金筹集的目的落到实处。此外，保证金的退换也应在满足保护消费者权益后，及时退还给经营者。

以淘宝为例，淘宝的保证金退还政策如下：

1. 如果商家账户状态正常，未被处罚永久冻结，并在希望推出平台经营的情况下，只要完成店铺中所有交易、交易纠纷、投诉举报等，就可以自行登录淘宝账户“卖家中心—消费者保障服务—消保服务—解冻”进行解冻保证金。

2. 如果店铺被查封，账户则将被永久冻结，无法登录淘宝账户去自主申请解冻消保保证金。系统会对永久冻结的账户统一排查，一般排查周期为7天一次，凡符合以下条件的，系统都会自动解冻保证金，解冻金额即为您支付宝账户当前冻结的保证金金额。

账户永久冻结时，保证金的解冻条件：1. 没有未完结的基础服务转移单；2. 没有正在处理的先行赔付投诉记录；3. 没有正在处理的未完结的赔付记录；4. 淘宝赔付基金无催缴单；5. 没有未结束的消保交易记录；6. 没有交易成功并且在15天以内的消保交易记录；7. 没有交易成功并且在45天以内的30天维修服务记录；8. 没有未完结的退款记录。

该政策规定较为合理。首先，它保护了消费者的基本权益，确保消费者与经营者的纠纷优先得到解决，其次也让保证金按期退还。

三、小结

电子商务平台凭借其资金、技术，以及平台本身的优势，可以要求经营者对自身商品或服务进行严格把关，以保证消费者可以放心购买正品。同时消费者权益保证金的募集，也可在消费者权益受损时，及时救助其利益。消费者权益保证金的设立，可以及时保护消费者的合法权益。

【法条】《电子商务法》

第五十八条第三款　消费者要求电子商务平台经营者承担先行赔偿责任

以及电子商务平台经营者赔偿后向平台内经营者的追偿，适用《中华人民共和国消费者权益保护法》的有关规定。

【案例】刘先生与家电电商纠纷[①]

当事人：刘先生、家电电商

案情简介：消费者刘先生在某大型网络交易平台的一个小家电入驻商家处购买了一款电动剃须刀，但是刘先生在使用后发现该电动剃须刀存在明显的质量问题，刀片有松动问题，无法正常使用，遂和入驻商家沟通希望进行退货，但商家此时却杳无音讯。于是刘先生找到了网络交易平台，要求网站提供销售商家的真实名称、地址等基本信息，但是网站表示该商家已经撤离，他们也没有联系方式。因此，刘先生的维权陷入了僵局。

案例焦点：刘先生需要通过怎样的手段维护自己的合法权益？

一、案例剖析

本案中，刘先生在电子商务平台购买的商品出现质量问题，与经营者进行沟通协商时，却找不到经营者，且电子商务平台不能提供该商家的真实名称、地址和有效联系方式。刘先生可以援引《电子商务法》第五十八条第三款的规定，要求电子商务平台经营者承担先行赔偿的责任。具体规则应根据《消费者权益保护法》第四十四条第一款的规定："消费者通过网络交易平台购买商品或者接受服务，其合法权益受到损害的，可以向销售者或者服务者要求赔偿。网络交易平台提供者不能提供销售者或者服务者的真实名称、地址和有效联系方式的，消费者也可以向网络交易平台提供者要求赔偿；网络交易平台提供者作出更有利于消费者的承诺的，应当履行承诺。网络交易平台提供者赔偿后，有权向销售者或者服务者追偿。"刘先生可向法院起诉交易平台，请求平台先行赔付购买商品的款项，以及时挽回其权益。

---

① 案例来源：中国消费者协会。

二、立法解读

（一）先行赔偿责任概述

电子商务平台的先行赔偿责任在2014年3月15日实施的新《消费权益保护法》第四十四条进行了规定。该条款规定了对第三方网络交易平台的先行赔付制度——如果在网络上进行购物，商品出现问题，消费者可以直接找网络交易平台交涉，而网络交易平台则需要先行赔付。

《消费权益保护法》增加了网络交易平台提供者向消费者承担先行赔付责任的条件，即不能提供销售者或者服务者的真实名称、地址和有效联系方式的，才承担先行赔付责任。在网络交易平台进行赔付之后，他们也可以再向网络平台的销售者或提供服务者追偿。《消费权益保护法》还规定，网络交易平台提供者明知或应知销售者或服务者利用其平台侵害消费者合法权益，未采取必要措施的，依法与该销售者或服务者承担连带责任。

这一条规定有助于督促网络交易平台履行应尽的审核义务，有助于解决实践中网购异地消费，一旦发生纠纷难以找到经营主体的突出问题，有助于消费者索赔权的实现，对维护网络交易秩序以及网购消费者的合法权益具有重要作用。

（二）先行赔偿责任的法理依据

1. 电子商务平台的审查义务

电子商务平台作为入驻商家的集中场所，在其提供了交易平台并收取了相关服务费用后，其有义务对商家的相关信息进行审核，以确保商家信息的真实可靠。另外，相比消费者，电子商务平台拥有资金和技术的优势，更有能力、更有效率地审查商家资质。只有合理地加重平台的责任，让平台承担更多的社会义务，才有助于保护消费者的利益，促进电子商务行业的整体发展。因此，在电子商务平台为履行其应尽义务时，其应承担一定的责任。

目前，京东、天猫、淘宝、苏宁易购等多家网购平台都已推出“先行赔付”。

京东设立了"1000万元保证金"，用于先行退还消费者相应货款。淘宝推出"极速退款"服务，买家只需在提交退货退款申请后填好退货快递单号，淘宝网就会替卖家将款项先行垫付给买家。天猫在部分商家、部分批次的商品出现消费纠纷后的48小时内，将由天猫介入先行对消费者进行货款赔付。

2. 对不平等地位的干预

在当今社会，每个人都是消费者，都需要购买商品或服务以满足日常生活需求。但个人的力量与公司相比则太过弱小，消费者与经营者之间的实质不平等地位已是现代社会无可争议的事实。为了促使双方地位达到平等，以保护弱势一方的利益，国家应积极主动站出来，采用倾斜性权利义务配置模式，平衡消费者与经营者之间的地位。销售者与电子商务平台之间如果相互"踢皮球"，就会使受损害的消费者不能得到及时赔偿，纠纷不能及时化解。如果电子商务平台先行赔偿解决了"踢皮球"问题，则自然保护了消费者的合法权益，促进消费者福利的提升。

网络消费市场规模日益增加，网购自然也成为工商部门监管的重点。北京市工商局已与京东、天猫、亚马逊、苏宁、国美等11家网络交易平台签署了《加强网络交易消费者权益保护框架协议》。这也是行政部门首次和网络交易平台的主体信息、质量监管、消费维权数据交换。加入框架协议的企业将必须履行经营者首问和赔偿先付制度，工商部门向电商平台开放数据，也将杜绝小作坊冒充大企业在电商平台上开展业务。

（三）先行赔偿责任的法律适用

当消费者根据《消费权益保护法》第四十四条的规定，以"网络交易平台提供者不能提供销售者或者服务者的真实名称、地址和有效联系方式"为由，向法院提起诉讼，要求网络交易平台提供者承担先行赔偿责任时，法院在审理案件的过程中，应当对网络交易平台是否履行其应尽的审查义务进行审理。只有在网络交易平台未履行其审查义务的情况下，网络交易平台才应当承担先行赔付的责任。

但在司法实践中却对这一义务的履行存在争议。有的法院认为，网络交易平台提供者在经营者入驻网络交易平台时，事先对经营者有关信息进行了审核，发生纠纷时能够提供经营者的身份信息和联系方式，可以认为网络交易平台提供者已经履行了必要的审查义务。有的法院认为，网络交易平台提供者在经营者入驻网络交易平台时，即使对卖家的有关信息进行审核，发生纠纷时能提供经营者的身份信息和联系方式，但是如果联系不到经营者或者不能始终联系到经营者的，也应当认为网络交易平台提供者未履行必要的审查义务，应当承担先行赔偿责任。

根据《民事诉讼法》的规定，当事人起诉的法定条件之一是，“有明确的被告”。而判断是否有明确被告的标准，则应当是通过真实名称、地址和有效联系方式，可以将被告同其他人进行区分。当消费者能明确经营者的真实名称、地址和有效联系方式等信息时，法院自然应当受理案件，启动相关诉讼程序。而当消费者不能明确经营者的真实名称、地址和有效联系方式等信息，且网络交易平台也不能提供交易者的相关信息，以满足有“明确的被告”的条件时，就应当认为网络交易平台未能履行其审核义务，应当承担先行赔付责任。

三、小结

先行赔偿责任制度充分体现了《消费者权益保护法》立法的宗旨：为了保障电子商务各方主体的合法权益，规范电子商务行为，维护市场秩序，促进电子商务持续健康发展。在消费者无法及时获得赔偿的情况下，先行赔付制度体现了对弱势一方的倾斜式保护，完善了我国对消费者权益的保护制度，也有利于提高我国商品、服务质量，改善消费者福利。

第二节　投诉、举报机制[①]

【法条】

第五十九条　电子商务经营者应当建立便捷、有效的投诉、举报机制，

① 作者：高晓颖。

公开投诉、举报方式等信息，及时受理并处理投诉、举报。

【案例】酷骑小鸣押金难退　共享单车行业恐再次洗牌[①]

当事人：酷骑单车、消费者

案情简介：“两个多月了，酷骑单车还没把押金退给我。”酷骑单车用户梅女士反映，“其间，打了无数次电话到酷骑公司，就是没有人接。”近日，不少用户反映，无法在酷骑单车承诺的7天内收到押金退款。

酷骑单车内部员工称，目前公司资金确实非常紧张，甚至可能会影响到公司的正常运营，让员工自愿选择去留。无独有偶，小鸣单车最近也深陷押金难退的泥潭中，甚至惊动深圳市消委会督促其尽快实现押金“即还即退”。

小鸣单车、酷骑单车押金难退的事情愈演愈烈，这个在共享单车诞生之初就备受关注的问题，再次被推至风口浪尖。记者调查发现，目前有些共享单车企业将押金交给银行来存管，但也有不少企业自保押金。动辄数以亿计的单车押金，该如何保证安全？

“从8月7日申请退押金，到了9月25日还没退成功，客服电话也没有人接。”梅女士无奈地说。近段时间以来，与梅女士一样遭遇押金难退问题的用户大有人在，微博上时不时有用户反映酷骑单车押金长时间退不出来。

9月25日，有酷骑单车分公司员工向记者表示，目前酷骑单车部分分公司开始清退员工，只剩区域经理及人事等人员负责善后工作，如退租办公地点，核算人员工资等事项。“领导说分公司的营业执照将注销。”

据酷骑单车官网显示，酷骑单车共有16个分公司。日前，西安媒体报道，酷骑西安分公司已经人去楼空。一位已离职的酷骑河南分公司员工告诉河南商报记者，24日下午，酷骑河南分公司的50多名员工，已有多数签署了离职协议。酷骑单车沈阳分公司的工作地点也已经停止办公。

面对押金难退问题，8月底，酷骑单车回应称：“因酷骑近期上线一批新功能，由于时间短，功能更新频繁，系统出现不稳定，导致部分用户退押金迟缓。”随后还表示，资深首席技术官及技术团队将很快入职，届时将“减少技术原因给用户造成的各类困扰”。

---

① 案例来源：《酷骑小鸣押金难退，共享单车行业恐再次洗牌》，载《新京报》，2017年9月27日。

然而这些措施并未缓解酷骑单车燃眉之急，9 月 22 日晚，酷骑单车人事行政部致信员工，信中提到“目前公司资金确实非常紧张，甚至可能会影响到公司的正常运营，员工工资的正常发放，为了不影响员工的正常生活，公司给大家一次自愿选择的机会”。

信件内容显示，员工可以寻找新的工作机会，公司将在 9 月 30 日结清离职员工工资，因资金紧张仅能结算基本工资，绩效和其他补助不能结算。若有员工继续工作，酷骑单车提醒，可能要面临工资无法按时发放等问题。

上述员工告诉新京报记者，假设有 2000 人申请退还押金，公司只能退 700 人左右。“从 8 月份开始有大量用户申请退还押金，已经退了一个月，分公司没钱付了。”

9 月 25 日，该员工告诉新京报记者：“同事们都知道公司要倒闭了，就怕承诺的工资发不了。”

9 月 26 日上午，新京报记者实地探访酷骑单车总部，公司正常办公，工作人员正在处理押金退还问题。“必须本人退款，不能帮忙代退。”一位工作人员介绍，填完信息就可以马上退款。“我打了好多次客服电话，都没接通，想着来总部看看能不能退。”从大老远跑来退押金的张女士如愿以偿。

记者向工作人员表明来意，对方将记者领到内部办公地点，其与同事沟通后向记者表示：“负责人不在，我们也联系不上，不方便透露相关信息。”还有酷骑单车合作商向新京报记者表示，酷骑单车欠其数十万元还没结清，具体数额对方不便透露。

除了酷骑单车出现部分用户押金难退的问题，近期还有一家共享单车企业——小鸣单车也身陷其中。

广州的夏小姐反映：“今年四五月份，我在广东时经常用小鸣单车，用得比较顺畅，而且当时押金退款也挺及时。”8 月，她在上海出差，因为急事又使用了小鸣单车，结果发现单车经常是坏的，于是申请退押金，申请后好长时间，押金都没有到账。

夏小姐多次拨打公司客服电话和当地消费者协会电话，9 月 25 日小鸣单车终于退还了 199 元的押金。“退押金居然用了一个月时间，如果不是投诉，恐怕很难退成功吧。”

然而并不是所有用户都这么幸运，东莞的李先生就是其中一个。8月7日李先生使用了小鸣单车，两天后申请退还押金，如今一个多月过去了押金也没到账。李先生多次联系客服，问题也没有得到解决。“还能怎么办，两百块钱也懒得耗费心思去管它。”李先生无奈地说。

小鸣单车押金难退的事引起了有关部门的关注。深圳市消费者协会介绍，今年8月以来，收到有关小鸣单车押金难退的消费者投诉激增，深圳市消委会已约谈小鸣单车。

对于押金不好退的问题，小鸣单车相关负责人表示：“本次事件因网络传言引发消费者恐慌，大量集中退还押金的申请导致系统崩溃，加之客服力量配备不足，使消费者投诉飙升。”

随后深圳消费者协会介入，要求小鸣单车加大客服及技术力量投入，加快押金退还进度，力争早日实现押金“即还即退”。

9月25日，记者多次拨打小鸣单车客服，电话一直连接不上。上述中的李先生告诉记者：“打了无数个电话，就有一次接通了，客服说帮忙给记录下来，然后会交给工作人员处理押金退还的问题。”之后就没有下文了。

小鸣单车一些区域负责人早前在接受媒体采访时均表示，目前小鸣单车处于正常运营状态，系统也在加急维护中。

记者尝试联系小鸣单车方面，但截至发稿时仍未得到官方的答复。

案例焦点：电商方对拖欠押金的问题始终采取回避态度，消费者方则希望押金及时得到退还，双方在此问题上陷入僵局。

一、案例剖析

随着近年来“互联网+”“共享经济”的迅猛发展，网约车、共享单车企业如雨后春笋般涌现。当前共享单车市场上除了占据份额较大的ofo、摩拜等单车，还有一些较为小众的单车。本案便是消费者与酷骑、小鸣等不甚知名的共享单车所产生的纠纷。

由于竞争激烈、企业经营不善等原因，纠纷中涉及的单车出现了无法退还押金的情况。而新闻报道中所提到的“打了无数次电话到酷骑公司，就是没有人接”“多次联系客服，问题也没有得到解决”等反映了企业售后机制不健全。我国《电子商务法》第五十九条规定：“电子商务经营者应当建立便捷、有效的投诉、举报机制，公开投诉、举报方式等信息，及时受理并处理投诉、举报。”本案中的单车企业作为电子商务经营者，应当遵守法条规定，建立更完善的投诉举报机制。

二、立法解读

（一）法条评析

《电子商务法》以七章的体例来调整与电子商务活动有关的内容，在第四章规定了“电子商务争议解决”，共有六条，涉及投诉举报机制、争议在线解决机制，主要是针对电子商务经营者的应然性规定。其中，第五十九条是关于电子商务经营者建立投诉、举报机制的应然性规定。

本法条中体现了保护消费者权益、维护市场秩序的立法精神，具体可以从主体和行为两方面理解，首先，本法条针对的主体是电子商务经营者；其次，第五十九条列举了三种行为：建立便捷、有效的投诉、举报机制、公开投诉、举报方式等信息、及时受理并处理投诉、举报。

1. 从主体看立法精神

从主体来看，电子商务经营者的范围已经在电子商务法第九条进行了明确规定[①]。应当注意的是本条规定针对的是全体电子商务经营者，包括平台经营者与平台内经营者。在通常理解中，平台经营者似乎更常作为投诉、举报

---

① 参见《电子商务法》第九条：“本法所称电子商务经营者，是指通过互联网等信息网络从事销售商品或者提供服务的经营活动的自然人、法人和非法人组织，包括电子商务平台经营者、平台内经营者以及通过自建网站、其他网络服务销售商品或者提供服务的电子商务经营者。本法所称电子商务平台经营者，是指在电子商务中为交易双方或者多方提供网络经营场所、交易撮合、信息发布等服务，供交易双方或者多方独立开展交易活动的法人或者非法人组织。本法所称平台内经营者，是指通过电子商务平台销售商品或者提供服务的电子商务经营者。”

机制的主体，如“淘宝小蜜”“京东客服”。消费者无论是与平台还是平台内经营者发生消费纠纷，往往会第一时间求助于平台客服，这是因为这类平台往往具有一定规模，也配备了较为充足的客服、售后处理人员，能够更及时、妥善回应消费者需求。法条此次将建立投诉、举报机制的义务也赋予了平台内经营者，体现了对消费者权益更为全面的保护，也有利于更好地维护电子商务市场的良好秩序。

在实践中，平台经营者虽然能设置较为完善的投诉、举报机制，但随着互联网经济飞速发展，电子商务交易量逐渐增大，只赋予平台经营者这一义务已经不足以对消费者权益进行充分保护。中国电子商务中心于2017年9月发布的《2017年（上）中国电子商务市场数据监测报告》显示：2017上半年中国电子商务交易额13.35万亿元，同比增长27.1%。其中，B2B市场交易额9.8万亿元，网络零售市场交易额3.1万亿元，生活服务电商交易额0.45万亿元。[①]巨额的成交量意味着电子商务交易量和消费者人数的骤增，在这一形势下，单纯规定电子商务平台经营者应当建立有效的投诉、举报机制，有可能产生平台经营者在投诉集中状态下（如“双十一”等网购高峰期）无法及时回应消费者需求，不利于消费者权益的保护。在消费者权益无法得到保障的情况下，自然不可能创建良好、有序的电子商务市场。

此外，将这一义务赋予电子商务平台内的经营者也是电子商务法立法的应有之义。一方面，平台内经营者具有多样、大量的特点，赋予其该项义务有利于实现消费者的“点对点”维权，以淘宝为例，倘若要求淘宝卖家设立有效的投诉、举报机制（如通过淘宝平台的客服服务），及时与买家进行沟通交流，则在商品出现问题的时候双方可以直接进行交流，也便于双方快速有效协商。在电子商务平台内经营者处设立畅通的投诉、举报机制，有利于“双管齐下”疏通消费者不满情绪，维护消费者合法权益，构建良好的电子商务市场秩序。

---

① 详见中国电商研究中心，凤凰号:《2017年（上）中国电子商务市场数据监测报告》。

2. 从规定的行为看立法精神

《电子商务法》第五十九条对经营者提出了以下三种行为要求：一是建立便捷、有效的投诉、举报机制；二是公开投诉、举报方式等信息；三是及时受理并处理投诉、举报。

应当说，三种行为之间并非并列关系，第一种是总括性的要求，也是经营者最终应当达到的目标；而后两种则是实现便捷有效投诉机制的具体方法——做到信息公开、及时反馈，既体现了经营者负责的态度，让消费者有更好的消费体验；也有利于构建完善的电子商务运营模式，实现电子商务市场良好、有序的发展。

3. 法条的现实应用

以在电子商务市场中占据份额较大的淘宝 APP 为例具体说明经营者建立投诉、举报机制的方式[①]。

打开淘宝 APP 找到“我的淘宝”界面，从“必备工具”栏目找到“我的小蜜”，进入后是类似“微信”的聊天工具界面，消费者可以通过语音、文字、图片等方式进行消费反馈，对面的智能客服会根据消费者反馈进行处理——这是淘宝作为电子商务平台经营者所建立的投诉、举报机制。从《电子商务法》出发，可针对这一界面提出两点改进建议，首先，在智能客服之余增加人工客服栏目，并以较为醒目的方式标识，使部分存在人工沟通需求的消费者可以快速解决问题，这也符合法条中“及时受理并处理投诉、举报”的要求；其次，以较为醒目的方式标注栏目，使得更多的消费者意识到通过这一界面可以进行消费反馈，这也与法条中“公开投诉、举报方式等信息”的规定具有一致性。

关于平台内经营者，要完善其投诉、举报机制，一方面需要平台经营者和消费者的助力：淘宝作为平台经营者可通过制定规则的方式要求卖家以开通客服、填写有效联系电话等方式建立有效投诉、举报机制，使用软件的淘宝

---

① 举例所提到的信息均来自淘宝 APP，对界面评估来自亲身使用经历。

买家也可以积极监督，及时对不符合要求的卖家进行反馈；另一方面需要平台内经营者的自觉：经营者应当充分认识到建立合理有效的投诉、举报机制不仅是维护消费者合法权益，也有利于电子商务市场良好秩序的构建，是一种使当事人双方都受益的行为。

（二）相关法条链接

从法律体系内部来看，《电子商务法》与《消费者权益保护法》《合同法》等都发挥着独特的作用，有利于促进市场和谐有序发展，共同形成了对消费者权益的有效保护。《电子商务法》第五十九条对经营者义务的规定并不是“孤军奋战”，在其他法律法规中也有类似或相关条文。为加深对第五十九条的理解，将之进行归纳并简要评析。

1.《中华人民共和国消费者权益保护法》

第十七条 经营者应当听取消费者对其提供的商品或者服务的意见，接受消费者的监督。

分析：本条是《消费者权益保护法》中关于经营者义务的规定，根据本条规定，经营者应当受消费者监督，这与第五十九条具有一致性，都是对经营者聆听消费者要求的规定，只不过后者细化为对“电子商务经营者”“售后”过程的要求。

2.《中华人民共和国民事诉讼法》

第九十三条 人民法院审理民事案件，根据当事人自愿的原则，在事实清楚的基础上，分清是非，进行调解。

第九十八条 下列案件调解达成协议，人民法院可以不制作调解书：

（一）调解和好的离婚案件；

（二）调解维持收养关系的案件；

（三）能够即时履行的案件；

（四）其他不需要制作调解书的案件。

对不需要制作调解书的协议，应当记入笔录，由双方当事人、审判人员、书记员签名或者盖章后，即具有法律效力。

分析：上述两条是关于人民法院调解的规定，应当说，这两条是在经营者与消费者沟通不顺畅后才可能应用到的法条。在日常消费中，消费者在发现商品或服务存在问题时往往会第一时间与经营者反映沟通，在无法协商认定后才会转向消费者协会、人民法院等寻求帮助。因此，若《电子商务法》第五十九条使用得当，疏通消费者提出意见的渠道，则能够减少需要人民法院调解、审判的案件，有利于减轻审判负担，以平和方式解决纠纷。此外，对于消费纠纷往往涉及财产（如金钱给付等）方面，双方达成合意后即时履行较为方便，因此，在人民法院调解成功且双方及时履行完毕后，往往不制作调解书，体现了消费纠纷解决“短平快”的特点。

3.《中华人民共和国产品质量法》

第四十七条　因产品质量发生民事纠纷时，当事人可以通过协商或者调解解决。当事人不愿通过协商、调解解决或者协商、调解不成的，可以根据当事人各方的协议向仲裁机构申请仲裁；当事人各方没有达成仲裁协议或者仲裁协议无效的，可以直接向人民法院起诉。

分析：本条是《产品质量法》中关于产品质量存在问题时的纠纷解决方法，法条采取“三步走”的形式，优先鼓励自行调解。在电子商务经营领域，由于交易量大、消费者无法实际接触商品等原因，往往也会出现所收到商品质量不符等问题，对此，电子商务经营者应当遵守第五十九条规定，建立有效投诉、举报机制，这有利于双方自行解决纠纷，也符合立法所鼓励的导向。

4.《中华人民共和国网络安全法》

第九条　网络运营者开展经营和服务活动，必须遵守法律、行政法规，尊重社会公德，遵守商业道德，诚实信用，履行网络安全保护义务，接受政府和社会的监督，承担社会责任。

第四十条　网络运营者应当对其收集的用户信息严格保密，并建立健全用户信息保护制度。

第四十一条　网络运营者收集、使用个人信息，应当遵循合法、正当、必要的原则，公开收集、使用规则，明示收集、使用信息的目的、方式和范围，并经被收集者同意。

网络运营者不得收集与其提供的服务无关的个人信息，不得违反法律、行政法规的规定和双方的约定收集、使用个人信息，并应当依照法律、行政法规的规定和与用户的约定，处理其保存的个人信息。

分析：电子商务运营需要依托互联网，因此，网络安全对电子商务市场健康有序发展、消费者权益得到及时保护等至关重要。2016 年 11 月 7 日全国人大常委会通过了《网络安全法》，从法律层面对网络安全问题进行规制，为电子商务运营提供了一定的保障。该法首先对网络运营者[①]提出了遵守法律法规、诚实信用等原则性规定，并就个人信息保护问题对网络运营者提出了进一步要求。

一方面，网络运营者需要对收集到的用户信息保密，并做到充分信息公开，从而保证网络运营者按照约定的方式使用所收集的信息，这是法律从“应然”角度进行的规定。另一方面，网络运营者不得收集无关信息、不得违法违约收集等规定是对运行者行为的禁止性规定。这两方面的结合保障了用户信息的安全性。

在电子商务交易中，由于涉及付款、配送货物等环节，经营者（包括电子商务平台经营者）需要收集用户的姓名、地址、银行卡号等个人信息。而在电子商务的投诉过程中，倘若提出意见的消费者信息被泄露，很可能会给其带来不必要的困扰。因此，为了保障消费者个人信息安全，需要结合《网络安全法》对运营者使用、公开信息等行为进行规定。

5.《网络交易管理办法》

第二十八条 第三方交易平台经营者应当建立消费纠纷和解和消费维权自律制度。消费者在平台内购买商品或者接受服务，发生消费纠纷或者其合法权益受到损害时，消费者要求平台调解的，平台应当调解；消费者通过其他渠道维权的，平台应当向消费者提供经营者的真实的网站登记信息，积极协

---

① 根据《中华人民共和国网络安全法》规定，网络运营者是指网络的所有者、管理者和网络服务提供者。在电子商务运营中，平台经营者往往同时可能成为网络运营者，因此也受到该法约束。

助消费者维护自身合法权益。

分析：2014年由国家工商管理总局发布的《网络交易管理办法》是对通过互联网（含移动互联网）销售商品或者提供服务的经营活动[①]的规制，因此，电子商务经营也应当受到《网络交易管理办法》的约束，而该办法所规定的消费纠纷和解机制与《电子商务法》五十九条有内在一致性。在电子商务经营中，电子商务平台经营者应当遵守该办法规定，建立消费纠纷和解与消费纠纷自律制度。这能够有效维护消费者权益。建立、完善投诉举报机制恰好可以保证消费者及时向经营者反馈相关信息。这有利于快速、有效地解决纠纷。

三、小结

要解决案件中的问题，需完善共享单车平台经营机制，具体应当从两方面展开。一方面，增加售后客服人员数量，报道中单车企业负责人也提到“客服力量配备不足”，因此，要建立更佳的投诉举报机制，应当首先从数量上达到要求；另一方面，提高信息处理效率，经营者方应当增加消费者反馈信息的渠道，如开设电话、微信公众号、官方网站等多个投诉平台，同时做到及时回复消费者，防止出现纠纷中所提到的“退押金居然用了一个月时间”的情况。

第三节　争议解决方法[②]

【法条】《电子商务法》

第六十条　电子商务争议可以通过协商和解，请求消费者组织、行业协

---

① 《网络交易管理办法》第三条：“本办法所称网络商品交易，是指通过互联网（含移动互联网）销售商品或者提供服务的经营活动”。

② 作者：郭启亮。

会或者其他依法成立的调解组织调解，向有关部门投诉，提请仲裁，或者提起诉讼等方式解决。

在商业贸易活动中，资源交换频繁，矛盾集中，利益博弈激烈，争议的发生不可避免。而商业贸易最需要的是一个稳定、和谐、共荣的环境，争议本身作为一种不稳定、不和谐的因素，会极大地阻碍交易的进行，不利于贸易的发展。因此，面对争议，为趋利避害，人们往往会寻求解决争议的途径和办法。纵观争议解决发展的历史，经历了一个由低级向高级、由自发性向组织性转变的过程，实现了从“自力救济”向“公力救济”的飞跃。“自力救济”，是指争议主体依靠自己的力量自行解决争议，排除侵害，维护其权益。“公力救济”，是指争议主体依靠国家和社会的力量解决争议，排除侵害，维护其权益。[①]

在电子商务的争议解决中，我国《电子商务法》第六十条规定了 5 种争议解决方式，分别为协商和解、调解、投诉、仲裁和诉讼，其表现了“自力救济”与“公力救济”相结合、充分尊重当事人意志的理念，构成了一套完整的、有层次的争议解决体系。其中，诉讼是传统民商事纠纷解决的重要机制，协商和解、调解、投诉和仲裁作为诉讼纠纷解决机制的补充，统称为“非诉解决机制”。

一、协商和解

电子商务纠纷协商和解，是指电子商务当事人双方在没有第三方参与的情况下，在自愿基础上进行平等协商，从而达成和解协议以解决纠纷的方式，属于“自力救济”的范畴。当争议发生时，无论消费者还是经营者并非第一时间想寻求第三方解决，而是先行协商，希望通过一种直接、快捷、节省资源的方式来解决问题。在电子商务中，协商和解具有如下特征：

---

① 张正新：《中国企业电子商务转型及其法律问题研究》，武汉大学出版社 2002 年版。

当事双方的非对抗性。电子商务的特殊性即在于其打破了传统商业模式中人与人面对面交流协商、讨价还价的形式，而是借助于互联网平台，通过网络媒介进行交流，双方并不直接接触，彼此陌生。因此在争议发生时，不能面对面地进行辩论，只能通过网络媒介或电话进行交流，这大大阻碍了协商的效率。

协商程序的非规范性。协商和解因为是私人之间的纠纷解决机制，面对形形色色的当事人，复杂多变的纠纷情况，不可能形成一套统一的协商和解机制，因此协商和解没有程序可言，其往往是依靠双方向好的心理，进而作出妥协和让步，在相互理解的基础上达成共识，解决纠纷。

协商结果的非强制性。因为协商和解是基于双方意志形成的，是当事人意思自觉的产物，其不具有法律上的约束力，任何一方都可以随时反悔，不承认协商的结果。

协商主体地位不对等。在消费者与经营者进行协商的过程中，其往往处于劣势地位，原因在于双方信息不对称、资源不对称。相比消费者，经营者更了解其提供的商品或服务的性能，其掌握更多的专业知识，这能成为他们在与消费者协商过程中的有力武器。只有消费者掌握了足够的证据，并且有足够的勇气和胆识与经营者协商，经营者出于维护声誉的考虑才会妥协。

二、调解

【案例】

消费者王女士通过一家在线预订网站订购广州某别墅酒店住宿服务，下单成功后与网站客服人员联系确认时，却被告知因酒店房价临时上涨，无法为王女士办理入住。消费者对此表示不满，要求网站帮助协调入住，遭到对方拒绝。经工商部门调解，网站为消费者办理退费手续并进行了适当补偿，消费者表示满意。[①]

---

① 案例来源：北京市工商行政管理局关于“‘12315’五月份消费者投诉分析公示”。

调解，是指由争议当事人以外的第三方，依据一定的规范，对纠纷双方当事人进行劝说和协调，以促进争议的解决，平息双方矛盾的一种方式。在各种纠纷解决机制中，调解是人们常常选择的方式，因为其具有成本低廉、程序快捷、方式灵活、不伤和气的特点。特别是有调解人居中劝说、协调、提供法律评价等，易于缓和当事人之间的紧张关系，易于使当事人从对立情绪中走出来，冷静客观地斟酌、思考、协商解决问题的方案。①

目前，根据调解主体的不同，我国的调解可以分为人民调解、行政调解、社会调解、仲裁调解和法院调解。其中，人民调解的主体是根据《人民调解委员会组织条例》和《人民调解法》设置的人民调解委员会，行政调解的主体是被法律赋予调解职责的行政机关，如工商局、环保局等，社会调解的主体是各种组织，企事业单位，社会团体等，仲裁调解的主体是仲裁机构，司法调解的主体是法院。根据我国《电子商务法》的规定，我国在电子商务争议中的调解是消费者组织、行业协会或者其他依法成立的调解组织的调解，属于社会调解的范畴，它是社会组织在当事人之间斡旋、协调，通过说服、教育、劝导的方式，使当事人在资源的基础上达成救济争议的制度。

调解应当遵循自愿、合法合理、查明事实分清是非、公平合理与非公开五项原则。②

（一）消费者组织调解

【案例】

2015年3月10日，山东省东明县刘先生在某超市购物，无意中发现一罐售价128元的巴西松子已过期，其标注的生产日期为2014年3月2日，保质期为12个月。略懂一些食品安全常识的刘先生把该罐过期松子买下，索要了购物小票，并用手机暗中录下选购、发现、购买全过程。当日下午，刘先生拿着相关证据来到超市讨要说法。

① 邱星美：《调解的回顾与展望》，中国政法大学出版社2013年版。

② 邱星美：《调解的回顾与展望》，中国政法大学出版社2013年版。

在向超市要求退货并10倍赔偿的过程中，刘先生怕超市不认账，在出具巴西松子实物和购物小票外，还提供了他用手机录制的视频资料。本想息事宁人的超市在看到这段视频后，断然拒绝了刘先生赔偿要求，认为刘先生明显属于“知假买假”，恶意索赔。协商不成，刘先生来到东明县消费者组织投诉。

东明县消费者组织的工作人员接到投诉后，经调查发现刘先生反映的情况属实。于是，工作人员和刘先生一道来到超市现场调解。在调解过程中，工作人员给超市负责人讲解《食品安全法》等相关法律法规的规定，动之以情，晓之以理，最终该超市同意付给刘先生10倍赔偿金，共计1280元。

消费者组织调解，是指消费者组织依据法律赋予的职权，对经营者和消费者之间发生的消费纠纷进行调解的制度。消费者组织是专门保护消费者利益的群众性组织，消费者组织作为调解主体在我国《消费者权益保护法》中有明确的规定，调解是法律赋予其的一项职责。[①] 当消费者利益受到侵害时，可以向消费者组织投诉，消费者组织对投诉应当受理，并依法组织调查。消费者组织作为社会组织，没有执法权，即使在调查过程中发现经营者存在违反法律法规的行为，也不能对其进行处罚，但可以组织经营者与消费者进行调解。

在调解过程中，消费者组织应当遵守自愿、合法原则。自愿，是指在调解过程中，必须取得双方当事人的同意，消费者组织不能强迫任何一方当事人强行调解。此外，通过消费者组织调解所达成的协议，也必须基于双方的共同意愿，不得替代或强迫。合法，是指调解必须以事实为根据，以法律为准绳，不得损害国家、集体和他人的合法权益。

（二）行业协会调解

行业协会调解是在我国逐渐兴起的一种调解形式。行业协会，是指为达到行业的共同利益目标组织起来的有会员参加的一种非营利性的、非政府性的、自律性的社团法人组织，具有会员性、行业性、自律性、非政府性和非

---

① 《消费者权益保护法》第三十七条：“消费者协会履行下列公益性职责：……（五）受理消费者的投诉，并对投诉事项进行调查、调解……”。

营利性等特点。消费者在经营者侵犯其权益，协商无果的情况下，可以请求行业组织进行调解。目前，我国存在的行业协会调解主要有如保险业协会设立的保险合同纠纷调解委员会对保险合同的调解、中国互联网协会调解中心对网络知识产权纠纷的调解等。

当然，无论是消费者组织还是行业协会，抑或是其他社会组织，因其不是司法机构，故基于其调解而形成的调解协议不具有强制力，经营者如果反悔、拒绝履行或者迟延履行调解协议，消费者仍需寻求其他救济方式。

三、投诉

【案例】

消费者通过某二手商品交易平台购买某品牌二手手机一部，该网站注明为“全网通手机”，实际收到的却是“移动定制版”。联系交易平台后，对方同意退货，但是，消费者将手机寄回后，却迟迟收不到退款，遂投诉至工商部门。该投诉在工商部门的监督下，已由企业与消费者自行和解，商家为消费者办理退货手续。[①]

投诉，是指消费者在权益受到侵害时，向有关部门举报经营者的违法活动，请求有关部门予以处置的方式。此处的“有关部门”应该指拥有行政执法权的行政机关，如工商、税务、卫生局、食药监局等行政机关。行政机关拥有法定的行政权力，能够对违反法律法规、侵犯消费者合法权益的经营者进行处罚，有效规制企业违法行为，维护消费者的合法权益。

根据《工商行政管理部门处理消费者投诉办法》的规定，消费者投诉由经营者所在地或者经营行为发生地的县（市）、区工商行政管理部门管辖。消费者因网络交易发生消费者权益争议的，可以向经营者所在地工商行政管理部门投诉，也可以向第三方交易平台所在地工商行政管理部门投诉。消费者投诉应当有明确的被投诉人，有具体的投诉请求、事实和理由，投诉事项属

---

① 案例来源：北京市工商行政管理局关于“‘12315’五月消费者投诉分析公示”。

于工商行政管理部门的职责范围。消费者可以本人提出投诉，也可以委托他人代为提出。消费者委托代理人进行投诉的，应当向工商行政管理部门同时提交授权委托书原件以及受托人的身份证明。授权委托书应当载明委托事项、权限和期限，并应当由消费者本人签名。工商行政管理部门受理消费者投诉后，当事人同意调解的，工商行政管理部门应当组织调解，并告知当事人调解的时间、地点、调解人员等事项。工商行政管理部门组织消费者权益争议当事人进行调解达成协议的，应当制作调解书，调解书不具有强制执行力。经调解达成协议后，当事人认为有必要的，可以按照有关规定共同向人民法院申请司法确认。工商行政管理部门在处理消费者投诉中，发现经营者有违法行为的，或者消费者举报经营者违法行为的，依照《工商行政管理机关行政处罚程序规定》另案处理。

四、仲裁

仲裁，是指双方当事人自愿把他们之间的争议交给第三方评判或裁决，并约定履行该裁决的一种方式。仲裁具有以下三要素：仲裁是以双方当事人自愿协商为基础的争议解决制度和方式；仲裁是由双方当事人自愿选择中立的第三者进行裁判的争议解决制度和方式；经由双方当事人选择的中立第三方作出的裁决，对双方当事人具有法律约束力。[①] 所谓电子商务仲裁，是指利用仲裁方式解决电子商务中所产生的争议。

仲裁管辖是协议管辖，仲裁协议是仲裁管辖的基石，是使争议取得仲裁管辖权并排斥司法管辖的依据。我国《仲裁法》第四条规定："当事人采用仲裁方法解决纠纷，应当双方自愿，达成仲裁协议。没有仲裁协议，一方申请仲裁的，仲裁委员会不予受理。"采用仲裁程序时，当事人必须在合同中订立仲裁条款或者以其他书面方式在纠纷发生前或纠纷发生后达成请求仲裁的协议。传统的仲裁协议主要是仲裁条款和仲裁协议书，但随着电子商务的发展，

---

① 江伟主：《仲裁法》，中国人民大学出版社 2009 年版。

以电传、电报、电子邮件、电子数据交换等方式达成的仲裁协议广泛被人们使用，突破了传统的“书面”仲裁协议范围。对此，《最高人民法院关于适用〈中华人民共和国仲裁法〉若干问题的解释》第一条规定：“仲裁法第十六条规定的‘其他书面形式’的仲裁协议，包括以合同书、信件和数据电文（包括电报、电传、传真、电子数据交换和电子邮件）等形式达成的请求仲裁的协议。”对上述新型仲裁协议的订立方式给予了肯定的评价。

仲裁协议中应该约定具有请求仲裁的意思表示、仲裁事项和选定的仲裁委员会。[①] 仲裁是当事人共同约定解决纠纷的方式，因此应当在仲裁协议中予以明确，这是仲裁的题中之义。仲裁事项，是指当事人仲裁协议中约定的、通过仲裁解决的争议的内容。它直接决定了仲裁机构管辖权的范围，仲裁机构职能在仲裁协议约定的仲裁事项范围内进行裁决。若仲裁机构超出范围仲裁，经一方当事人申请，法院可以撤销或者不予执行。由于仲裁不实行法定管辖制度，因此需要当事人自行选定仲裁委员会。[②] 我国《仲裁法》第十八条规定：“仲裁协议对仲裁事项或者仲裁委员会没有约定或者约定不明确的，当事人可以补充协议；达不成补充协议的，仲裁协议无效。”因此，必须在仲裁协议中对有关事项加以明确，以免在纠纷发生时出现不必要的麻烦。

此外，我国《仲裁法》并没有要求在仲裁协议中写明仲裁地点，一般实践中若没有明确约定仲裁地点，仲裁地点即仲裁委员会所在地。在电子商务纠纷中，一般来说经营者和消费者往往不在同一地点，因此在仲裁协议中选择合适的仲裁地点直接决定了参加仲裁的成本。

仲裁裁决自裁决书作出之日起便发生法律效力。这意味着，在实体上，仲裁裁决一旦生效，双方当事人之间的争议即告解决，同一法律关系不得再起争端。在程序上，仲裁裁决一旦作出，任何一方当事人不得就同一事实、理由再次向仲裁机构申请仲裁或向法院提起诉讼，即使提起，仲裁机构或法院也不得受理。仲裁裁决生效后，当事人应该自觉履行仲裁裁决，不履行的，

---

① 参见《中华人民共和国仲裁法》第十六条。

② 江伟主：《仲裁法》，中国人民大学出版社 2009 年版。

另一方当事人可以请求人民法院强制执行，仲裁裁决既是当事人自觉履行的根据，也是法院强制执行的依据。

五、民事诉讼

民事诉讼，是指法院、当事人和其他诉讼参与人，在审理民事案件的过程中所进行的各种诉讼活动，以及由这些活动所形成的各种诉讼关系的总和。[①]与仲裁、调解等非诉争议解决途径相比，诉讼具有规范性、强制性、公权性等特征。根据《民事诉讼法》第一百一十九条之规定，提起民事诉讼应该符合如下要件：(1)原告是与本案有直接利害关系的公民、法人和其他组织；(2)有明确的被告；(3)有具体的诉讼请求和事实、理由；(4)属于人民法院受理民事诉讼的范围和受诉人民法院管辖。

（一）当事人主体适格

【案例】

北京三某在线科技有限公司、北京永某立业企业管理有限公司等与崔某某物件损害责任纠纷案

当事人：上诉人（原审被告）北京永某立业企业管理有限公司（以下简称永某公司）、被上诉人（原审原告）崔某某、原审被告孙某、原审被告北京三某在线科技有限公司（以下简称三某公司）

案情简介：2015年12月1日，三某公司（甲方）与永某公司（乙方）签订《服务外包合作协议》，约定甲方将美团外卖平台部分外卖配送服务项目交给乙方，乙方为甲方提供相应的外包服务，乙方负责为乙方外包服务人员依法办理劳动用工手续，乙方有义务全权承担外包服务人员的用工风险，包括但不限于工伤事故、第三方理赔、垫付款等。2016年8月16日16时，永某公司员工孙某骑电动车送餐，行至北京市丰台区卢沟桥五里店南里30号楼下

---

① 江伟主：《民事诉讼法》，高等教育出版社2013年版。

时，电动车突然起火，孙某发现后即刻停车，火势蔓延将崔某某停放在路边的东风日产牌小汽车（车牌号：×××）引燃，该汽车在火灾中受损。崔某某向法院起诉要求永某公司、三某公司及孙某承担责任。

案例焦点：在本案中，三某公司辩称其作为网络平台，与孙某不存在劳动合同关系，不是本案的适格主体。一审法院经审理认为三某公司并非孙某的用人单位，且将配送服务外包给具有资质的永某公司不存在选任过失，故三某公司不应承担赔偿责任。二审法院维持了原判。

案例剖析：当事人适格是起诉的要件之一，当事人是否是所争议的民事法律关系（即本案诉讼标的）的主体是判断当事人主体是否适格的标准。在本案中，因孙某的电动车起火而引燃了崔某某的小汽车，对崔某某的财产造成了损害，因而在二者之间形成了侵权法律关系。崔某某作为小汽车所有权人，是与本案具有直接利害关系的原告，孙某作为侵权人是本案适格的被告。孙某作为永某公司员工，送餐是其本职工作，属职务行为，根据我国《侵权责任法》第三十四条规定，用人单位的工作人员因执行工作任务造成他人损害的，由用人单位承担侵权责任，崔某某可据此要求将永某公司列为被告，要求其承担侵权赔偿责任。三某公司在本案中作为网络平台，只负责信息的接收与传送，并不直接参与外卖的配送，相关配送服务外包给了永某公司，孙某并非三某公司职工，因此，三某公司与本案没有法律上的关系，不是本案适格的被告。

在电子商务诉讼中，原告往往将电子商务平台经营者列为被告一并起诉，大概是因为平台为被告的行为创造了条件，对原告受损起到了推动作用。实际上，平台只是提供了当事双方进行交流磋商的媒介。

（二）有明确的诉讼请求、事实和理由

诉讼请求，是指原告获得实体（法）上的具体法律地位或具体法律效果的诉讼主张。具体实体请求即原告行使诉权或提起诉讼所欲获得的具体的实体法律地位或实体法律效果，构成了诉讼请求的实体内容。[①] 诉讼请求与诉讼标

① 江伟：《民事诉讼法（第四版）》，中国人民大学出版社 2008 年版。

的不同，诉讼标的，是指当事人之间争议的请求法院审判的民事实体法律关系或者民事实体权利。[①]案件事实是用以支持诉讼标的的客观情况，与当事人亲身经历的案件过程有关。诉讼理由是用以支撑诉讼请求的法律依据和事实依据。

（三）人民法院具有管辖权

民事诉讼中的管辖，是指各级人民法院之间和同级人民法院之间受理第一审民事案件的分工和权限。它是在人民法院内部具体落实民事审判权的一项制度。[②]传统民商事诉讼一般根据“原告就被告”的原则，由被告住所地法院管辖，这是因为传统的民商事交易是一手交钱、一手交货，买卖双方的住所地较为固定，法院的管辖区域容易确定。而在电子商务领域，买卖双方主要依托互联网进行信息的交流，而网络空间是一个无边无际的虚拟空间，买卖双方间隔十万八千里，某法院对哪一部分网络空间享有管辖权，或者是否对网络空间享有管辖权，很难判断。这样一来，对某电子商务纠纷，可能有多个法院主张管辖权，这就构成了管辖权的积极冲突；也可能没有法院管辖，这就构成管辖权的消极冲突。[③]电子商务纠纷管辖也与合同纠纷管辖或侵权纠纷管辖有所不同。

1. 传统管辖制度在电子商务诉讼中的适用

合同纠纷管辖。针对合同纠纷，除了适用一般管辖规定外，我国《民事诉讼法》第三十四条同时作出协议管辖的规定，即“合同或者其他财产权益纠纷的当事人可以书面协议选择被告住所地、合同履行地、合同签订地、原告住所地、标的物所在地等与争议有实际联系的地点的人民法院管辖，但不得违反本法对级别管辖和专属管辖的规定”。我国《民事诉讼法》没有就电子商务合同纠纷管辖作出具体规定，但电子商务合同作为合同的一种特殊类型，

---

① 江伟:《民事诉讼法（第四版）》，中国人民大学出版社 2008 年版。

② 江伟:《民事诉讼法（第四版）》，中国人民大学出版社 2008 年版。

③ 张正新:《中国企业电子商务转型及其法律问题研究》，武汉大学出版社 2002 年版。

应该适用上述规则。

侵权纠纷管辖。针对侵权纠纷管辖，我国《民事诉讼法》第二十八条规定既可以由被告住所地法院管辖，又可以由侵权行为地法院管辖。《最高人民法院关于适用〈中华人民共和国民事诉讼法〉若干问题的意见》第二十八条对“侵权行为地”作出进一步解释，它将侵权行为实施地和侵权结果发生地都认定为侵权行为地。因此，侵权纠纷的管辖法院包括侵权行为实施地、侵权结果发生地和被告住所地的人民法院。最高人民法院出台的《关于审理涉及计算机网络著作权案件适用法律若干问题的解释》中对网络侵犯著作权纠纷的管辖法院进行了重申，同时将侵权行为地进一步明确为实施被诉侵权行为的网络服务器、计算机终端等设备所在地，对难以确定侵权行为地和被告住所地的纠纷，规定原告发现侵权内容的计算机终端等设备所在地可以视为侵权行为地。《最高人民法院关于审理涉及计算机网络域名民事纠纷案件适用法律若干问题的解释》规定域名侵权案件由侵权行为地或被告住所地法院管辖；改变了侵权纠纷级别管辖的规定，改由中级人民法院管辖；规定了在难以确定侵权行为地和被告住所地时确定管辖法院的办法，即规定原告发现该域名的计算机终端等设备所在地可以视为侵权行为地。除此之外，我国《民事诉讼法》未就电子商务侵权行为作出具体规定。电子商务侵权纠纷是特殊的侵权纠纷，对其管辖适用侵权纠纷的规定。

2. 电子商务诉讼管辖的特殊性

如上文所言，由于互联网技术的运用，在电子商务中，网上地址与地理位置没有关联，传统的以地域为基础的管辖权原则在网络环境下很难发挥其作用；网络的无国界性使传统的以当事人的国籍为基础的管辖权理论，在网络环境下已无实际意义。①

就“原告就被告”原则而言，由于网络购物的虚拟性及信息更换的及时性，消费者难以掌握被告真实的住址信息，即使经营者按规定在平台上注明了经

---

① 汪金兰：《电子商务管辖权规制的探讨》，载《武汉大学学报（社会科学版）》2002 年第 55 卷第 1 期。

营地址，但其实际住址仍存在随时改变的可能，最终会导致消费者起诉无门的局面。“原告就被告”原则本身是方便被告应诉的，而在电子商务中，依托网络平台，原告与被告之间地域跨越可以很大，这直接增加了原告起诉的负担，反而不利于原告权益的保护。

就协议管辖而言，原告可依协议选择被告住所地、合同履行地、合同签订地、原告住所地、标的物所在地等与争议有实际联系的法院管辖。在传统交易中，买卖双方往往可以面对面交流，有充分的谈判机会，为协议管辖创造了更多可能。而在电子商务中，消费者往往是在被动接受经营者提供的格式条款基础上完成交易的，就管辖问题进行谈判的可能性极低，经营者往往掌握主动权，不愿意在格式条款中加入协议管辖内容，即使加入也会选择对自己有利的条款，这不利于对消费者权益的保护。

此外，在合同纠纷中关于合同履行地、合同签订地的确定和侵权纠纷中侵权行为实施地、侵权结果发生地的确定，都因为互联网的特性而在实践中面临困难。

在电子商务中，消费者往往处于弱势地位，传统的诉讼管辖制度更是加重了原告的起诉负担，本着保护消费者利益的理念，应该明确原告住所地法院作为电子商务纠纷的管辖法院。与此同时，应鼓励当事人通过协商确定管辖法院，为协议管辖提供更多的保障。

第四节　电子商务平台经营者协助义务①

【法条】《电子商务法》

第六十一条　消费者在电子商务平台购买商品或者接受服务，与平台内经营者发生争议时，电子商务平台经营者应当积极协助消费者维护合法权益。

---

①　作者：邹游。

【案例】西某网疑似“售假”问题频发[①]

当事人：西某网、吴先生

案情简介：2018年年初以来，“电子商务消费纠纷调解平台”频频接到用户关于西某网疑似售假、退货退款难、商品质量不佳、虚假物流等问题的投诉。以吴先生投诉问题为例，1月8日吴先生在西某网购买一个coach皮包，收到货后发现明显是假货，商品没有任何西某网小票、采购小票和海关凭证。吴先生多次联系西某网，都说让第三方卖家联系吴先生，但是一直无法联系上所谓的第三方卖家，客服也失踪，西某网也没有任何的投诉退货的通道。

案例焦点：吴先生应该如何维护自身合法权益？

一、案例剖析

在电子商务平台交易中，由于买卖双方通过网络环境进行交易，不能对经营者自身资质、商品或服务质量有直观的认识。而在纠纷发生之后，电子商务平台内经营者也可能通过各种方式规避自己的责任。在本案例中，吴先生等消费者与第三方卖家、电子商务平台均协商无果，不能及时解决纠纷。

根据《消费权益保护法》第四十四条的规定，消费者通过网络交易平台购买商品或者接受服务，其合法权益受到损害的，可以向销售者或者服务者要求赔偿。网络交易平台提供者不能提供销售者或者服务者的真实名称、地址和有效联系方式的，消费者也可以向网络交易平台提供者要求赔偿。当西某网无法提供经营者的真实名称、地址和有效联系方式时，吴先生可以起诉西某网请求先行赔偿。

《电子商务法》第六十一条的规定：“消费者在电子商务平台购买商品或者接受服务，与平台内经营者发生争议时，电子商务平台经营者应当积极协助消费者维护合法权益。”西某网也应当承担消费者维权的协助义务。

---

① 载 http://www.sohu.com/a/245921753_100032771。

二、立法解读

（一）电子商务平台经营者协助义务概述

《电子商务法》第六十一条规定："消费者在电子商务平台购买商品或者接受服务，与平台内经营者发生争议时，电子商务平台经营者应当积极协助消费者维护合法权益。"

本法条所建立的是一种在消费者与电子商务平台内经营者发生争议时，电子商务平台经营者对争议解决所承担的主动协助义务。在电子商务平台上，由于消费者与经营者在网络环境中完成交易活动，二者的信息不对称性因网络效应进一步增强。消费者在经历商品、服务质量纠纷时，相对于经济实力更强的经营者，往往处于弱势地位。为矫正二者的不平衡地位，作为中介的电子商务平台经营者应在纠纷发生时承担主动的协助义务，帮助消费者维护其合法权益。

（二）电子商务平台经营者协助义务理论基础

1. 电子商务平台经营者协助义务的正当性

协助义务的建立促使消费者纠纷能够及时解决。在电子商务纠纷案件中，拖延战术或者拒绝履行其义务是不负责任的经营者常见的行为。消费者由于势单力薄，在发生纠纷时没有时间、金钱与精力和经营者进行长时间的协商，以获得妥善的解决。在这种情况下，往往都是以消费者放弃维权而告终。长此以往，消费者将会拒绝与该经营者进行合作，更有可能退出电子商务平台。而经营者虽然可能获得短期的利益，但长远来看也将会失去更多的商业机会。

因此，在这样的背景下，电子商务平台经营者协助义务的出台就显得格外重要。电子商务平台经营者作为平台的搭建方，消费者与平台内经营者的中介方，其有能力更有义务维护平台内交易活动正常秩序，保证交易活动顺利进行，纠纷发生后能够得到妥善的解决。而与消费者相比较，电子商务平台拥有资金和技术的优势，可以更有效率地介入纠纷。只有合理地增加平台的义务，才有助于保护消费者的利益，促进电子商务行业的整体发展。

2. 消费者与电子商务平台内经营者非讼解决的需要

现代社会通过构建多元调解机制以应对社会中的各种纠纷的。多元调解机制主要包括人民调解、行政调解、司法调解。人民调解，是指人民调解委员会通过说服、疏导等方法，促使当事人在平等协商基础上自愿达成调解协议，解决社会纠纷的活动。① 司法调解，又称为"诉讼调解"，是指当事人双方在人民法院法官的主持下，通过处分自己的权益来解决纠纷的一种重要方式。② 行政调解，是指行政主体主持的，以国家法律政策和公序良俗为依据，以自愿为原则，通过说服教育等方法调停、斡旋，促使当事人友好协商，达成协议，消除纠纷的一种调解制度。③

买卖关系是现代社会商品经济中最基础的一种关系，对于纠纷解决需要一套完整的体系。诉讼手段权威性高、可执行性强，但具有时间成本高、费用成本高的缺点。而调解则具有方便快捷、及时解决纠纷的优点，能满足当事人的小额纠纷的解决。电子商务平台经营者协助义务的引入也有助于缓解司法审判工作压力大的难题。

可以说，就争议有效解决机制的探索来看，电子商务平台经营者协助义务契合了国家破解当下电子商务平台纠纷困局的现实需要，也是对多元调解机制的有效补充。

3. 合理分配电子商务平台经营者责任的必要

由于我国采取了单行立法的模式，对各种法律责任都规定在了相应的部

---

① 参见《中华人民共和国人民调解法》第二条规定。

② 肖扬：《充分发挥司法调解在构建社会主义和谐社会中的积极作用》，载《求是》2006 年第 10 期。

③ 朱最新：《社会转型中的行政调解制度》，载《行政法学研究》2006 年第 2 期。

门法中，如《合同法》的违约赔偿责任、《专利法》的专利侵权责任。而各类法律实际并未对电子商务平台经营者以及平台内经营者的责任进行明确的区分，电子商务平台经营者往往是作为“第三者”在《消费者权益保护法》《侵权责任法》中承担连带赔偿责任。这样可能会使得电子商务平台经营者承担过重的责任，不利于其发展。

统一后的《电子商务法》则规定了电子商务平台经营者应承担消费者维权的协助义务，明确了平台经营者和平台内经营者的责任划分，让电子商务平台内经营者该负的责任归于自身，把平台对消费者的责任定位在“协助责任”之上，是科学合理的做法。

三、小结

本条对于协助义务进行了原则上的规定，协助义务的具体实施方法并未进行较为具体的规定。但《电子商务法》有效确立了电子商务平台经营者责任以及平台内经营者责任，界定了二者的责任划分。在协助义务下，消费者与电子商务平台内经营者的纠纷也能得到及时的解决，有助于促进电子商务的发展。

第五节　经营者提供原始信息义务和举证责任倒置[①]

【法条】《电子商务法》

第六十二条　在电子商务争议处理中，电子商务经营者应当提供原始合同和交易记录。因电子商务经营者丢失、伪造、篡改、销毁、隐匿或者拒绝提供前述资料，致使人民法院、仲裁机构或者有关机关无法查明事实的，电

① 作者：周嘉欣。

子商务经营者应当承担相应的法律责任。

【案例】网购遭遇价格欺诈，我该怎么证明？[①]

当事人：张某峰、广州某家居用品有限公司

案情简介：法院经过审理，认定事实如下：

2017 年 2 月 19 日，张某峰通过天猫商城网上购物平台从被告家居公司的旗舰店购买了电子相册摆台 5 个，成交价每台 699 元，共计支付 3495 元；张某峰后于 2017 年 2 月 27 日退货退款。在原告提举的网页截图上显示，699 元价格为限时促销。在原告与被告客服进行退款聊天记录中显示，被告确实以“宝贝链接”的形式曾向原告明示了原价为划线的 899 元。

庭审中，被告公司提举了六个天猫订单，用于证明曾经以 899 元价格销售过，但距离原告购买时间最近的订单成交时间为 2016 年 11 月 11 日。被告同时提举了（2016）京 0116 民初字 5250 号判决书和（2016）京 0116 民初 2020 号民事裁定书，用以证明原告不是出于消费目的购买商品，而是为了获取赔偿进行牟利。

上述事实，有当事人提举的订单详情网页截图、聊天记录、交易记录、工商资质网页截图、民事裁判文书及当事人陈述意见在案佐证。

案例焦点：被告公司是否存在价格欺诈行为？价格欺诈行为由谁来证明？

张某峰于 2017 年 3 月向一审法院起诉请求：1. 判决被告家居公司支付张某峰 3495 元的 3 倍赔偿金；2. 诉讼费由被告家居公司承担。

被告家居公司辩称，不同意原告诉讼请求，理由：第一，原告非消费者，其非以生活消费目的购买涉案商品，是通过诉讼获取经济利益；第二，涉案产品没有给原告造成损失，原告已退货；第三，被告确以 899 元的价格交易过，并非存在价格欺诈。

事实和理由：2017 年 2 月 19 日，原告在天猫商城被告的家居旗舰店购买微信创意相册 5 台。原价为 899 元（价格用删除线划除），促销价为 699 元，成交价为每台 699 元。经了解发现，被告在此期间没有以原价成交过。依据

---

① 案例来源：中国裁判文书网。

相关法律法规，被告的行为构成价格欺诈。

一审法院认为，本案中被告公司虽向法院提举了6个交易记录，用于证明原价899元是真实存在的，不属于虚假、捏造。但是法律法规中认定的原价，是指经营者在本次促销活动前七日内在本交易场所成交，有交易票据的最低交易价格；如果前七日内没有交易，以本次促销活动前最后一次交易价格作为原价。被告并未提举证据证明2017年2月19日所属这次促销活动前七日内的交易价格或这次促销活动前最后一次的交易价格是899元，同时作为店铺经营者有能力提供完整的交易记录，但是其并未向法庭提举，因此其应承担举证不能的法律后果，法院认定标示的899元并非原价，被告存在虚构原价的行为。

一、案例剖析

本案中，原告主张被告存在价格欺诈的行为。价格欺诈行为，是指经营者利用虚假的或者使人误解的标价形式或者价格手段，欺骗、诱导消费者或者其他经营者与其进行交易的行为。价格欺诈主要表现为“虚构原价”或“虚假优惠折价”。虚构原价，是指经营者在促销活动中，标示的原价属于虚假、捏造、并不存在或者从未有过交易记录。[①]

按照我国民事诉讼法的有关规定，原告主张被告存在欺诈行为的，应由原告承担举证责任，证明被告具有符合法律有关欺诈规定的行为。在传统交易当中，交易双方通常以面谈的方式订立契约；传统的合同有书面形式、口头形式和其他形式。然而，在电子商务纠纷中，双方意思表示通过电子数据传递，以淘宝购物为例，买家在淘宝平台上挑选商品，通过阿里旺旺与卖家客服进行沟通联系，最后达成交易。电子商务是通过电子通信进行的商业活动，双方通常通过电子邮件、聊天软件进行交流，由此订立的买卖合同应当属于电子合同。电子合同是当事人通过电子数据交换达成设立、变更、终止民事权利义务协议的合同形式。

---

① 案件来源：北京市第三中级人民法院（2017）京03民终9552号判决书。

与该合同密切相关的交易信息也储存在电子数据当中。这些交易记录通常储存在电子商务第三方服务平台和经营者的后台数据库，包括商品信息、聊天记录、订单信息、物流信息、支付信息等原始信息。这些信息往往储存在经营者后台数据库，买家难以获得原始信息。本案中，对于所涉商品促销前的原始价格，原告作为买方无法进行取证，此时，对该价格信息的证明最容易的应属电子商务经营者。

二、立法解读

（一）立法进程

2013 年 12 月 7 号，中国全国人大常委会正式启动了《电子商务法》的立法进程。经过对《电子商务法（草案）》的四次审查，2018 年 8 月 31 日，十三届全国人大常委会第五次会议表决通过《电子商务法》，并将于 2019 年 1 月 1 日起施行。

（二）条文解读

《电子商务法》第六十二条规定："在电子商务争议处理中，电子商务经营者应当提供原始合同和交易记录。因电子商务经营者丢失、伪造、篡改、销毁、隐匿或者拒绝提供前述资料，致使人民法院、仲裁机构或者有关机关无法查明事实的，电子商务经营者应当承担相应的法律责任。"

条文规定了在电子商务中，电子商务经营主体在电子商务纠纷中负有提供原始合同和交易信息的举证义务。电子商务经营者丢失、伪造、篡改、销毁、隐匿或者拒绝提供上述材料的，应当承担举证不能而导致的相应法律后果。条文旨在解决电子商务纠纷中买受方对后台交易信息难以取证而导致维权举证难的问题，强化经营者和平台的责任，形成一个强有力的消费者保护体系。

举证责任制度被人喻为"民事诉讼的脊梁"，德国著名的法学家莱奥·罗森贝克在《证明责任论》提出了相关理论以解决诉讼中案件事实认定问题。举证责任分配不仅仅是责任分配的问题，还涉及当事人实体权利的行使和保护，对举证责任的分配，目的是在两个当事人之间寻找一个平衡点，既使双方的诉讼权利平等，同时还保护处于弱势地位的一方，使处于弱势地位的一方能够得到法律的有效保护。举证责任分配理论追求实现正义，属于民事诉讼法律体系的基本要件，分配举证责任的时候，要在保障当事人的诉讼地位平等的同时，既着重解决电子商务纠纷，又顾及每一个个案对社会的影响。

三、小结

我国《民事诉讼法》第六十四条第一款规定："当事人对自己提出的主张，有责任提供证据。"一般情况下，举证责任的基本原则为"谁主张，谁举证"，负举证责任一方须承担举证不力而败诉的风险。在《电子商务法》还未颁布之前，电子商务纠纷适用《民法总则》《合同法》《民事诉讼法》等有关规定。本案例中买方对价格信息难以取证，此时由买家承担举证责任，不利于维护法治的公平公正，将举证责任交由经营者承担，既符合立法目的，也符合现实需要。经营者不能提供，丢失、伪造、篡改、销毁、隐匿甚至拒绝提供，法院则应当根据有关规定认定相关事实成立并作出对经营者不利的判决。

本条对电子商务纠纷的高效解决具有积极意义。选择通过诉讼维护自身权利的消费者，其证明能力处于弱势地位，在无法达到民事诉讼法的要求时只能败诉，不利于保护消费者权益。将该证明责任交由经营者承担，平衡了双方诉讼中所承担的义务，维护了法律的公平公正，提高法律公信力，强化电子商务管理，规范电子商务经营者的行为，促进电子商务的良好发展。

第六节　争议在线解决机制（倡导义务）[①]

【法条】《电子商务法》

第六十三条　电子商务平台经营者可以建立争议在线解决机制，制定并

① 作者：陈冲。

公示争议解决规则，根据自愿原则，公平、公正地解决当事人的争议。

【案例】齐忠某与淘宝网购合同纠纷

当事人：齐某、浙江淘宝网络有限公司、许某某

案情简介：2016年10月15日，齐某于淘宝网络公司所运营的淘宝网络平台上，在许某某所经营的“丹丹科技520”店铺购买了“特价正品安卓智能八核手机5.5寸超薄大屏移动电信4G全网通”1部，齐某实际支付225.97元。齐某收到货物后，发现产品系三无产品，且该手机仅能使用移动及联通网络，无法使用电信网络，遂与许某某所经营的店铺交涉，并申请淘宝小二介入，进行投诉。淘宝小二介入后，作出调处决定，由齐某进行退货，许某某进行退款。后齐某并未进行退货操作。2016年11月4日，因齐某超时未退货，系统自动撤销，退款关闭。当日，淘宝超时自动确认收货，货款自动进入许某某所经营的店铺账户。

案例焦点：原告齐某认为其在淘宝订购的手机质量极差，要求退货，许某某应允并商定直接邮回即可，未走淘宝退货程序，后由于许某某出尔反尔导致退货失败。但后来他发现该手机为三无产品，于是投诉到淘宝，由于操作不当最终导致货款进入卖家账户。齐某请求淘宝和许某某赔礼道歉并赔偿相应的损失。

被告淘宝公司主张其并非本案争议所涉网络购物合同的当事方，不应当承担合同义务。而买卖双方通过淘宝平台达成的网络购物合同性质仍属于买卖合同，基于合同的相对性，该合同效力应仅限于买卖双方。淘宝公司已经履行了资质审查等义务，不应为卖家承担连带责任。齐某超时未退货，系统自动撤销维权程序系原告本人过失。且被告认为在先行赔付流程中，淘宝网络公司仍然处于调处者的位置，并非承担连带责任或者其他责任的主体。

一、案例剖析

齐某主张其未进行退货操作是因为其与许某某已达成协议，约定退一赔三，而淘宝小二在处理其投诉中只写明退货退款，并未写明退一赔三，也未

说明退货截止时间，所以齐某未进行退货操作。然而，淘宝网络公司主张退货截止时间默认为 7 天，但就此未提供相关协议和交易规则。

从本案中可以看出，在网络购物环境日益复杂，争议处理规则更加细化烦琐的现实情况下，作为网络购物平台的经营者，淘宝网络公司应当在争议处理中通过合理方式向买卖上方明确其争议处理范围及相应规则，进一步改进消费者的投诉处理服务方式，以避免消费者对网络平台的争议处理误解或陷入错误认识。[①]

二、立法解读

《电子商务法》第六十三条规定："电子商务平台经营者可以建立争议在线解决机制，制定并公示争议解决规则，根据自愿原则，公平、公正地解决当事人的争议。"电子商务平台的经营者，目前在我国主要有淘宝、天猫、京东、当当等。法条中"可以"二字显示电子商务平台经营者建立争议在线解决机制是一种倡导义务而非强制义务。各电子商务平台经营者可以根据自己的经营情况、技术水平及纠纷的特点决定是否以及如何建立自己的争议在线解决机制，但倘若该机制建立起来，就应当明确地公示，以便于纠纷当事人了解以使其能依据规则适时恰当地保护自己的权益。电子商务平台本身不是立法机关，也并非被授予立法权力的机关，其制定的争议解决规则属于私法意思自治的范畴，须由纠纷当事人明示或默示地一致选择才能对当事人产生拘束力，因此其效力是建立在自愿原则基础上的。电子商务平台经营者建立的在线争议解决机制属于民事争议解决机制的一种，公平、公正是其规则建构的题中之义。

（一）争议在线解决机制

《电子商务法》第六十三条规定了电子商务平台建立争议在线解决机制的

---

① 案例来源：北京市大兴区人民法院（2016）京 0115 民初 19094 号判决书。

倡导义务。争议在线解决机制，通用的英文表述是“Online Dispute Resolution”，简称 ODR，是一种将计算机的信息处理功能与便利的通信网络相结合的诉讼外争议解决模式，是替代性纠纷解决方式（ADR）在网络空间的运用。替代性纠纷解决方式，主要是指在诉讼外或者审判外解决诉讼纠纷的方式、方法和途径以及制度架构的总称。早期的替代性制度来自美国，主要是解决劳动争议，经过多年发展，现在已经包括仲裁、调解、和解等解决方式。[①]

争议在线解决机制的主要类型有在线协商、在线调解和在线仲裁三种。在线协商较为灵活，无须第三方调解员或仲裁员的参与，表现为一种计算机自动处理程序或网页服务。在线调节建立在双方当事人自愿的基础之上，调解人作为中立第三方采取灵活、方便的程序促使双方达成合意。在线仲裁相对较为正式，与传统仲裁的架构基本一致，是传统仲裁在网络环境中的新应用。

争议在线解决机制有以下几个特点：

一是争议解决规则的灵活性。一方面，是程序规则方面的灵活性，相较于严格的诉讼程序，争议在线解决机制在解决的时间、申请的方式、解决的过程方面都较为灵活。另一方面，是争议解决依据规则的灵活性。传统的诉讼程序主要依据现行的法律法规，而在实践中，提供争议在线解决机制的各个网站逐渐形成了自己的网络规则，用户可以根据不同的需要从中选择适用。[②]

二是与互联网技术紧密相连。这一特点在“在线”二字当中已经有了充分的体现。首先，这一机制的产生依托于互联网技术。其次，争议机制的启动、争议解决的过程以及结果的发布和执行都借助于互联网。互联网的进步和发展也必将促使争议解决机制的进一步完善。

三是纠纷解决过程的隐蔽性。在诉讼当中，绝大部分案件都要公开审理，所有的判决都要公开宣判，并且裁判文书需要在网上公示。而争议在线解决机制具有隐蔽性。首先，法律对其没有公开的强制性要求。其次，鉴于互联网信息传播的广泛性，信息一旦泄露危害性很大，提供争议在线解决机制的

---

① 范筱静：《电子商务中在线纠纷解决机制初探》，载《科技与法律》2012 年第 4 期。

② 王娟：《电子商务在线纠纷解决机制研究》，西南政法大学硕士学位论文，2008 年。

平台往往会采取一定的措施保护当事人的真实信息及隐私。

（二）电商平台争议在线解决机制的内涵

电子商务平台建立的争议在线解决机制是ODR的下位概念，具有相对于其他在线争议解决机制的特点：

首先在依据的规则方面，其他在线争议解决机制跟替代性的纠纷解决机制所依据的有国家法层面的正式法律，还有非国家法层面的自治规则，如行业规章、商业惯例、风俗习惯等。[①] 而电子商务平台建立的争议在线解决机制，主要是电商自治的规范，如淘宝网，既有起总则性质的基本规则《淘宝规则》，也有指导解决淘宝交易纠纷的《淘宝争议处理规则》。[②] 这些规则的制定主体为电子商务平台的经营者。

其次在争议的解决方式上，如上文所述，争议在线解决机制主要有三种类型，在线协商、在线调解和在线仲裁。而电子商务平台经营者建立的争议在线解决机制，如淘宝网，解决争议的方式主要有双方协商和平台介入两种。双方协商主要是指买卖双方在尚无第三人介入的情况下，借助聊天工具等网络技术设施针对纠纷进行信息的交流与意思的表达，从而达成和解的一种内部解纷方式。[③] 例如，《淘宝平台争议处理规则》第一百零四条规定淘宝处理争议期间，出现下列情形之一的，淘宝将中止争议处理程序：（一）买卖双方一致要求中止，并约定期限自行协商处理争议……第一百零六条：淘宝处理争议期间，买卖双方协商一致达成和解协议，但无法自行操作的，淘宝有权根据双方达成的和解协议内容，通知支付宝公司操作相应的交易款项和（或）保证金。这两则规定都体现了纠纷当事人可以通过双方协商来解决纠纷，并以此排除平台的介入以及要求平台提供协助。[④] 与双方协商相对应，平台介入，是指互不会面的纠纷主体，在电商平台的参与下就争议的实体权利、义务，

---

① 赵旭东:《纠纷与纠纷解决原论》，北京大学出版社2009年版。

② 方霞:《电商售假纠纷在线解决机制的完善》，清华大学硕士学位论文，2015年。

③ 赵莹:《在线纠纷解决机制及其在中国的发展探析》，兰州大学硕士学位论文，2014年。

④ 参见淘宝网《淘宝平台争议处理规则》。

借助网络平台进行信息的传递、意思的表达，最终达成合意以结束争议状态的一种在线解纷方式。[①]根据《淘宝平台争议处理规则》，买家向卖家发起维权或任何一方直接向淘宝投诉，都能引起淘宝介入来解决纠纷。在争议解决的过程中，在双方当事人分别举证的基础上由平台作出判断。

最后，在解决纠纷的主体上，从争议的解决方式不难看出，电子商务平台建立的争议在线解决机制与其他争议在线解决机制在解决纠纷的主体方面不尽相同。双方协商由于没有中立第三方的介入，所以主体都是纠纷双方当事人。而争议在线解决机制的另外两种解决方式：在线调解和在线仲裁，由于是传统的替代性纠纷解决方式在网络空间的新运用，所以介入的第三方与线下的调解和仲裁保持一致，主要是法院、调解机构及仲裁机构等。而电商平台建立的争议在线解决机制，作为中立第三方介入的往往是电商平台自己，没有公权力色彩，这也使得其争议解决规则具有类似于合同的效力，而不具有强制执行力。

（三）电商平台争议在线解决机制的优越性

基于上述特点，电子商务平台建立的争议在线解决机制具有一系列优越性。其优越性主要是相对于传统的线下争议解决机制以及其他争议在线解决机制而言的。

首先，相对于传统的线下纠纷解决机制来说，电商平台争议在线解决机制程序较为方便灵活，[②]并且能够摆脱传统纠纷解决机制的法律困境。

争议在线解决机制借助互联网技术，克服了时间和空间上的界限，使得不同地域的当事人能够同时或者不同时地进行协商，不必受制于严格的线下诉讼程序，节约了沟通的经济成本和时间成本。从启动程序来看，双方可以随时在线协商，任何一方直接向淘宝投诉都能让平台介入纠纷的解决。从解决的过程来看，当事人无须受制于严格的诉讼程序，各自分别举证陈述

① 方霞：《电商售假纠纷在线解决机制的完善》，清华大学硕士学位论文，2015 年。

② 高卫萍：《ODR——解决中国电子商务纠纷的未来趋势》，华东政法大学硕士学位论文，2008 年。

自己的主张即可，气氛较为轻松。从结果以及执行上来看，淘宝可以借助支付宝直接操作相应的交易款项，既方便快捷，又能维持争议解决结果的效力。

随着互联网技术和电子商务的迅速发展，传统的诉讼机制对解决电子商务纠纷越发力不从心。从起诉角度来看，由于交易双方身份的隐蔽性和虚拟性，可能会使得原告无法找到真实明确的被告。由于不满足基本的起诉条件，所以无法通过司法维护自己的合法权益。从管辖方面来看，互联网打破了时间和空间的界限，在电子商务交易中，无论是合同履行地、侵权行为地，还是被告住所地等的认定都存在一定的模糊地带，给管辖制度带来了挑战。基于上述原因执行也难以有效地进行。而电子商务平台的争议在线解决机制能够在一定程度上克服这些法律难题。由于线上纠纷解决机制对双方身份的真实性没有硬性的要求，任何一方只要投诉到平台都可以引起平台的介入，争议解决机制的启动门槛很低，克服了起诉难的问题。因为其不受时间和地域的限制，就不必考虑管辖的问题。且淘宝可以借助支付宝直接对相应款项进行操作，这为执行提供了便利条件。

其次，相对于其他争议在线解决机制也有如下优势：

一是借助电商平台自身的技术手段，更加方便快捷。目前，几乎所有的电子商务平台，如淘宝、天猫、京东等都有各自的聊天工具和投诉渠道。当事人因为电子商务交易发生纠纷，可以立刻借助平台的聊天工具与交易的对方进行协商。在淘宝平台，若通过协商无法解决纠纷，买方向卖方发起维权或者任何一方向平台投诉都可以引起平台的介入。而其他的争议在线解决机制由于介入的是与纠纷无关的第三人，在启动、协商以及举证方面可能不如电商平台的争议解决机制快捷、方便。

二是纠纷类型固定化，争议解决更具有专业性。电子商务平台争议在线解决机制处理的全部都是在本电商平台上所发生的电子商务纠纷，主要包括退款、退换货、制假售假、商品瑕疵、不按时发货等纠纷，争议的类型比较固定，只针对这些固定类型的纠纷解决机制就更为专业。而其他的争议在线解决机制不仅解决电子商务纠纷，还解决其他类型的纠纷，在解决电子商务纠纷的专业性方面可能不如电商平台的纠纷解决机制。

三是能够通过多种手段约束当事人，能有效化解执行难的问题。由于所有的卖家必须依赖电商平台才能开展经营，因此平台可以制定规则对卖家的行为进行约束。以淘宝网为例，平台要求会员注册的时候提供真实的个人信息；对其违规行为可以进行扣分，扣分累积到一定的量可以采取店铺屏蔽、限制发布商品、限制创建店铺等手段对其进行惩罚；在执行中，必要时，淘宝平台可以通知支付宝对相应的款项进行操作。这些都能够形成对当事人有效的约束。

（四）电商平台争议解决机制的局限性及完善

电商平台的争议在线解决机制给纠纷双方当事人带来了极大的便利，但是，由于其发展的时间较短、相关技术的限制，以及配套法律的不完善，其依然存在着问题，主要表现为以下两个方面：

1. 第三人不中立

在电子商务平台的争议在线解决机制当中，充当第三人的是电子商务平台本身。然而电商平台的身份承担的职能是复杂的。一方面，要维持电商平台的日常秩序，为卖家提供良好的经营环境；另一方面，还要为消费者提供售前、售后等服务。这两项职能本身就存在着一定的冲突。再让其作为争议解决机制的裁决者，不可避免地会带来身份上的混乱。加之电商平台本身是一个企业，营利性是其本质特征，天然地就不具有中立的特点。在现实生活中，也发生过平台故意拖延时间不予处理，甚至私下收取卖家保护费而作出有意偏袒卖家的处理决定等现象。①

2. 相关的制度及配套法律不完善

首先，电商平台的纠纷解决规则的制定主体是电商平台，由于其地位的非中立性以及其并非权威的立法机关，可能会导致规则的不公平，也难以保

① 方霞：《电商售假纠纷在线解决机制的完善》，清华大学硕士学位论文，2015年。

证规则的质量。其次，目前对电商平台制定相应规则的权利来源及权利边界的规定比较模糊，难以避免电商平台滥用这一权利。最后，对电商平台的争议解决规则的法律定位并不明确，目前多数人倾向于将其认定为合同，但传统的合同当事人通常是有限的，而电商争议解决规则约束的当事人的则是不特定的，相应法律规定的缺失在这一领域造成混乱。

为应对上述问题，首先，应将电商平台的争议在线解决机制与其他的争议在线解决机制协调起来，同时应将争议在线解决机制与传统的线下纠纷解决机制协调起来。要赋予纠纷当事人充分的选择权，使其能够通过最适当的途径去保护自己的合法权益。并将争议在线解决机制与传统线下争议解决机制相衔接，倘若当事人通过电商平台的争议在线解决机制未能充分救济自己的权利，仍然能够通过其他方式进一步维权。其次，要完善相应的法律规定，引入对电子商务规则制定的征求意见以及评估机制，保证规则的质量和公正性。最后，通过法律来明确电子商务平台争议解决的权利及权利的边界，以避免其滥用。

三、小结

一个和谐的社会需要多元化的纠纷解决机制，提供适合纠纷主体所需要的自治性纠纷解决途径，以解决日益多元的利益冲突。《电子商务法》第六十三条为电商平台建立争议在线解决机制提供了法律依据。因此，电子商务平台可以根据自身的经营特点、技术水平、争议的类型建立相应的解决机制，制定配套的争议解决规则。然而无论是纠纷解决机制的建构还是争议解决规则的制定，都必须以现有的法律法规为依据，而不能突破法律的限制。首先是不能违反宪法，即不得侵犯宪法当中规定的公民的基本权利，尤其是不得侵犯其中的人身权利和财产权利。这就意味着电商平台在争议的协调解决以及执行的过程当中，手段必须适当。其次是不能违反民商法。争议在线解决机制具有很强烈的意思自治的色彩。其是由私法主体制定并构建起来的，不具有公权力的色彩，必须由争议双方当事人一致选用才能产生拘束力，并且在纠纷解决的过程中当事人的协商贯穿始终。因此，在纠纷解决机制当中应当遵循平等原则、自愿原则、公平原则、诚实信用原则，以及禁止权利滥用原则。争议在线解决规则制定出来之后必须及时且明确地公示，以便让社会公众了解，以使其更好地维护自己的合法权益。

对消费者来说，在电子商务平台进行交易之前，应主动查阅相关的争议解决规则。在纠纷发生时，按照平台发布的规则，在既定的期限之内通过与卖方协商或者是向平台发起维权。在平台介入的情况下，积极举证，维护自己的权益。也可以就纠纷向法院提起诉讼或者寻求其他的解决方式。倘若对电商平台的纠纷解决的结果不服，仍可向法院提起诉讼或者是寻求其他的解决途径。

第七节　法律责任[①]

【法条】《电子商务法》

第七十四条　电子商务经营者销售商品或者提供服务，不履行合同义务或者履行合同义务不符合约定，或者造成他人损害的，依法承担民事责任。

【立法解读】本条是关于电子商务经营者所应承担民事责任的规定，根据法条，经营者承担责任的前提是提供的商品或服务，但不履行合同义务或者履行合同义务不符合约定，或者造成他人损害的，是以客观结果为要件；此外，这里的他人不仅限于直接接受商品或服务的消费者，如网购商品存在质量问题，从而导致购买者家人受损，此时电子商务经营者仍应当承担责任。此外，承担责任所依据的法律也不仅限于本法，还包括其余规定侵权责任的法律，如《侵权责任法》。法条中所规定的责任是民事责任，应当认定为对合法权益受到损害的个人所承担的责任，以填平损失为准则。

【法条】《电子商务法》

第七十五条　电子商务务经营者违反本法第十二条、第十三条规定，未

① 作者：高晓颖、周嘉欣、邹游、郭启亮、陈冲。

取得相关行政许可从事经营活动，或者销售、提供法律、行政法规禁止交易的商品、服务，或者不履行本法第二十五条规定的信息提供义务，电子商务平台经营者违反本法第四十六条规定，采取集中交易方式进行交易，或者进行标准化合约交易的，依照有关法律、行政法规的规定处罚。

【立法解读】本条是关于电子商务经营者违反行政许可规定或者销售违禁品时应承担责任的规定。关于违反行政许可问题，判断电子商务经营者是否应承担责任需要结合本法第十二条、第十三条，即第十二条所规定的“电子商务经营主体应依法办理工商登记（注意此处的除外主体规定）”以及“自然人通过第三方平台提供电子商务活动应提供真实信息”，而第十三条则是再次强调电子商务经营主体应当依法取得相关行政许可并从事经营活动。关于销售违禁品问题，需要注意，此处禁止交易商品或服务的范围不仅包括法律中还包括行政法规中的。法条最后一句规定了处罚依据，即违反哪部法律法规，便依照其规定进行处罚。

【法条】《电子商务法》

第七十六条　电子商务经营者违反本法规定，有下列行为之一的，由市场监督管理部门责令限期改正，可以处一万元以下的罚款，对其中的电子商务平台经营者，依照本法第八十一条第一款的规定处罚：

（一）未在首页显著位置公示营业执照信息、行政许可信息、属于不需要办理市场主体登记情形等信息，或者上述信息的链接标识的；

（二）未在首页显著位置持续公示终止电子商务的有关信息的；

（三）未明示用户信息查询、更正、删除以及用户注销的方式、程序，或者对用户信息查询、更正、删除以及用户注销设置不合理条件的。

电子商务平台经营者对违反前款规定的平台内经营者未采取必要措施的，由市场监督管理部门责令限期改正，可以处二万元以上十万元以下的罚款。

【立法解读】本条是关于电子商务平台经营者未公示相关信息或信息公示不当应承担责任的相关规定。根据本条规定，经营者未公示相关信息或者信息公示不当，应在一定期限内进行改正，视情节严重程度还可能被处以一定数额的罚款。信息公示是为保护作为弱势群体的消费者、改善信息不均衡市场而对经营者课以的义务，规定相应法律责任可以保证义务得到更好的落实。

【法条】《电子商务法》

第七十七条 电子商务经营者违反本法第十八条第一款规定提供搜索结果，或者违反本法第十九条规定搭售商品、服务的，由市场监督管理部门责令限期改正，没收违法所得，可以并处五万元以上二十万元以下的罚款；情节严重的，并处二十万元以上五十万元以下的罚款。

【立法解读】

1. 相关法条检索

（1）《电子商务法》第十八条

电子商务经营者根据消费者的兴趣爱好、消费习惯等特征向其提供商品或者服务的搜索结果的，应当同时向该消费者提供不针对其个人特征的选项，尊重和平等保护消费者合法权益。

电子商务经营者向消费者发送广告的，应当遵守《中华人民共和国广告法》的有关规定。

（2）《电子商务法》第十九条

电子商务经营者搭售商品或者服务，应当以显著方式提请消费者注意，不得将搭售商品或者服务作为默认同意的选项。

2. 电子商务经营者违反定向搜索与搭售提示义务之责任承担

在大数据时代的背景下，电子商务领域内获得消费者的系统数据十分简便，电子商务经营者可以根据消费者的兴趣爱好、消费习惯等特征向其推销商品或者服务。以淘宝为例，当我们在日常生活中对某些具体商品进行浏览、选购或者进行搜索的时候，该商品的属性、种类及搜索的关键词便成为数据的一部分。当我们的“爱好”成为我们“数据”的组成部分，经营者就能够通过这些信息，有针对性地进行商品筛选及推广。英国学者维克托教授认为，大数据时代要关注三大变革：处理数据理念的思维变革、挖掘数据价值的商业变革，面对数据风险的管理变革。大数据的价值不再单纯来源于它的基本用途，而更多地来源于它的二次利用；更重要的是，大数据时代，很多数据在收集的时候并无用作其他用途之意，但最终却产生了很多创新性的用途。[①] 经营者利用大数据精准营销、精准定向投放广告时，应当同时向该消费者提供不针对其个人特征的选项，尊重消费者的公平交易权。同时，该广告还应当具有可识别性，能够让消费者辨明其为广告。

近年来，搭售行为在网络消费中屡见不鲜，在消费者购买机票时搭售保险、在消费者购买网站会员时搭售“自动续费”服务等。很多网络平台将其搭售商品默认为同意购买，并未提示，甚至许多搭售行为到了捆绑销售的程度。这种行为让许多消费者支出了许多不必要的费用，对于搭售产品，应当以显著方式提示消费者，禁止默认搭售。我国《反不正当竞争法》《消费者权益保护法》均禁止搭售行为。《消费者权益保护法》第九条、第二十六条明确规定，消费者有自主选择商品和服务的权利；经营者在经营活动中使用格式条款的，应当以显著方式提请消费者注意商品或者服务的数量和质量、价款或者费用、履行期限和方式、安全注意事项和风险警示、售后服务、民事责任等与消费者有重大利害关系的内容，并按照消费者的要求予以说明；不得利用格式条款并借助技术手段强制交易。民航局运输司发布的《关于规范互联网机票销售行为的通知》也明文规定“在销售机票时不得以默认选项的方式‘搭售’机票以外的服务产品，应当通过清晰显著、明白无误的形式将贵宾休息室、保险等除机票以外的附加服务设置为旅客自主选择项，以有效避免旅客误选的情形发生”。经营者对其搭售产品负有告知义务，以此维护消费者的合法权益。

经营者违反上述义务的，除了民事责任以外，还应当承担行政责任：由市场监督管理部门责令限期改正，没收违法所得，可以并处五万元以上二十万元以下的罚款；情节严重的，并处二十万元以上五十万元以下的罚款。

【法条】《电子商务法》

第七十八条　电子商务经营者违反本法第二十一条规定，未向消费者明示押金退还的方式、程序，对押金退还设置不合理条件，或者不及时退还押

---

① ［英］维克托·迈尔－舍恩伯格、肯尼思·库克耶：《大数据时代》，盛杨燕、周涛译，浙江人民出版社 2013 年版。

金的，由有关主管部门责令限期改正，可以处五万元以上二十万元以下的罚款；情节严重的，处二十万元以上五十万元以下的罚款。

【立法解读】本条是关于电子商务平台违反本法第二十一条的行政法律责任的规定。本法所规定的责任主体是电子商务经营者。根据《电子商务法》第二十一条的规定，其违法行为是未向消费者明示押金退还的方式、程序，对押金退还设置不合理条件，或者不及时退还押金。责任形式是由有关主管部门责令限期改正，可以处五万元以上二十万元以下的罚款；情节严重的，处二十万元以上五十万元以下的罚款。

【法条】《电子商务法》

第七十九条 电子商务经营者违反法律、行政法规有关个人信息保护的规定，或者不履行本法第三十条和有关法律、行政法规规定的网络安全保障义务的，依照《中华人民共和国网络安全法》等法律、行政法规的规定处罚。

【立法解读】

1. 明确电子商务经营者的个人信息保护义务

我国《民法总则》规定，自然人的个人信息受法律保护。任何组织和个人需要获取他人个人信息的，应当依法取得并确保信息安全，不得非法收集、使用、加工、传输他人个人信息，不得非法买卖、提供或者公开他人个人信息。个人信息权作为公民的基本权利，不受任何人的侵犯。

个人信息与财产、商业价值密不可分，因此，目前个人信息的泄露十分严重。根据《网络安全法》第四十条至第四十二条，经营者对其收集的网络信息有如下义务：（1）网络运营者应当对其收集的用户信息严格保密，并建立健全用户信息保护制度；（2）网络运营者收集、使用个人信息，应当遵循合法、正当、必要的原则，公开收集、使用规则，明示收集、使用信息的目的、方式和范围，并经被收集者同意；网络运营者不得收集与其提供的服务无关的个人信息，不得违反法律、行政法规的规定和双方的约定收集、使用个人信息，并应当依照法律、行政法规的规定和与用户的约定，处理其保存的个人信息。（3）网络运营者不得泄露、篡改、毁损其收集的个人信息；未经被收集者同意，不得向他人提供个人信息。但是，经过处理无法识别特定个人且不能复原的除外；网络运营者应当采取技术措施和其他必要措施，确保其收集的个人信息安全，防止信息泄露、毁损、丢失。在发生或者可能发生个人信息泄露、毁损、丢失的情况时，应当立即采取补救措施，按照规定及时告知用户并向有关主管部门报告。

2. 电子商务法对个人信息保护的重申

本条再次强调《电子商务法》对个人信息权的保护，个人发现其个人信息遭受泄露、经营者违法收集、使用其个人信息的，经营者应当按照消费者的要求采取措施，以防损失扩大。经营者不履行义务的，依照《民法总则》《侵权责任法》有关规定承担民事责任。同时，行政机关可以根据本条规定及相关法律法规对经营者予以处罚。

【法条】《电子商务法》

第八十条　电子商务平台经营者有下列行为之一的，由有关主管部门责令限期改正；逾期不改正的，处二万元以上十万元以下的罚款；情节严重的，责令停业整顿，并处十万元以上五十万元以下的罚款：

（一）不履行本法第二十七条规定的核验、登记义务的；

（二）不按照本法第二十八条规定向市场监督管理部门、税务部门报送有关信息的；

（三）不按照本法第二十九条规定对违法情形采取必要的处置措施，或者未向有关主管部门报告的；

（四）不履行本法第三十一条规定的商品和服务信息、交易信息保存义务的。

法律、行政法规对前款规定的违法行为的处罚另有规定的，依照其规定。

【立法解读】本条是关于电子商务平台经营者因为履行对平台内经营者的管理义务而应承担的责任。平台经营者搭建了交易场所，促使经营者进驻，必然要承担相应的管理责任。该项规定以行政处罚措施为手段，能够倒逼平台竞争者落实责任，降低平台内经营者违法的风险。

【法条】《电子商务法》

第八十一条　电子商务平台经营者违反本法规定，有下列行为之一的，由市场监督管理部门责令限期改正，可以处二万元以上十万元以下的罚款；情节严重的，处十万元以上五十万元以下的罚款：

（一）未在首页显著位置持续公示平台服务协议、交易规则信息或者上述信息的链接标识的；

（二）修改交易规则未在首页显著位置公开征求意见，未按照规定的时间提前公示修改内容，或者阻止平台内经营者退出的；

（三）未以显著方式区分标记自营业务和平台内经营者开展的业务的；

（四）未为消费者提供对平台内销售的商品或者提供的服务进行评价的途径，或者擅自删除消费者的评价的。

电子商务平台经营者违反本法第四十条规定，对竞价排名的商品或者服务未显著标明“广告”的，依照《中华人民共和国广告法》的规定处罚。

【立法解读】平台经营者以往常常利用自身优势偷偷修改服务协议、交易规则，增加对消费者进行限制的格式条款，对此，消费者只能通过《合同法》等法律来维权。

为此，本条文具体规定了电子商务平台经营者的义务，首先规定了电商平台的交易规则和服务协议的制定、公示及修改方式。平台服务协议的相对方是消费者与淘宝平台经营者，在每个消费者注册该平台账户时均需同意该协议才能注册，其中约定的条款，对双方具有约束力。

条文还规定了有自营业务的平台，应当以显著方式对其自营业务和平台内其他经营者的业务进行区分，不得误导消费者，加强电商平台的信息标识义务以及应当对竞价排名的商品作出区分标识。由于自营是该平台自己经营的业务，在消费者维权时，应以该平台为被告；第三方经营者为经营主体时，则应当以第三方为被告。以显著方式区分自营业务与第三方经营者业务，有利于消费者明确经营主体，在维权时可以明确相应的适格被告主体。

电子商务平台不得擅自删除消费者对平台内销售的商品的评价。在进行网络购物时，其他消费者对该商品的评价往往是其他消费者是否选购的重要依据，平台利用后台删除评价的行为，侵犯了其他消费者的知情权。

此次《电子商务法》第八十一条将电子商务平台的义务法定化，能够有效地规范电子商务平台的行为，维护电子商务秩序、遏制不良竞争，营造一个良好发展的电子商务环境。违反上述义务的，应当承担行政责任。

【法条】《电子商务法》

第八十二条　电子商务平台经营者违反本法第三十五条规定，对平台内经营者在平台内的交易、交易价格或者与其他经营者的交易等进行不合理限制或者附加不合理条件，或者向平台内经营者收取不合理费用的，由市场监督管理部门责令限期改正，可以处五万元以上五十万元以下的罚款；情节严重的，处五十万元以上二百万元以下的罚款。

【立法解读】本条是关于电子商务平台违反本法第三十五条的行政法律责任的规定。本条所规定的责任主体是电子商务平台。根据《电子商务法》第三十五条规定，其违法行为是电子商务平台滥用其平台优势，通过服务协议和交易规则等手段，实施了对平台内经营者在平台内的交易、交易价格以及与其他经营者的交易等进行不合理限制或者附加不合理条件，或者向平台内经营者收取不合理费用的行为。责任形式是由市场监督管理部门责令限期改正，可以处五万元以上五十万元以下的罚款；情节严重的，处五十万元以上二百万元以下的罚款。

【法条】《电子商务法》

第八十三条　电子商务平台经营者违反本法第三十八条规定，对平台内经营者侵害消费者合法权益行为未采取必要措施，或者对平台内经营者未尽到资质资格审核义务，或者对消费者未尽到安全保障义务的，由市场监督管理部门责令限期改正，可以处五万元以上五十万元以下的罚款；情节严重的，责令停业整顿，并处五十万元以上二百万元以下的罚款。

【立法解读】本条是关于电子商务平台违反本法第三十八条的行政法律责任的规定。

本法第三十八条规定电子商务平台经营者对平台内经营者侵害消费者合法权益的行为应采取必要措施，对关系消费者生命健康的商品或者服务，电子商务平台要对平台内经营者的资质资格尽到审核义务并要对消费者尽到安全保障义务，倘若因未采取必要措施以及未尽到相应义务而给消费者造成损害的，应当与平台内经营者承担连带责任或是依法承担相应的责任。这里所规定的“连带责任”以及“相应的责任”指的是民事责任或者刑事责任。而本条则在民事责任、刑事责任之外又规定了行政责任。行政责任由市场监督管理部门来追究；追究的对象是对平台内经营者侵害消费者合法权益行为未采取必要措施，或者对平台内经营者未尽到资质资格审核义务，或者对消费者未尽到安全保障义务的电子商务平台；行政责任的形式依据情节轻重，有责令限期改正、单处或并处不同额度的罚款以及责令停业整顿。

【法条】《电子商务法》

第八十四条 电子商务平台经营者违反本法第四十二条、第四十五条规定，对平台内经营者实施侵犯知识产权行为未依法采取必要措施的，由有关知识产权行政部门责令限期改正；逾期不改正的，处五万元以上五十万元以下的罚款；情节严重的，处五十万元以上二百万元以下的罚款。

【立法解读】本条是关于电子商务平台违反本法第四十二条、第四十五条的行政法律责任的规定，本条所规定的责任主体是电子商务平台。根据《电子商务法》第四十二条、第四十五条规定，其违法行为是在知识产权权利人认为其知识产权受到侵害，通知电子商务平台经营者采取删除、屏蔽、断开链接、终止交易和服务等必要措施时，电子商务平台对平台内经营者实施侵犯知识产权行为未依法采取必要措施，或者电子商务平台经营者知道或者应当知道平台内经营者侵犯知识产权的，应当采取删除、屏蔽、断开链接、终止交易和服务等必要措施，却未采取必要措施。责任形式是由有关知识产权行政部门责令限期改正；逾期不改正的，处五万元以上五十万元以下的罚款；情节严重的，处五十万元以上二百万元以下的罚款。

【法条】《电子商务法》

第八十五条 电子商务经营者违反本法规定，销售的商品或者提供的服务不符合保障人身、财产安全的要求，实施虚假或者引人误解的商业宣传等不正当竞争行为，滥用市场支配地位，或者实施侵犯知识产权、侵害消费者权益等行为的，依照有关法律的规定处罚。

【立法解读】本条是关于电子商务经营者对消费者权益造成侵害所应承担

的责任。具体包括:（1）违反质量担保义务对消费者人身、财产权益造成损害的;（2）实施不正当竞争行为的;（3）滥用市场支配地位形成垄断的;（4）侵犯知识产权的;（5）其他侵害消费者权益的。本条款为指引性条款，经营者否认违法侵权行为应按照《产品质量法》《食品安全法》《反不正当竞争法》《反垄断法》《著作权法》《商标法》《专利法》《消费者权益保护法》等法律规范中的规定承担责任。

【法条】《电子商务法》

第八十六条 电子商务经营者有本法规定的违法行为的，依照有关法律、行政法规的规定记入信用档案，并予以公示。

【立法解读】本条是对电子商务经营者信用处罚的规定。市场经济是信用经济，信用既是评价经营者实力的指标，同时是经营者资产的重要组成部分。尤其是在电子商务中，消费者难以实际感知经营者商品或服务的质量，往往通过他人或国家公权力对该企业的评价来进行判断，因此信用的好坏直接关系电子商务经营者的生意。构建电子商务经营者的信用档案，既能够给公众提供参考，同时也能督促企业遵纪守法，自觉履行义务，维护消费者权益。

【法条】《电子商务法》

第八十七条 依法负有电子商务监督管理职责的部门的工作人员，玩忽职守、滥用职权、徇私舞弊，或者泄露、出售或者非法向他人提供在履行职责中所知悉的个人信息、隐私和商业秘密的，依法追究法律责任。

【立法解读】本条是关于依法负有电子商务监督管理职责的部门的工作人员玩忽职守、滥用职权、徇私舞弊或者泄露、出售或非法向他人提供在履行职责中所知悉的个人信息、隐私和商业秘密的法律责任的规定。

2002 年 12 月 28 日，全国人大常委会专门发布了《关于〈中华人民共和国刑法〉第九章渎职罪主体适用问题的解释》，该解释对国家机关工作人员的主体范围作出规定。根据这一解释，依法负有电子商务监督管理职责的部门的工作人员属于国家机关的范围，其工作人员在代表国家行使职权时，如果存在玩忽职守、滥用职权、徇私舞弊的，或者其他社会危害较大的行为，应当根据情节的轻重，分别承担行政责任和刑事责任。如果情节较轻，没有达到刑法所规定的犯罪的程度，则由工作人员所在单位或者上级机关给予行政处分。如果情节严重，构成犯罪的，则须依照《刑法》的相关规定追究刑事责任。

【法条】《电子商务法》

第八十八条 违反本法规定，构成违反治安管理行为的，依法给予治安管理处罚；构成犯罪的，依法追究刑事责任。

【立法解读】本条是对关于违反电子商务法的行为追究《治安管理处罚法》上的责任以及刑事责任的规定。本条规定是为了衔接本法与《治安管理处罚法》和《刑法》而设置的。主要有两层含义：一是使电子商务涉及的当事人清楚地认识到，违反本法规定，除需要承担民事责任、行政责任外，违反《治安管理处罚法》的，应依法被处以治安管理处罚。构成犯罪的，还应当依法承担刑事责任。二是相关的当事人是否构成违反治安管理行为、是否构成犯罪，不是根据本条或者本法，而是应当依据《治安管理处罚法》和《刑法》的有关规定，本条只是起到指引作用。

参考文献

专著类

1. 郭向军：《经济监管机构的法律地位》，中国金融出版社 2013 年版。

2. 秦成德：《电子商务法》，电子工业出版社 2010 年版。

3. 杨立新：《电子商务侵权法》，知识产权出版社 2005 年版。

4. 哈得罗 · J. 伯尔曼：《法律与革命一西方法律传统的形成》，贺卫方等译，中国大百科全书出版社 1993 年版。

5. 贺琼琼：《电子商务法（第四版）》，武汉大学出版社 2016 年版。

6. 张楚：《电子商务法（第四版）》，中国人民大学出版社 2016 年版。

7. 崔建远：《合同法（第四版）》，法律出版社 2007 年版。

8. 蒋志培：《网络与电子商务法》（修订本），法律出版社 2002 年版。

9. 张楚：《电子商务法教程》，首都经济贸易大学出版社 2017 年版。

10. 邱聪智：《新订债法各论》（中），中国人民大学出版社 2002 年版。

11. 王利明著：《合同法研究》（第一卷），中国人民大学出版社 2002 年版。

12. 王利明著：《合同法研究》（第三卷），中国人民大学出版社 2012 年版。

13. 张正新：《中国企业电子商务转型及其法律问题研究》，武汉大学出版社 2002 年版。

14. 邱星美：《调解的回顾与展望》，中国政法大学出版社 2013 年版。

15. 江伟：《仲裁法》，中国人民大学出版社 2009 年版。

16. 江伟：《民事诉讼法》，高等教育出版社 2013 年版。

17. 江伟：《民事诉讼法（第四版）》，中国人民大学出版社 2008 年版。

18. 赵旭东：《纠纷与纠纷解决原论》，北京大学出版社 2009 年版。

期刊文章类

1. 潘昊：《消费者保护法的价值取向探讨》，载《湖南广播电视大学学报》2010 年第 1 期。

2. 赵萍：《诚实信用原则的历史变迁综述》，载《法制与社会》2016 年第 2 期。

3. 徐国栋：《诚实信用原则的概念及其历史沿革》，载《法学研究》1989 年第 4 期。

4. 李晓安：《电子商务交易安全的法律保障》，载《经济与管理研究》2002 年第 2 期。

5. 陈忠禹：《论诚实信用原则与电子商务交易安全保障机制》，载《江西师范大学学报（哲学社会科学版）》2010 年第 6 期。

6. 王峙焯、包嘉多：《电子商务交易中的诚实信用原则》，载《税务与经济》2013 年第 4 期。

7. 刘宏、金镇、彭莎莉：《电子商务信用及信用体系问题研究》，载《电脑学习》2007 年第 2 期。

8. 刘春山：《论供给侧改革与经济法治建设》，载《社会科学战线》2017 年第 8 期。

9. 代玲玲：《电子商务环境下的税收监管问题研究》，载《财经界（学术版）》2017 年第 20 期。

10. 贺大伟：《市场监管方式体系化创新的经济法思考》，载《渤海大学学报（哲学社会科学版）》2017 年第 3 期。

11. 柴跃廷：《电子商务监管主要问题、成因及对策建议》，载《中国市场监管研究》2017 年第 4 期。

12. 洪海：《电子商务监管面临的问题梳理及破解思路》，载《中国市场监管研究》2017 年第 4 期。

13. 赵旭东:《电子商务主体注册登记之辩》,载《清华法学》2017 年第 4 期。

14. 陆天鹏、倪卫红:《电子商务背景下质量监管问题研究》,载《电子商务》2017 年第 9 期。

15. 杨芳:《个人信息保护法保护客体之辨——兼论个人信息保护法和民法适用上之关系》,载《比较法研究》2017 年第 5 期。

16. 张启鹏、段挺挺等:《行政监管下的电子商务平台自律管理模式》,载《法制博览》2017 年第 12 期。

17. 陈贵梧、胡辉华、陈林:《行业协会提高了企业社会责任表现吗?——来自中国民营企业调查的微观证据》,载《公共管理学报》2017 年第 4 期。

18. 张继恒:《社会中间层的经济法主体地位析辩——由“三元框架”引发的思考》,载《法制与社会发展》2013 年第 6 期。

19. 单飞跃、余骁:《经济法法律责任:语义、规范及其整体谱系——基于法律文本的实证分析》,载《现代法学》2017 年第 3 期。

20. 王涛:《我国消费民事公益诉讼与私益诉讼的关系》,载《法制博览》2017 年第 14 期。

21. 吕忠梅课题组:《绿色原则在民法典中的贯彻论纲》,载《中国法学》2018 年第 1 期。

22. 叶良芳:《刷单炒信行为的规范分析及其治理路径》,载《法学》2018 年第 3 期。

23. 卢代富、林慰曾:《网络刷单及其法律责任》,载《重庆邮电大学学报(社会科学版)》2017 年第 5 期。

24. 杨立新、韩煦:《网络交易平台提供者的法律地位与民事责任》,载《江汉论坛》2014 年第 5 期。

25. 刘文杰:《网络服务提供者的安全保障义务》,载《中外法学》2012 年第 2 期。

26. 齐爱民、陈琛:《论网络交易平台提供商之交易安全保障义务》,载《法律科学(西北政法大学学报)》2011 年第 5 期。

27. 杨立新:《网络交易平台提供服务的损害赔偿责任及规则》,载《法学论坛》2016 年第 1 期。

28. 杨立新：《网络交易平台提供者为消费者损害承担赔偿责任的法理基础》，载《法学》2016 年第 1 期。

29. 张新宝：《从隐私到个人信息：利益再衡量的理论与制度安排》，载《中国法学》2015 年第 3 期。

30. 应松年：《社会管理创新引论》，载《法学论坛》2010 年第 11 期。

31. 刘宪权：《网络犯罪的刑法应对新理念》，载《政治与法律》2016 年第 9 期。

32. 皮勇：《论网络服务提供者的管理义务及刑事责任》，载《法商研究》2017 年第 5 期。

33. 纪保义：《〈淘宝商城服务协议〉法律问题及对策的探究》，载《淮南师范学院学报》2015 年第 3 期。

34. 刘春泉：《电子商务平台性质与法律责任》，载《重庆邮电大学学报（社会科学版）》2016 年第 4 期。

35. 温蕾：《电子商务中的消费者知情权保护探讨》，载《中国流通经济》2015 年第 2 期。

36. 郝晓兰：《试析消费者自主选择权的保护》，载《法制与经济（中旬）》2014 年第 2 期。

37. 全璞：《电商平台经营者的责任与监管———以电子商务法二审稿为视角》，载《法制博览》2018 年第 6 期。

38. 薛虹：《论电子商务第三方交易平台——权力、责任和问责三重奏》，载《上海师范大学学报》2014 年第 5 期。

39. 广东省广州市中级人民法院电子商务课题组：《“互联网 +”语境下之商事审判疑难问题研究》，载《法律适用》2017 年第 1 期。

40. 孙道萃：《虚假广告犯罪的网络化演变与立法修正思路》，载《政治研究》2018 年第 2 期。

41. 徐敬宏、吴敏：《论搜索引擎竞价排名的广告属性及其法律规制》，载《学习与实践》2015 年第 8 期。

42. 郑佳宁：《快递服务合同违约损害赔偿的理论剖析与审视》，载《北京社会科学》2017 年第 9 期。

43. 胡加强、苏雨彤:《快递损害赔偿法律问题探析》，载《中国海洋大学学报》2017 年第 4 期。

44. 赵秀梅、陈吉洋:《未保价快递限制性损害赔偿问题研究》，载《法律适用》2017 年第 23 期。

学位论文类

1. 何平兰:《论电子商务中消费者隐私权保护的完善——以新消费者权益保护法 29 条为视角》，华中师范大学硕士学位论文，2014 年。

2. 范培:《我国互联网领域消费者自主选择权保护制度研究》，华东师范大学硕士学位论文，2017 年。

3. 陈果:《网络搜索竞价排名的法律规制研究》，西南政法大学硕士学位论文，2012 年。

4. 王娟:《电子商务在线纠纷解决机制研究》，西南政法大学硕士学位论文，2008 年。

5. 赵莹:《在线纠纷解决机制及其在中国的发展探析》，兰州大学硕士学位论文，2014 年。

6. 方霞:《电商售假纠纷在线解决机制的完善》，清华大学硕士学位论文，2015 年。

7. 高卫萍:《ODR——解决中国电子商务纠纷的未来趋势》，华东政法大学硕士学位论文，2008 年。

图书在版编目 (CIP) 数据

《中华人民共和国电子商务法》消费者权益保护法律制度：规则与案例 / 吴景明主编 . —北京：中国法制出版社，2019.3

ISBN 978-7-5093-9975-0

Ⅰ . ①中… Ⅱ . ①吴… Ⅲ . ①电子商务—法规—研究—中国 Ⅳ . ① D922.294.4

中国版本图书馆 CIP 数据核字（2019）第 015851 号

策划编辑：潘孝莉

责任编辑：马春芳（machunfang@zgfzs.com）　　封面设计：杨泽江

《中华人民共和国电子商务法》消费者权益保护法律制度：规则与案例

《ZHONGHUA RENMIN GONGHEGUO DIANZI SHANGWUFA》XIAOFEIZHE QUANYI BAOHU FALÜ ZHIDU: GUIZE YU ANLI

编者 / 吴景明

经销 / 新华书店

印刷 / 三河市紫恒印装有限公司

开本 / 710 毫米 ×1000 毫米　16 开　　印张 / 18.25 字数 / 270 千

版次 / 2019 年 3 月第 1 版　　2019 年 3 月第 1 次印刷

中国法制出版社出版

书号 ISBN 978-7-5093-9975-0　　定价：64.00 元

北京西单横二条 2 号　邮政编码 100031　　传真：010-66031119

网址：http://www.zgfzs.com　　**编辑部电话：010-66070084**

市场营销部电话：010-66033393　　**邮购部电话：010-66033288**

（如有印装质量问题，请与本社印务部联系调换。电话：010-66032926）